DIETER KARNETZKI DAS WETTER VON MORGEN

Das Wetter von morgen
Praxis für den Yachtsport

DIETER KARNETZKI

3. Auflage

DELIUS, KLASING VERLAG BIELEFELD

ISBN 3-7688-0422-4

Printed in Italy 1989

Abdruck der Tabellen und Karten
auf den Seiten 9, 116, 117, 122,
124, 125, 126, 128, 129, 130, 131,
132, 133, 134, 135, 136, 154, 155,
156, 157, 180
mit freundlicher Genehmigung des
Deutschen Hydrographischen Instituts

Zeichnungen:
Dieter Karnetzki/Ekkehard Schonart

Fotos:
Heinrich Diessen (1),
Siegfried Gliewe (1),
Dieter Karnetzki (47),
Ostermayer (1),
Kurt Schubert (2), YACHT (6),
YACHT-Archiv/Franz Huber (1),
YACHT-Archiv/L.M. Ritzi (2)

Inhalt

Vorwort

Wind und Wetter haben seit jeher die Schiffahrt entscheidend beeinflußt. Daran hat auch die zunehmende Technisierung nichts geändert. Im Gegenteil – mit besseren Booten und einer umfangreicheren Ausrüstung bieten sich immer weiter entferntere Törnziele an, die dazu führen, daß man sich länger auf See aufhält und dem Spiel des Wetters mehr ausgesetzt ist. Törns in fremde Seegebiete und Länder bringen Sprachprobleme mit sich, und so muß sich der Schipper zwangsläufig selbst mehr mit dem Thema Wetter auseinandersetzen.
Die Sportschiffahrt ist wohl leichter und sicherer geworden, nur eines hat sich nicht geändert: Niemand kann dem Schiffsführer die Verantwortung für Schiff und Crew abnehmen. Der umsichtige Schipper benötigt solide Grundkenntnisse der Wetterkunde, nicht nur um Törns zu planen, sondern auch um sie sicher durchzuführen.
Viele Segler und Motorbootfahrer haben zum Entstehen dieses Buches beigetragen, indem Sie mir ihre Probleme und Erfahrungen angetragen haben. Theorie werden Sie hier weitgehend nicht finden – und ich hoffe auch, daß Sie diese nicht vermissen. Dieses Buch ist unter der Devise „Aus der Praxis – für die Praxis" entstanden, und in der Praxis an Bord will man eben an erster Stelle wissen, wann der Wind dreht und wie stark er wehen wird, anstatt zu erforschen, welchen physikalischen Prinzipien er gehorcht.
So würde ich mich denn freuen, wenn dieser Band zum Bestandteil einer jeden Bordbibliothek werden würde, um ein praktischer Helfer an Bord zu sein. Für Anregungen und Erfahrungen bin ich nach wie vor dankbar – nur dann kann wohl ein Buch einer großen Anzahl von Lesern hilfreich sein, wenn Autor und Leser auf der gemeinsamen Basis der Freizeitschipperei in ständigem Dialog bleiben.

Dieter Karnetzki

Praktische Wetterkunde für alle Seegebiete

Wetter und Wind

„... und nun in langsamer Form zum Mitschreiben, zuerst die Wetterlage von gestern 1900 Uhr:
Tief 998 hPa, Island, langsam ostschwenkend, vertiefend. Hoch 1028 hPa westlich der Biskaya, festliegend, verstärkend. Keil 1015 hPa Norddeutschland, etwas südschwenkend, abschwächend. Umfangreiches Tief 983 hPa, östlich der Lofoten, festliegend, wenig ändernd. Ausläufer östliche Ostsee...
Randstörung 1010 hPa Südschweden, vertiefend...“
So klingt es aus dem Lautsprecher, wenn der Text des Seewetterberichtes gesendet wird. Hier wird eine Fülle von Informationen in kürzester Zeit geboten – zudem noch in einer Sprache, die dem Nichtmeteorologen erst erschlossen werden muß.
Was verbirgt sich eigentlich hinter all den meteorologischen Begriffen, mit denen wir leben und arbeiten müssen? In einer kurzen Übersicht möchte ich die nötigen Fachworte kurz definieren und erläutern.

Was ist eigentlich Wetter?

Wetter ist die Summe der meteorologischen Elemente, die an einem Ort zu einer bestimmten Zeit wirken. Es handelt sich hierbei also um ein Augenblicksgeschehen, das von Einzelelementen, wie beispielsweise Luftdruck, Temperatur, Wind, Bewölkung, Niederschlag, etc. erzeugt wird. Der Ausdruck „regnerisches Herbstwetter“, wie er oft zu hören ist, ist also nicht korrekt. Bezeichnungen wie Schauerwetter, Regenwetter, Kaltfrontwetter, sind korrekter, denn sie entsprechen der Definition des Wetters schon besser. Ganz korrekt müßte es heißen: Es regnet, die Lufttemperatur ist +15° C, die Sicht etwa 4 km, der Luftdruck ... etc. Das wäre eine der Definition entsprechende Antwort auf die Frage nach dem Wetter. Nun, so streng (und auch trocken) wollen wir es nicht unbedingt halten – Sie sollen aber wissen, wie die Begriffe wirklich definiert sind, denn nur dann können Sie richtig damit arbeiten.

Witterung ist der Gesamtcharakter eines Wetterablaufes. Der Begriff der Witterung ist folglich nicht mehr streng an einen festen Ort gebunden, und er enthält auch eine Zeitspanne, die indirekt durch Adjektive, Adverben oder ähnliches angedeutet wird. Beispiel: Die herbstliche Witterung, maritime Witterungseinflüsse, anhaltend kühle Sommerwitterung.

Klima ist der mittlere Zustand der Atmosphäre über einem Gebiet über eine längere Zeit gesehen, mit allen mittleren und extremen Komponenten, sowohl des Wetters als auch der Witterung. Hinzu kommt beim Klima noch die Berücksichtigung der geographischen Breite, der Höhe über dem Meeresniveau, der Entfernung von Meeren und Ozeanen und der örtlichen Besonderheit (Disposition). Es ist verständlich, daß ein Ort am Berghang, der bevorzugt in Luv der Luftströmung liegt, ein gänzlich anderes Klima hat als ein Ort in sonst völlig gleicher Lage am Leehang eines Gebirges.

Die wichtigsten Begriffe in Wetterberichten kurz erläutert

Das Tief
Ein Tief ist ein Gebiet, in dem der Luftdruck tiefer als in der Umgebung ist. Ganz vornehm wird ein

Tief auch **„Zyklone“** genannt, nicht zu verwechseln mit „dem Zyklon“, wie der tropische Wirbelsturm des Indischen Ozean genannt wird. Stellen Sie sich die Erdatmosphäre wie eine Hülle um die Erde vor, die Ausbeulungen nach innen und außen hat. Ein Tief ist wie ein Tal in der Hülle der Luftschicht. Die Hülle reicht hier *tiefer zur Erde* herunter als anderswo.
Je nach Größe und Wetteraktivität unterscheidet man Sonderformen von Tiefs:

Der Trog
Der Trog ist eine Ausbeulung aus dem Tiefzentrum. Die Zone des schlechten Wetters erstreckt sich dabei tropfenartig aus dem Kernbereich des Tiefs heraus. Tröge sind gefährliche Zonen, weil sie sich rasch verlagern, kaum vorankünden und regelmäßig schweres Wetter bringen.

Der Tiefausläufer
Hierbei handelt es sich um einen Trog in Kleinausgabe. Die Wetteraktivität ist geringer als beim Trog. Tiefausläufer sind schmale Schlechtwetterbänder, die aus dem Tiefkern „herauslaufen“. Meistens handelt es sich hier um Wetterfronten.

Das Randtief
Das Randtief ist „am Rand“ zwischen Tief und Hoch zu finden. Es ist ein kleinräumiges Tief, das auch als *Welle* oder *Wellenstörung* bezeichnet werden kann.

Die Tiefdruckrinne
Die Tiefdruckrinne verbindet zwei verschiedene Tiefs miteinander. Es ist ebenfalls eine Zone mit tiefem Luftdruck, das Schlechtwetter hält sich aber in Grenzen. Stellen Sie es sich als ein schmales Verbindungstal vor, das zwei umfangreiche Täler (Tiefs) verbindet.

Das Hoch
Ein Hoch ist ein Gebiet, in dem der Luftdruck höher als in der Umgebung ist. Die vornehme Bezeichnung für das Hoch lautet **„Antizyklone“.** Wenn wir beim anschaulichen Beispiel der ausbeulenden Lufthülle bleiben, stellt sich ein Gebiet mit hohem Luftdruck als eine Beule nach außen dar. Die Grenze der Lufthülle reicht hier *höher heraus,* weil mehr Luft vorhanden ist als in der Umgebung.

Der Hochkeil
Der Keil ist eine Ausbeulung aus dem Hochzentrum heraus und bringt ähnliches Wetter wie im Hoch.

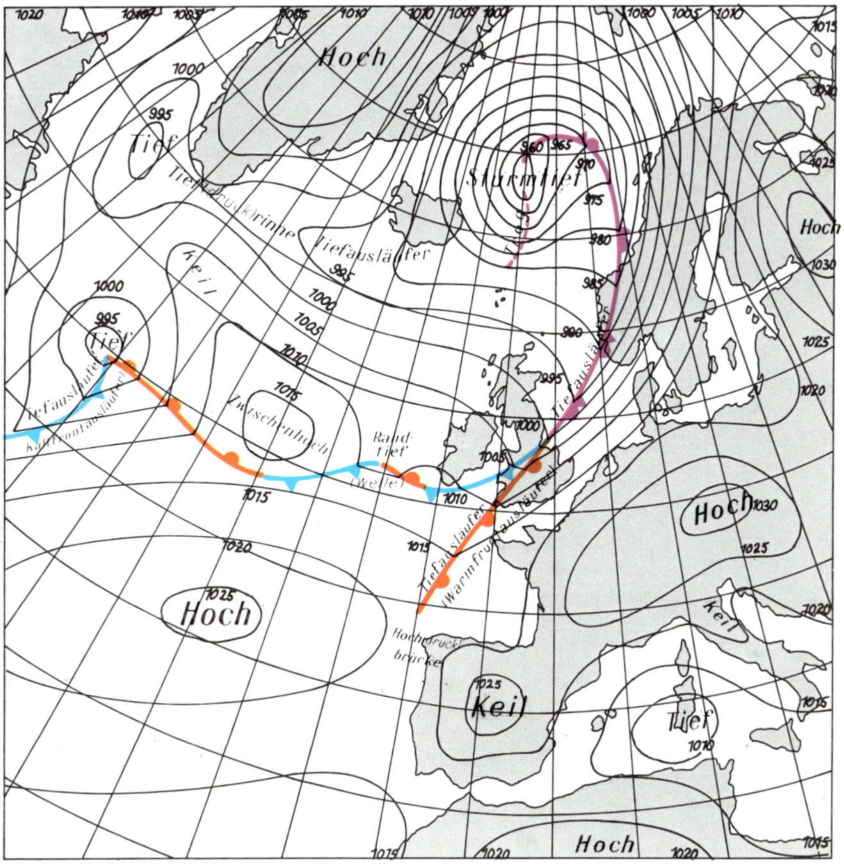

In dieser Musterwetterkarte sind alle wichtigen Bezeichnungen enthalten, die in Wetterberichten immer wieder auftauchen.
Blau = Kaltfront
Violett = Okklusionsfront
Rot = Warmfront
Gestrichelt = Trog

Die Hochdruckbrücke
Die Hochbrücke ist eine Verbindung zwischen zwei Hochs. Die Wettererscheinungen sind wie beim Hoch, nur gemäßigter.

Das Zwischenhoch
Das Zwischenhoch entsteht auf der Rückseite von ausgeprägten Tiefs. Es bringt nur vorübergehend gutes Wetter, weil es zwischen zwei aufeinander folgende Tiefs eingebettet ist.

Die Fronten
Fronten sind Schlechtwetterzonen, die an Tiefdruckgebiete gebunden sind (siehe Ausläufer).
Die *Kaltfront* bringt kältere Luft mit guter Sicht und Schauern aus Quellbewölkung.
Die *Warmfront* bringt wärmere Luft mit schlechter Sicht und Regen aus einer geschlossenen Wolkendecke.
Die *Okklusionsfront* ist die Vermischung von Warmfront und Kaltfront und bringt dementsprechend unterschiedliche Wetteraktivität.

Die Zirkulation der Erdatmosphäre

Hinter dem weltweiten Szenarium des Wetters verbirgt sich eine komplizierte Zirkulation der Lufthülle, die sich in Teilzirkulationen abspielt. Die im Bereich des Äquators besonders starke Verdunstung und Erwärmung führt zu einer globalen Tiefdruckrinne um die ganze Erde. In dieser Zone steigt die Luft weit aufwärts, weil sie von der Sonnenstrahlung stark erwärmt wird. Viel verdunstetes Wasser wird dabei ebenfalls mitgeführt. Weltumsegler lieben diesen „Gürtel" aufsteigender Luft überhaupt nicht, denn für eine Segelyacht findet sich entweder kaum Wind oder er weht sehr unstet aus verschiedenen Richtungen. Kein Wunder, denn Segel können nur horizontal wehenden Wind verwerten – der aufwärts wehende Wind ist für eine Yacht wertlos.
Was passiert mit der am Äquator aufgestiegenen Luft?
Nun, wenn sie endlos aufsteigen könnte, hätten wir bald kein Wasser mehr auf der Erde und sie würde dann auch täglich kälter, weil Feuchtigkeit und Wärme in den Weltraum transportiert würden. Zum Glück hat die Lufthülle der Erde eine Sperrschicht, die am Äquator etwa in 15 bis 20 km Höhe liegt. An dieser Sperrschicht, die wie eine Zimmerdecke wirkt, geht es tatsächlich nicht weiter aufwärts, sondern nur noch seitlich weiter – also in höhere Breiten nach Norden bzw. Süden.
Da auf beiden Erdhalbkugeln in etwa die gleichen Prozesse ablaufen, begnügen wir uns in der Betrachtung mit der vertrauten Nordhemisphäre. Die in der Äquatorzone – **Mallungen, Doldrums** oder auch **Stillten** genannt – aufgestiegene Luftmasse wird in der Höhe nordwärts verfrachtet. Auf dem Weg nach Norden kommt sie dabei in kühlere Klimazonen und kühlt sich ebenfalls ab. Dadurch wird die Luft schwerer (kalte Gase sind dichter, d.h. schwerer als warme Gase) und sinkt lang-

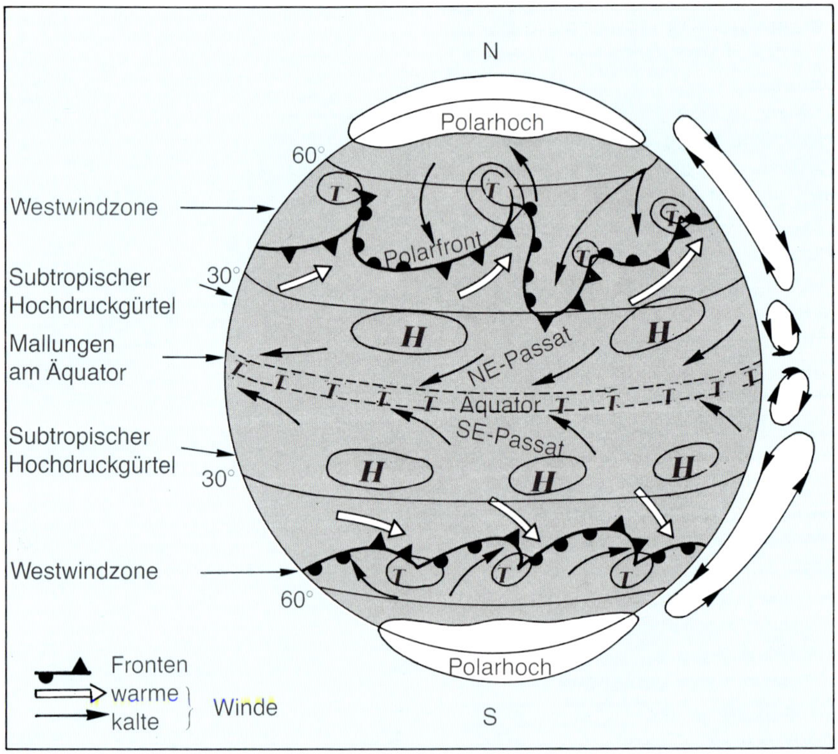

Die Zirkulation der Atmosphäre

sam wieder ab. Dieses Absinken geschieht in riesigem Umfang. Das Ergebnis ist ein Gürtel mit absinkender Luft, der einmal ganz um die Erde reicht. Wir nennen ihn den **subtropischen Hochdruckgürtel.** Im Gegensatz zur Äquatorzone, wo die Luft aufsteigt, haben wir also in den Subtropen einen Bereich absteigender Luft.
Für Segler ist dies natürlich wieder eine windarme Zone, denn abwärtsgerichtete Winde kann kein Segel umsetzen. Schon unsere Vorfahren tauften diese Seegebiete mit viel Flaute die
Roßbreiten – auch **Kalmen** genannt. Hier warteten manchen Schiffe derart lange auf Wind, daß alle Vorräte aufgezehrt werden mußten, und man sich schließlich zum bloßen Überleben an die mitgeführten Rösser heranmachen mußte, deren Blut man trank und deren Fleisch gegessen wurde.
Die im Bereich des subtropischen Hochdruckgürtel abwärts geflossene Luft muß natürlich wieder irgendwo hin, sie ist Teil eines Kreislaufes. Das nächste Stichwort ist der
Passat.
Aus dem Bereich des Subtropenhochs, das etwa auf 20° bis 40° nördlicher Breite liegt, fließt die Luft in einer erdnahen Schicht wieder zurück zum Äquator, wo der Kreislauf dieser Zelle somit geschlossen ist. Diese Luftströmung, die recht beständig anzutreffen ist, wird von Seglern seit Jahrhunderten geschätzt, um ganze Ozeane unbeschwert zu überqueren.
Machen wir jetzt in Gedanken einen Sprung zum Nordpol, von wo aus wir die Zirkulation der Erdatmosphäre vervollständigen wollen.
Im Bereich des Pols finden wir eine Zone mit träger Kaltluft, die sich sozusagen wie eine Kappe über die nördlichen Breitengrade legt. Natürlich ist der Luftdruck hier höher als in anderen Breiten, da die Luft extrem kalt und dicht ist. Meteorologen sprechen vom
Polarhoch oder auch von der **arktischen Hochdruckregion.** Diese reicht etwa vom Pol bis 60° nördlicher Breite.
Ein Hoch kann also durch zwei verschiedene „Mechanismen" entstehen:
Das dynamische Hoch entsteht durch abwärtsfließende Luft, wobei aus großer Höhe immer etwas mehr Luft absinkt, als am Boden wegfließen kann, dadurch steigt der Luftdruck am Boden. Wenn ein dynamisches Hoch von „oben" keinen Nachschub mehr enthält, geht es kaputt – der Druck fällt.

Das kalte Hoch entsteht durch Abkühlung (und Zusammenschrumpfen) der Luft. Beispiel: Das sibirische Kältehoch im Winter. Man sagt auch „thermisches Hoch" dazu.

Die gleichen Überlegungen lassen sich auch auf Tiefs anwenden:
Das dynamische Tief entsteht durch aufwärtsfließende Luft, wobei nach oben immer etwas mehr wegströmt, als unten nachfließen kann, wodurch der Druck am Boden fällt.

Das Hitzetief entsteht durch starke Erwärmung der erdnahen Luftschicht. Durch Erwärmung dehnt sich die Luft aus und steigt aufwärts. Beispiel: Das spanische Hitzetief im Sommer.

Nun werden Sie sagen, was passiert eigentlich in der Zone von 40° bis 60° nördlicher Breite? Bewußt habe ich die Betrachtung dieser interessanten Zone an den Schluß gestellt. Diese Zone der mittleren Breiten wird auch
Westwindzone oder der **Westwindgürtel** genannt.
Das europäische Wetter ist mit seiner Unbeständigkeit der klassische Vertreter dieser Klimazone. Hier

So sieht die Luftzirkulation von der Seite aus

In das Tief fließt die Luft am Boden ein und an der Oberseite wieder aus. Ins Hoch fließt die Luft von oben ein, strömt abwärts und fließt in Bodennähe auseinander.

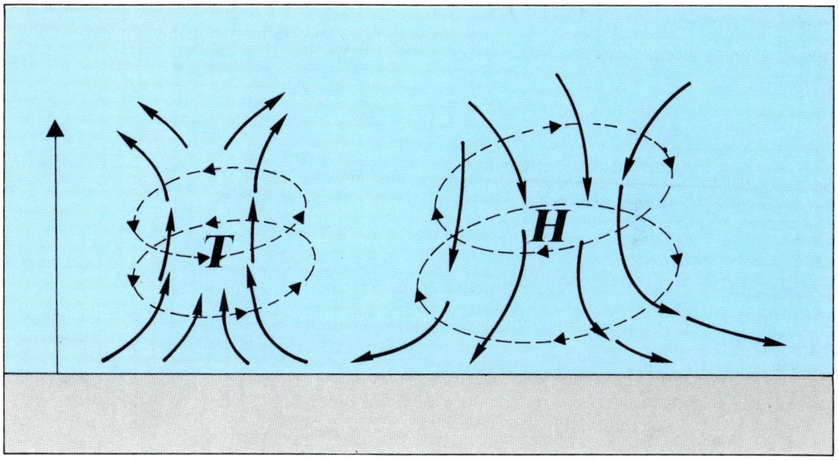

treffen sich unterschiedlichste Luftmassen aus sehr verschiedenen Klimazonen. Von Norden erstreckt sich die polare Kaltluft südwärts. Diese Bewegung wird von der Fliehkraft der Erdrotation verstärkt. Dagegen steht die Luftmasse des subtropischen Hochdruckgürtels, die sich stabil und ortsfest gegen die Ausbreitung der Polarluft wehrt. Gelegentlich bricht sie sogar nach Norden aus und verdrängt die dort beheimatete Kaltluft.

Die Zone der mittleren Breiten ist die einzige, in der nicht beständiges Wetter vorherrscht. Die Ursache sind die beiden so gegensätzlichen Luftmassen, die von Norden und Süden abwechselnd vorstoßend, sozusagen um die Oberhoheit dieser Zone buhlen.

Wenn Kaltluft nach Süden vorstößt, nennen wir dieses Gebiet einen **Trog.** Stößt dagegen Warmluft nach Norden vor, so heißt dieses Gebiet **Keil** oder **Rücken** (wird synonym verwendet).

Keile und Rücken sind immer Gebiete mit hohem Luftdruck (sie erstrecken sich ja aus dem Subtropenhoch polwärts; kommen also von einer warmen Region in eine kältere. Dadurch wird der Hochdruck verstärkt, denn die subtropische Warmluft wird bei Abkühlung schwerer). Generell kann ergänzt werden, daß **Hochdruckkeile** und Hochdruckrükken (vollständige Bezeichnung) Schönwettergebiete sind.

Analog dazu ist der **Tiefdrucktrog** (vollständige Bezeichnung) eine Zone schlechten Wetters, denn aus der polaren Hochdruckzone nach Süden vorstoßende Luft erwärmt sich, wird leichter und ihr Luftdruck auf der Erdoberfläche wird damit geringer. Aus einem kalten Hoch wird so ein warmes Tief.

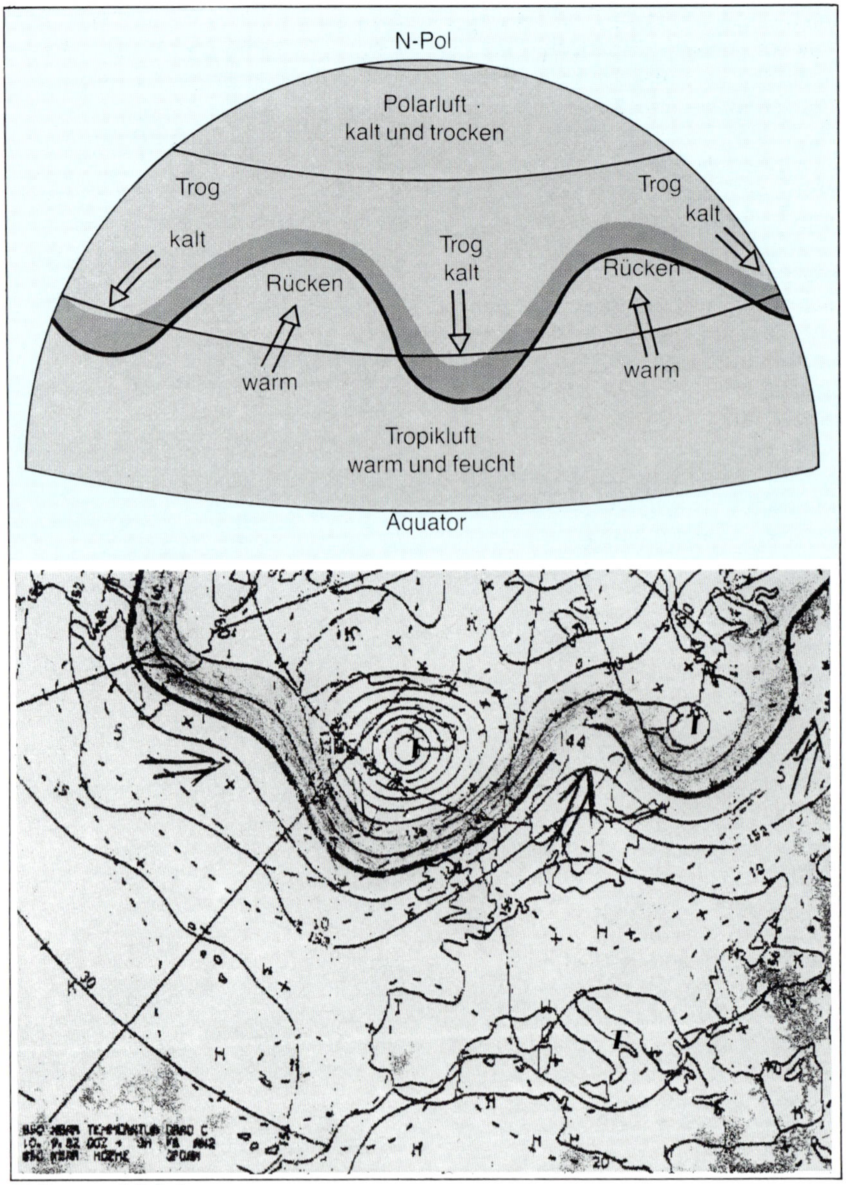

Tröge und Rücken

Die Grenze zwischen kalter Polarluft und warmer Tropikluft ist zwar deutlich ausgeprägt, aber in ständiger Bewegung. Warmluft schiebt sich in die Polarregion vor, Kaltluft in die Tropen.
So sieht das Wechselspiel von Polarluft und Tropikluft auf einer Höhenwetterkarte aus, wie sie der Computer produziert (Abb. unten).

Im Bereich der Westwindzone finden wir rund um den Erdball ein ständiges Vor- und Zurückstoßen von Trögen und Keilen.

Die Luftmasse und ihre Front

Beschränken wir uns auf die wesentlichen Kriterien, dann kann man sagen, daß eine Luftmasse sich durch einheitliche (homogene) Zusammensetzung auszeichnet, das heißt, sie ist überall gleich geartet. Welcher Art die Luftmasse nun ist, bestimmt das Entstehungsgebiet. Über der Wüste kann nur trockenheiße Luft entstehen, über tropischen Ozeanen wird sich eine feuchtwarme Luftmasse bilden. Je nach dem Entstehungsgebiet können wir eine Vielzahl verschiedener aber typischer Luftmassen definieren.
Kommt eine der Luftmassen nun in Bewegung – z.B. indem ein Hochkeil sich von den Azoren nach Europa erstreckt –, so versucht sie so lange wie möglich, ihre Eigenschaften (z.B. warm und feucht) zu erhalten. Luftmassen haben ein konservatives Verhalten – das heißt, sie wollen sich nicht gern verändern.
Eine Luftmasse, die aus ihrem Entstehungsgebiet weg an einen weiter entfernten Ort „geschoben" wird, baut sich sozusagen einen Schutzwall auf – in der Wetterkarte wird dieser Wall als
Front eingezeichnet.

- Fronten entstehen, wenn Luftmassen in Bewegung versetzt werden.

Da sich eine Luftmasse nicht nach

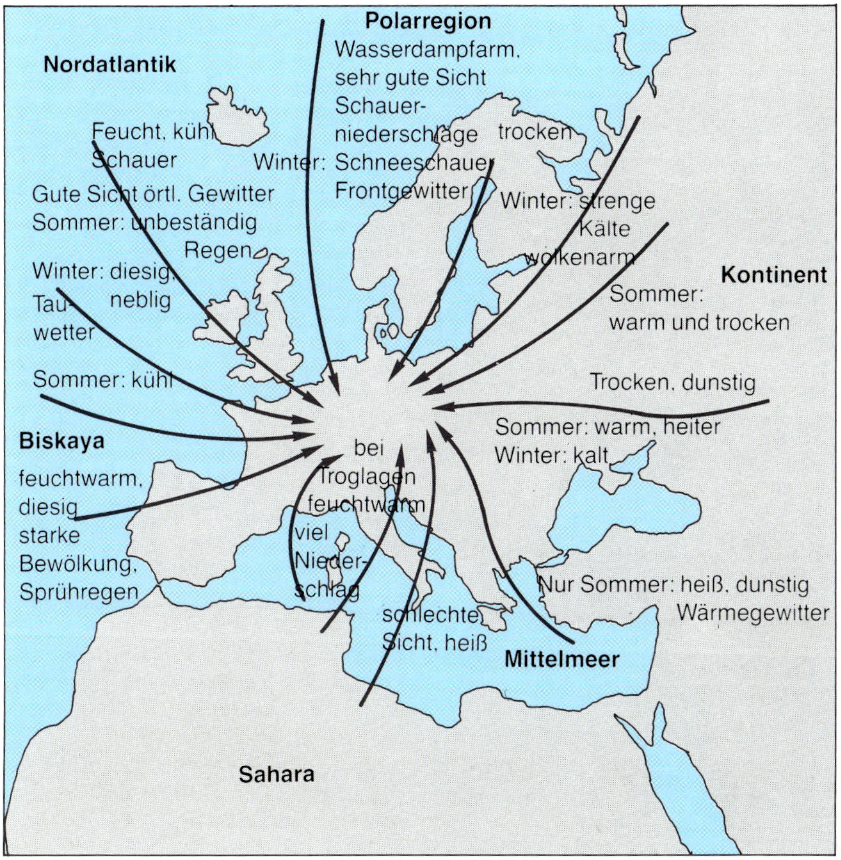

Entstehungsgebiete und Transportrichtungen typischer Luftmassen.

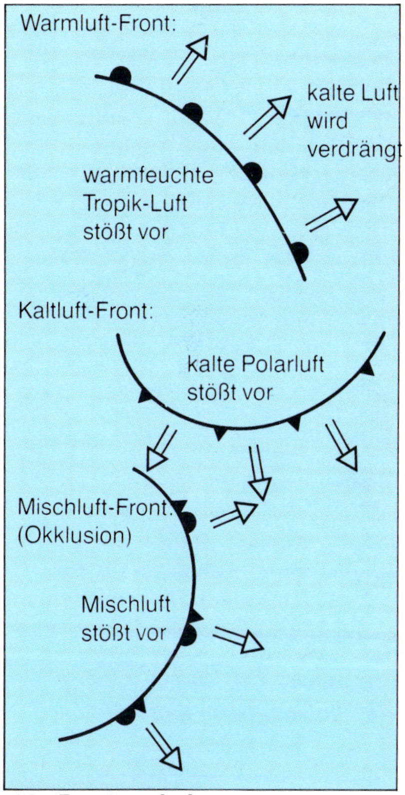

Die Frontsymbole

Das Luftmassensymbol ist zugleich Verlagerungspfeil.

hinten zu verteidigen braucht, baut sie die Schutzfront nur nach vorn – in Verlagerungsrichtung – auf. Wenn Sie auf einer Wetterkarte also Fronten sehen, sind das nichts anderes als Grenzlinien zwischen zwei verschiedenen Luftmassen. Damit man beim Betrachten einer Wetterkarte gleich sehen kann, in welche Richtung eine Front sich bewegt, werden indirekt „Verlagerungspfeile“ eingezeichnet. Kaltluftmassen erhalten ein spitzes Dreieck und Warmluftmassen werden mit einem Halbkreis versehen. Nun sieht man auf dem ersten Blick, welcher Art Luftmasse es ist, die sich dort bewegt.

Da Fronten Grenzen zwischen verschiedenen Luftmassen sind, kann man sich gut vorstellen, daß die hier ausgetragenen Machtkämpfe nicht verborgen bleiben. In der Tat ist das Ergebnis immer eine ausgeprägte Wetteraktivität. Im Grenzbereich verschiedener Luftmassen entstehen Wolken, Niederschläge, Nebel, Gewitter; kurz:

- Fronten sind Gebiete schlechten Wetters.

Druckausgleich von Hoch und Tief

Hoher Luftdruck bedeutet zuviel Luft an einer Stelle der Atmosphäre. Ähnlich wie bei einem überlaufenden Gefäß, fließt die Luft zu den Seiten ab, an denen sich weniger Luft befindet. Dem Tief fehlt Luft, im Vergleich zum Hoch. Also strömt die Luft ins Tief hinein, um es aufzufüllen.

Betrachtet man das Ganze von der Seite aus, vollzieht sich die Ausgleichsbewegung als würde Wasser fließen.

Um Hochs und Tiefs mit ihren vielfältigen Wettererscheinungen entstehen und Wirken zu lassen, sind Kräfte erforderlich. Wenn wir uns im Alltag wenige Gedanken über diese Kräfte machen, liegt es unter anderem daran, daß die Luft für uns ein scheinbares Nichts ist. Daß dieses dünne Gas auch ein Gewicht hat, fällt uns kaum auf, da wir es mühelos ein- und ausatmen, durchschreiten etc. und kaum spüren. Daß die Luftmenge der Erde ein immenses Gewicht hat, entzieht sich unserer Anschauung. Die Luft der Erdhülle wiegt immerhin $6 \cdot 10^{24}$ kg – das ist eine 6 mit 24 Nullen dahinter. Bei dieser respektablen Zahl

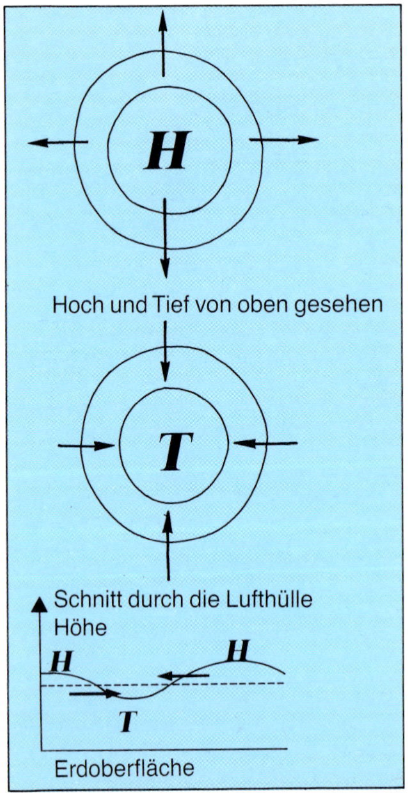

können Sie sich sicher vorstellen, welche Kräfte die Natur aufbringen muß, um unsere Luft zu bewegen. Luft verhält sich im Prinzip ähnlich wie Wasser. Kinder, die in Wasserpfützen spielen, bauen gern Verbindungsgräben, damit das Wasser herumströmen kann. Es wird solange strömen, bis in allen miteinander verbundenen Pfützen der gleiche Wasserstand herrscht. Die Ursache für diese Ausgleichsströme ist die Anziehungskraft der Erde (Schwerkraft), die ständig wirkt und alle Niveaus ausgleichen will. Die Luft unserer Atmosphäre unterliegt ebenfalls der Schwerkraft, das heißt, sobald in der Lufthülle ungleiche Niveauverteilungen entstanden sind (unterschiedliche Luftdrucke), wirkt die Schwerkraft so lange, bis das einheitliche Niveau wieder hergestellt ist. Nur haben wir diesen einheitlichen Luftdruck auf unserer Erde noch niemals gehabt und sind auch immer noch weit davon entfernt, ihn zu bekommen. Andere Kräfte, die im Widerstreit mit der Schwerkraft stehen, verhindern den Idealzustand. Da die Erde mit ungeheurer Geschwindigkeit um die eigene Achse rotiert, entwickeln sich Fliehkräfte. Die haben das Bestreben, alle Dinge in den Weltraum zu schleudern. Die Fliehkraft wirkt also der Schwerkraft entgegen.

Eine weitere Kraft, mit der wir rechnen müssen, ist uns aus dem Alltag ebenfalls vertraut, wir nennen sie die Druckausgleichskraft (Gradientkraft). Dahinter steckt die Tatsache, daß ein Niveauausgleich umso heftiger erfolgt, je größer die Niveaudifferenz ist. Je größer in der Lufthülle der Erde die Druckunterschiede werden, desto stärker ist die Druckausgleichskraft.

Eines haben alle Kräfte unserer

Lufthülle gemeinsam: Das, was sie verursachen, ist immer Bewegung von Luft – und das nennen wir Wind. *Wind ist das Ergebnis von Kräften in der Atmosphäre.*

● **Wind ist bewegte Luft.**
Die **Schwerkraft** erzeugt abwärtsgerichteten Wind, sie ist also an der Erzeugung von Hochdruckgebieten maßgeblich beteiligt.
Die **Fliehkraft** will Luftmassen von Polregionen äquatorwärts transportieren und ist somit bei großräumigen Zirkulationsgürteln beteiligt (siehe Passat).
Die **Druckausgleichskraft** wirkt immer und überall und will auf der Erde einen einheitlichen Luftdruck herstellen.
Die **Reibungskraft** ist eine Komponente, die alle Bewegungsarten unterdrücken will. Die **Trägheitskraft** ist ganz gegensätzlich eine Komponente, die sich allen Veränderungen entgegensetzt. Luft, die ruht, will sie auch in Ruhe halten. Aber genauso will die Trägheitskraft, daß bewegte Luft mit der vorhandenen Geschwindigkeit weiter existiert.
Das Szenarium der atmosphärischen Kräfte ist kompliziert, und in jedem speziellen Fall muß man als Meteorologe die Einzelwirkungen der beteiligten Kräfte abschätzen. Einige Kräfte wirken gemeinsam und verstärken sich, andere heben sich wiederum ganz oder teilweise auf. Der Betrachter, der nur als Ergebnis der vielen Kräfte die bewegte Luft sieht, kann nicht sagen, wie diese Bewegung zustande gekommen ist, ohne jede einzelne Komponente genau zu berechnen.
Ich habe Ihnen nun die Kräfte kurz vorgestellt, die in der Erdatmosphäre an Luftverschiebungen (Wind) in größerem Rahmen beteiligt sind. Bevor wir uns noch den Kräften zuwenden, die kleinräumig wirken – und damit örtliche Besonderheiten erzeugen – wollen wir noch eine ganz wichtige Kraft betrachten. Es ist die nach ihrem Entdecker, dem französischen Physiker Coriolis, benannte **Corioliskraft.** Sie entsteht durch die Rotation der Erde. Sie kann selbst keine Dinge in Bewegung setzen, sondern lenkt nur Teile aus ihrer Bewegungsrichtung ab, sobald sie sich bewegen.
Normalerweise sollte die Luft, die in einem Hoch überschüssig ist, geradewegs – auf kürzestem Wege – in das Tief hineinwehen. Dies ist das Bestreben der beteiligten Kräfte. Würde unsere Erde nicht rotieren, würden sich Hoch und Tief auch tatsächlich auf diesem direkten Weg ausgleichen. Auf Satellitenfotos jedoch kann man sehr gut sehen, was die Corioliskraft in der Erdatmosphäre anrichtet: Sie läßt die Luft in Spiralbahnen rotieren.

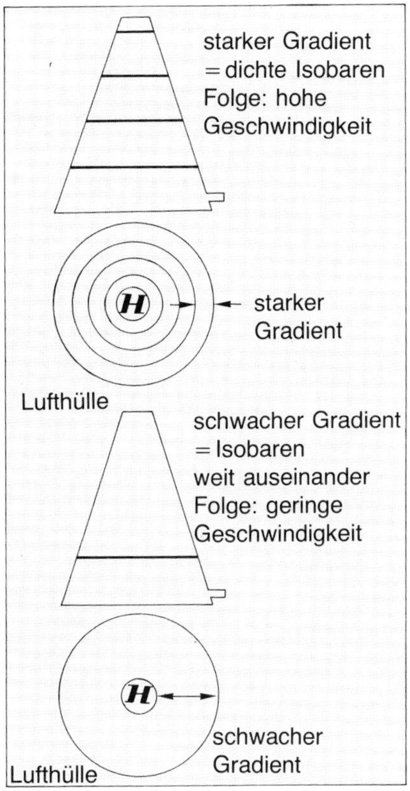

Die Druckausgleichskraft

Stellen Sie sich einen kegelförmigen Wasserbehälter vor, der alle 5 cm aufwärts einen Ring außen herum hat. Bei einem prallgefüllten Kegel werden, in diesem Beispiel, 4 Ringe überschritten. Die Anzahl der Ringe sind ein Maß für Füllhöhe. Aus einem unten angebrachten Loch schießt das Wasser heraus. Die Geschwindigkeit steht dabei in einem Verhältnis zu der Füllhöhe. Füllen wir in einem neuen Versuch nur wenig Wasser ein, so daß z.B. nur ein Ring erreicht wird, fließt das Wasser dementsprechend recht gemächlich heraus. Wenn Sie die Wasserkegel einmal von oben betrachten, ist dies genau das Bild, wie es auf einer Wetterkarte dargestellt wird (hier Hoch). Je dichter die Ringe (Isobaren) zusammen sind, desto mehr Luft drückt von oben, und desto stärker weht der Wind. Beim Tief gilt alles singemäß, aber umgekehrt.

Um ein Tief rotiert die Luft auf der Nordhalbkugel spiralförmig gegen den Uhrzeigersinn.
Um ein Hoch rotiert die Luft spiralförmig im Uhrzeigersinn.
Auf der Südhalbkugel verhält es sich genau umgekehrt.

Foto: Deutscher Wetterdienst

Europa aus der Sicht des Satelliten

Ein umfangreiches altes Tief liegt mit seinem Kern über der westlichen Biskaya. Das Wolkenband der Okklusionsfront reicht von Nordspanien über Irland, Frankreich und den Löwengolf bis hinüber nach Nordafrika. Über dem Atlantik erkennt man wellenartige Bewölkung, wie sie für Kaltluft typisch ist.

Die Stärke der Corioliskraft nimmt zu, wenn die Geschwindigkeit der Teile zunimmt. Die Corioliskraft wird nach folgender Formel berechnet:

$$\text{Corioliskraft} = 2 \cdot w \cdot \sin\varphi \cdot v$$

Hierbei ist

w = Winkelgeschwindigkeit der Erde (1 Umdrehung pro 24 Stunden)
φ = geographische Breite
v = Geschwindigkeit der Luft

Wenn Sie in diese Formel für die Geschwindigkeit (v) der Luft Null einsetzen ergibt sich auch ganz einfach Null für die Corioliskraft. Betrachten wir nun die geographische Breite (φ), wie diese auf die Corioliskraft wirkt: Hier gilt, daß bei Breite 0° natürlich der Sinuswert davon auch Null ist.
Dem größten Wert der Breite (90°) entspricht auch der größte Sinuswert (= 1)

Die Corioliskraft ist am Äquator exakt Null und hat am Pol ihren größten Wert. Welche Konsequenzen hat nun dieses merkwürdige Wirken der Corioliskraft auf die Luftströmungen unserer Atmosphäre?
Nun, da es am Äquator keine Corioliskraft gibt, gestalten sich hier Luftbewegungen viel einfacher. Der Wind hängt dort in seiner Stärke nur vom Luftdruckgegensatz zwischen Hoch und Tief ab. Hier strömt die Luft also so, wie es in verbundenen Wassersystemen üblich ist: direkter Weg vom Hoch zum Tief. Der direkte und somit schnelle Ausgleich von Druckgegensätzen verhindert am Äquator auch das Entstehen von richtigen Hochs und Tiefs.
Im Bereich der Erdpole, wo die Corioliskraft ihre größten Werte erreicht, lenkt sie also die Luft, die der Druckausgleichskraft folgen will, am stärksten ab – und verhindert so den Ausgleich von Hoch und Tief. Mit anderen Worten:

- Je weiter sich ein Tief oder Hoch zum Pol nähert, desto länger bleibt es erhalten.

Die Entwicklung eines Tiefs

Ein Tief entwickelt sich im Grenzbereich zwischen unterschiedlichen Luftmassen. Auf der Nordhalbkugel treffen sich um den 50. Breitengrad die beiden klassischen Luftmassen: polare Kaltluft aus dem arktischen Kältehoch und tropische oder subtropische Luft aus der subtropischen Hochdruckzone (Beispiel: Azorenhoch).

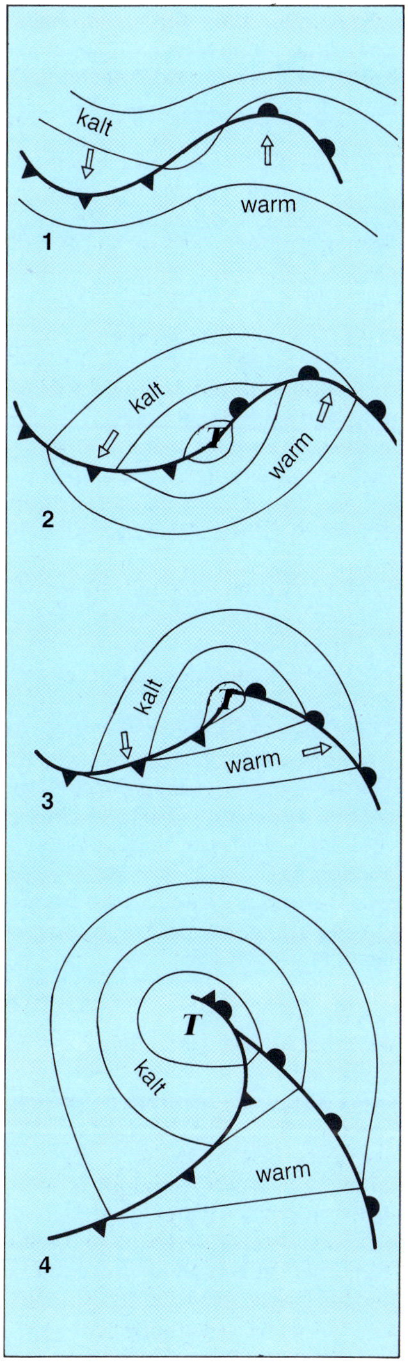

Wie ein Tief entsteht

1 Bei Vorstößen von Warm- und Kaltluft gegeneinander hat sich an der Frontlinie deutlich eine Welle ausgeprägt.
2 Diese wellende Front beginnt einen Tiefkern genau dort zu bilden, wo die Kaltfront in die Warmfront übergeht.
3 Das Tief beginnt zu wirbeln. Die Kaltfront wird schneller als die Warmfront, dadurch verwirbelt sich das Tief selbst.
4 Die Kaltfront hat die Warmfront „eingeholt" und beginnt zu okkludieren.

Aus einer Grenzfläche verschiedener Luftmassen bildet sich irgendwann zufällig einmal eine Welle, da in der Natur solche mit dem Lineal gezogenen Grenzen weder existieren noch stabil wären. Solch eine Ausbeulung der Luftmassengrenze kann sich vergrößern und zum rotierenden Tief werden. Die Ursachen können hier nicht erläutert werden. Bescheiden wir uns damit, daß es oft geschieht. Die beteiligten Kräfte haben wir angesprochen. Zu berechnen, wann und wo ein Tief entsteht, ist nur mit Großcomputern möglich. Eine wellende Luftmassenfront erzeugt also in einer Zone verdrängte Kaltluft und in der anderen Zone verdrängte Warmluft. Wo sich Warmluft anstelle von Kaltluft geschoben hat, herrscht jetzt aber weniger Druck als vorher, denn Warmluft ist leichter als kalte. Dort, wo Warmluft vorstößt, muß der Luftdruck also fallen.

Auf der anderen Seite der wellenden Front passiert zugleich das Gegenteil: Schwere Kaltluft räumt leichte Warmluft weg – der Luftdruck steigt hier also.
Aus einer wellenden Front hat sich somit ein dynamisches Verhalten des vorher ausgeglichenen Luftdruckfeldes erzeugt. Ob es in der Natur nun dabei bleibt oder ob sich ein Tief aus der wellenden Front entwickelt, können wir den üblichen Bodenwetterkarten nicht entnehmen. Meteorologen bedienen sich zur Abschätzung dieser Faktoren sogenannter „Höhenkarten". Dies sind allerdings keine der Ihnen vertrauten Wetterkarten. Wetter wird hier überhaupt nicht dargestellt, sondern einzelne physikalische Größen der Atmosphäre, die man berechnet hat, werden graphisch veranschaulicht.
Aber zurück zur Entwicklung eines Tiefdruckgebietes.
Nehmen wir einmal an, in der Atmosphäre sind die Bedingungen für eine Tiefdruckbildung günstig – dann wird sich unsere wellende Front auch weiterentwickeln. Als nächstes setzt eine Aufwärtsbewegung der Luft genau dort ein, wo der Scheitelpunkt der wellenden Front liegt.
Sicher ist Ihnen aufgefallen, daß wir bei dem Prozeß der Wellenbildung bislang noch gar nicht von aufwärtsströmender Luft gesprochen haben, die ja ein ausgeprägtes Tief auszeichnet. Gerade die theoretischen Berechnungen der Meteorologen und ihrer Computer über die Höhenschichten oberhalb der Welle sind es, die als Ergebnis die Frage beantworten, ob im Bereich des Wellenscheitels zur gleichen Zeit auch zufällig alle anderen Bedingungen günstig sind, damit die Luft dort gehoben wird (also aufwärts strömt). Durch die beiden einzelnen Bewegungskomponenten – vorstoßende Luftmassen und Anhebung im Zentrum – entsteht nun eine gemeinsame Rotationsbewegung.
Während die beiden Luftmassen um das Zentrum herumdrehen, wird die Luft gehoben – dabei wird immer mehr Luft oben wegtransportiert als unten nachströmen kann. Dadurch fällt der Druck am Boden – das heißt, das Tief entwickelt sich – es vertieft sich. Stellen Sie sich als Antriebsmotor für ein Tief eine Art atmosphärischen Staubsauger vor, der in 8 bis 10 km Höhe sitzt und die Luft aufwärts saugt.
Bei der Entwicklung eines Tiefs können wir zwei Einzelprozesse betrachten:

1. Die Bewegung der Luftmassengrenzen (Fronten), die sich verwirbeln.
2. Das Verhalten des Luftdrucks.

● Durch den Prozeß der Vertiefung nimmt die Windstärke im ganzen Tief zu, denn Sie erinnern sich, daß die Stärke der Luftströmung direkt vom Maß des Luftdruckunterschiedes abhängt.
Jetzt wird es aber Zeit, einen weiteren Begriff zu definieren, den wir unbedingt brauchen:
Isobaren.

● Isobaren sind Linien mit gleichem Luftdruck.
Ganz genau wie man um einen Berg (oder ein Tal) einmal herum auf exakt der gleichen Höhe laufen kann, ist es bei Hoch und Tief mit dem Luftdruck. Wenn Sie sich irgendeinen Druckwert außerhalb des Tiefkerns denken, können Sie auf diesem Druckwert (gedanklich) einmal um das Tief herumgehen. Der Weg ist die Isobare. Daß es nur einen einzigen Weg mit demselben Wert geben kann, ist Ihnen bei der Berg-(Tal-)Umwanderung sicher einsichtig: Machen Sie auch nur einen Schritt aufwärts, gehen Sie auf einer größeren Höhe als vorher. Ein winziger Schritt abwärts bringt ebenfalls sofort eine Abweichung vom Sollwert. Und wenn Sie auf einem Niveau einmal herumgegangen sind, müssen Sie exakt wieder am Ausgangsort stehen.
Wenn Sie dieses Beispiel aus der „Bergsteigerei" konsequent auf den Luftdruck und die Isobaren anwenden, haben Sie überhaupt keine Schwierigkeiten: Isobaren sind in sich geschlossene Linien und bezeichnen exakt einen einzigen Luftdruckwert.

● Isobaren können sich nicht kreuzen oder schneiden (dann hätte ja ein und derselbe Ort zwei verschiedene Luftdrücke).
Die Zahlen, die Sie in den Wetterkarten an den Isobaren finden, geben an, welcher Druckwert dort repräsentiert wird. Die Maßeinheit für Drücke ist das **Pascal.** Da nun aber die Schwankungen der atmosphärischen Luftdrücke in einer anderen Größenordnung ablaufen, werden in der Wetterkunde alle Luftdrücke einheitlich in **Hektopascal** gemessen, die Abkürzung dafür ist hPa.

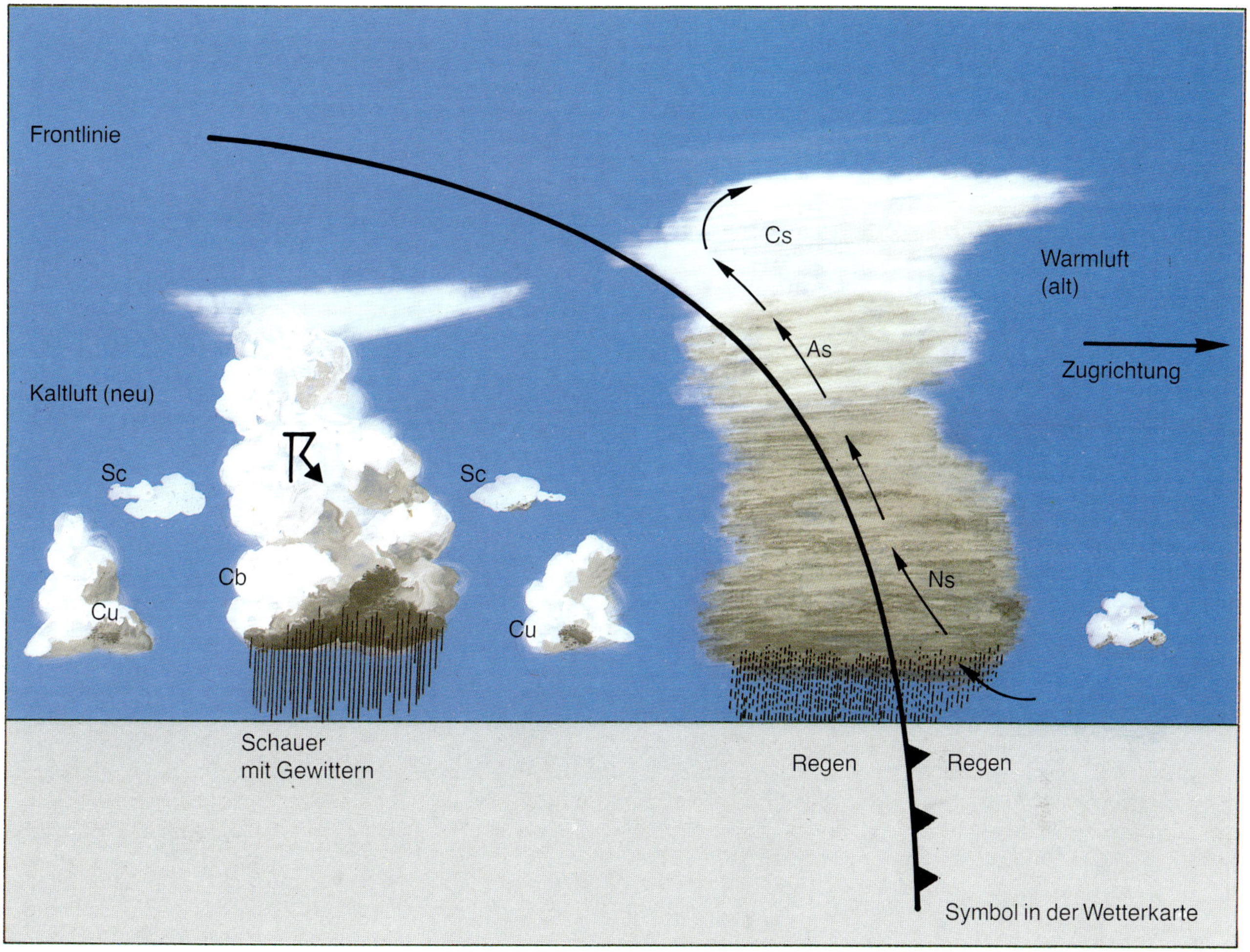

Die Entstehung einer Kaltfront

Wenn sich Kaltluft unter warme Luft schiebt, muß letztere sich aufwärts bewegen. Da der Kaltluftkeil recht steil ist, geht die Aufwärtshebung der warmen Luft entsprechend rasch. Das Ergebnis ist die Bildung von Wolken. Luft, die angehoben wird, kühlt sich ab, denn je weiter wir uns von der Erdoberfläche in die Atmosphäre begeben, desto kälter wird es. Typisch für die Kaltfront ist der Haufenwolkentyp (Cumuluswolke)*. Die Haufenwolke ist ein Indikator für turbulente Aufwärtsbewegung – also für Hebungsvorgänge, die kräftig und rasch erfolgen. Den mächtigen Cumuluswolken sieht man die geballte Energie direkt an. – Übrigens, solche Wolken haben ein Gewicht von einigen Milliarden Tonnen. Das gibt Ihnen eine Ahnung welche Kräfte hier wirken.

* *Näheres unter „Wolken", Seite 44ff.*

Schnitt durch eine Kaltfront

Die Kaltfront schiebt sich wie eine Walze vor und verdrängt die alte Luft vor der Front, wobei diese kräftig angehoben wird.
Sc = Stratocumulus
Cu = Cumulus
As = Altostratus
Cb = Cumulonimbus
Ns = Nimbostratus
Cs = Cirrostratus

So sieht es aus, wenn eine typische Kaltfront durchzieht			
	Vor der Front	In der Front	Hinter der Front
Wolken*	Bedeckt mit tiefer Wolkendecke, Stratus und Stratocumulus	Nimbostratus, Cumulus eingelagert, teils mit Cumulonimbus	Auflockerung einzelne Cumulus, Cumulonimbus mit Stratocumulus
Wetter-erscheinungen	Nebelfelder möglich, Regen setzt ein	Kräftiger Regen teils mit Gewitter, später Schauer	Nur noch einzelne Schauer, böig
Wind	Richtung und Stärke etwa konstant	Kräftige Zunahme, zunehmend böig, Richtung springt um	Rechtsdrehend bis zu 180°, Stärke vorübergehend abnehmend, sehr böig
Temperatur	Konstant	Etwas absinkend	Stark absinkend
Feuchte	Hoch	Etwas absinkend	Rasche Austrocknung der Luft
Sicht	Mittlere Sicht, teilweise schlecht, wegen Nebelfeldern	Mittlere Sicht, in Schauern schlechte Sicht	Rasche Besserung bis zu sehr guter Sicht
Luftdruck	Erst konstant oder leicht fallend, dann stark fallend	Konstant	Mäßig bis stark steigend

So sieht es aus, wenn eine typische Warmfront durchzieht			
	Vor der Front	In der Front	Hinter der Front
Wolken*	Aufzug von Cirrus danach Altocumulus, Altostratus verdichtend, tiefer gehende Wolkendecke	Bedeckt mit Nimbostratus, Stratus	Bedeckt Stratus oder Stratocumulus
Wetter-erscheinungen	Halo bei dünnem Cirrus, Höfe um Mond und Sonne später, danach leichter Regen	Niederschlag verstärkt sich und hört dann auf, danach Nebel/Dunst möglich	Nebelfelder, teils Nieselregen (beides nur im Frühjahr)
Wind	Gleichmäßige Zunahme, etwas rückdrehend	Starkes Auffrischen, leicht rechtdrehend	Stärke konstant, Richtung konstant
Temperatur	Ansteigend	Weitersteigend	Konstant
Feuchte	Nimmt spürbar zu	Sehr hoch	Hoch
Sicht	Beständige Verschlechterung	Schlechte Sicht bis Nebel	Mittlere Sicht
Luftdruck	Beständiger Fall	Nur noch ganz leicht fallend oder konstant	Konstant oder leicht fallend

* *Näheres unter „Wolken", Seite 44.*

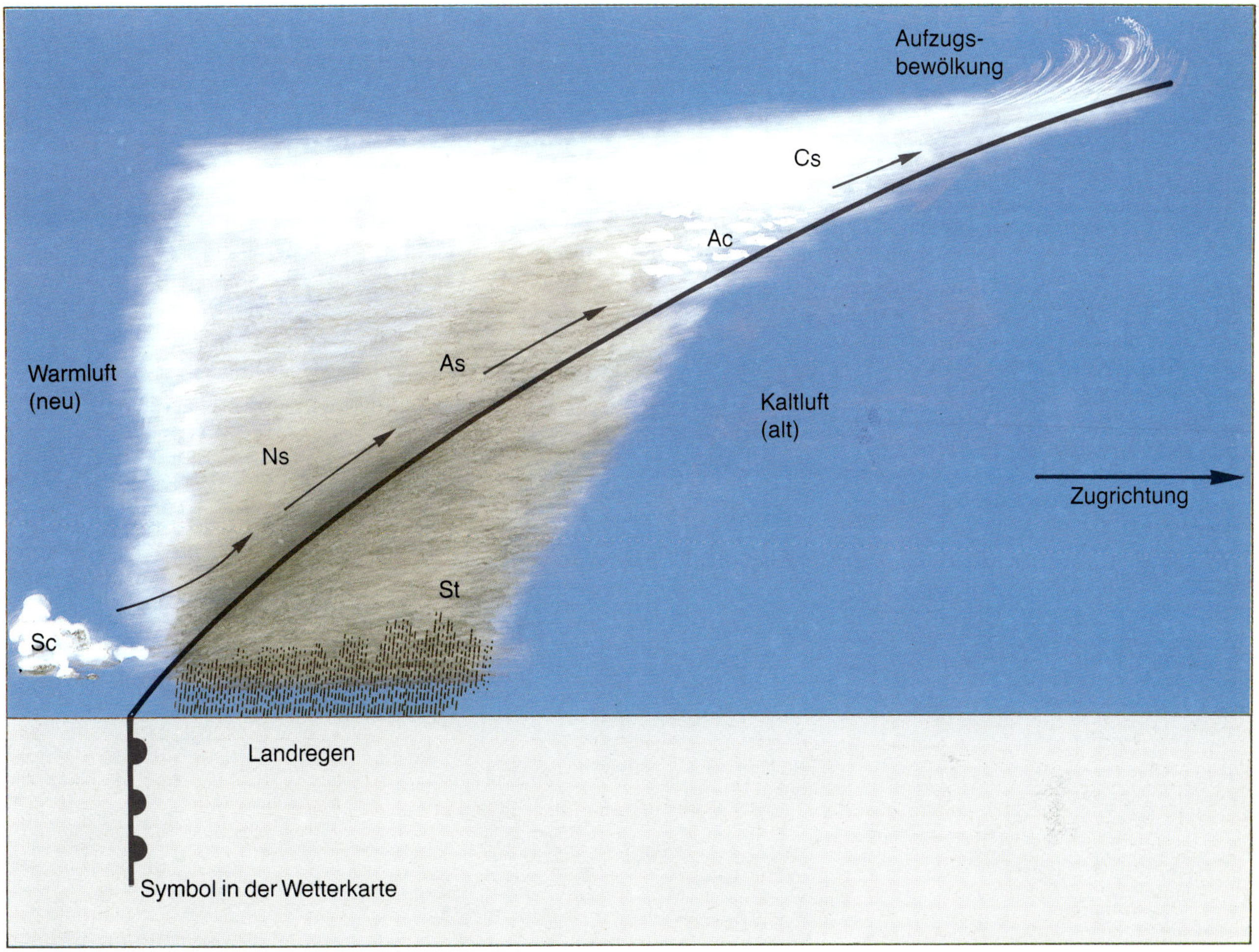

Die Entstehung einer Warmfront

Eigentlich braucht man gar nicht besonders zwischen der Entstehung von Kaltfront und Warmfront zu unterscheiden, denn wo die eine Front ist, ist zugleich auch die andere. Anders gesagt, es gibt eigentlich nur „den Typ" der Wetterfront. Ob eine Front die Eigenschaften einer Kaltfront oder die einer Warmfront hat, hängt nur davon ab, welche Luftmasse der Sieger ist und die andere verdrängt.

Bei der Erläuterung der Kaltfront gingen wir davon aus, daß die Kaltluft die wärmere Luft verdrängt. Genauso ist es möglich, daß die warme Tropikluft stärker ist und die Polarluft verdrängt. Die Ausgangslage ist die gleiche, das Ergebnis aber völlig anders:

Die leichtere Warmluft kann sich nicht unter die Kaltluft schieben. Genau wie bei Fett und Wasser, entsprechend dem Gesetz der Schwer-

Schnitt durch eine Warmfront

Die Warmluft gleitet auf die Kaltluft auf, die sich keilförmig deformiert und langsam zurückgeschoben wird.
Sc = Stratocumulus
St = Stratus
Ac = Altocumulus
Ns = Nimbostratus
As = Altostratus
Cs = Cirrostratus

Satellitenfoto eines alten Tiefs

Diese Satellitenaufnahme ist aus einer Höhe von etwa 1500 km aufgenommen. Deutlich zeigt sich die Spiralstruktur des Tiefs, dessen Zentrum über dem Eismeer liegt. Die verschneiten norwegischen Küstengebirge sind mit ihrer Unzahl von Fjorden gut zu sehen (von links nach rechts über das ganze Bild, Norwegen liegt quer). Das aus dem Zentrum herauslaufende Wolkenband ist die Bewölkung der Front. Dort, wo die Wolkenbande Norwegen erreicht, verdickt sie sich: Hier bildet sich eine Welle an der Front, aus der ein neues Tief entsteht. Auf dem Satellitenfoto sind solche wichtigen Entwicklungen schon im Ansatz zu erkennen.

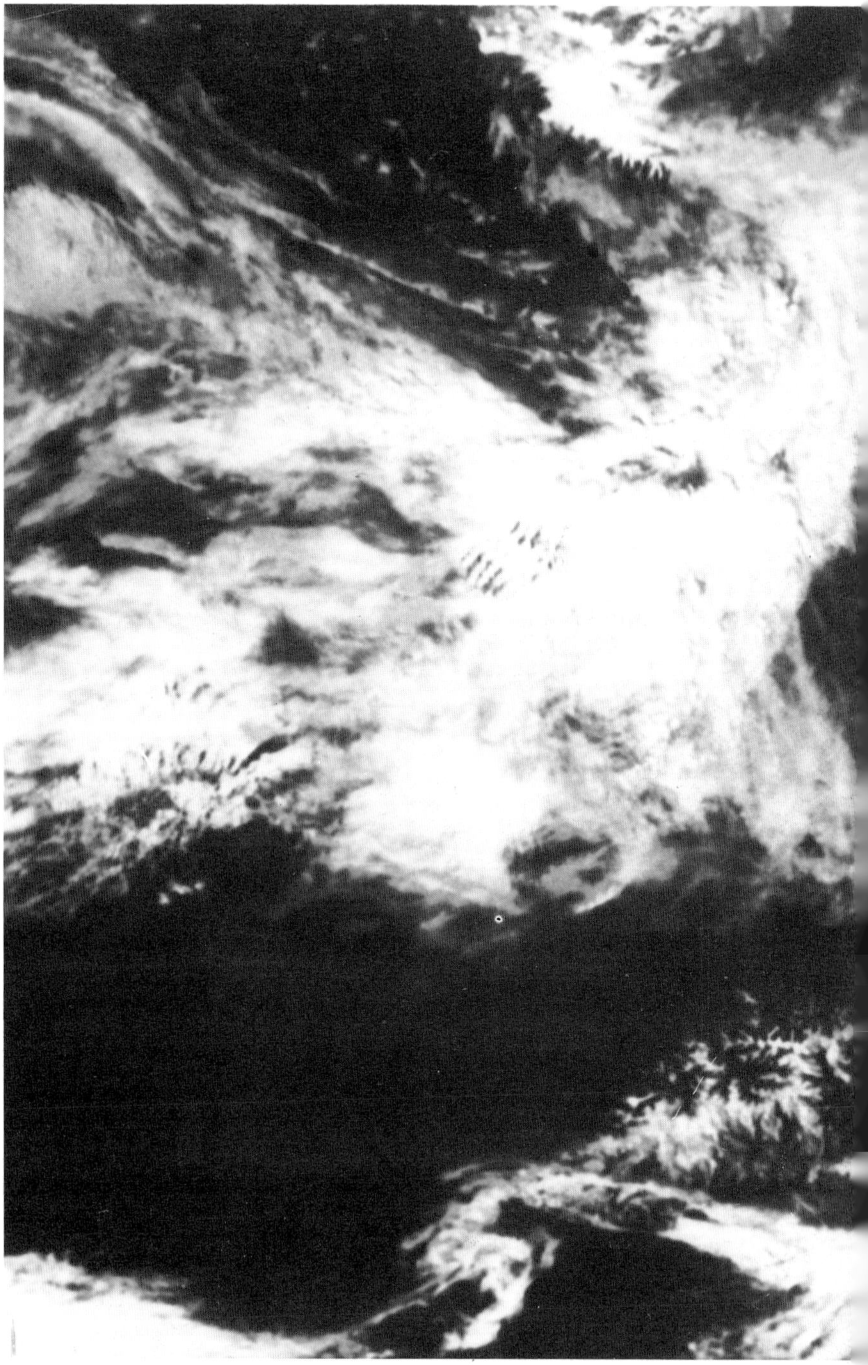

Foto: Deutscher Wetterdienst

Okklusionsfront
Tiefkern
Welle
Norwegen

kraft, schwimmt das leichtere Medium immer oben. Die Warmluft gleitet also auf die Kaltluft auf. Dabei schiebt sie diese im oberen Bereich ganz allmählich zurück. Am Boden folgt die Kaltluft erst viel später nach.
Bei einer gut ausgeprägten Warmfront ist der Aufgleitbereich bis zu 1000 km lang – die Kaltluft liegt wie ein flacher Keil darunter und zieht sich langsam zurück.
Entsprechend der langsamen und ausgeglichenen Bewegungsabläufe an einer Warmfront ist die Atmosphäre in diesem Bereich stabil. Sie sehen es an den Wolken, die sich fast unbemerkt wie ein Schirm über die Erde legen. Man nennt diese Wolken Schichtwolken (Stratus). Da die Warmluft bis in große Höhen aufgleitet (über 10 km Höhe) bringt sie entsprechend in allen drei Wolkenstockwerken die Schichtwolken. Durch das langanhaltende Aufgleiten in große Höhen wird die Luft soweit gekühlt, daß die Feuchte in ihr kondensiert, und es in den Wolken zu Regenbildung kommt. Nun ist Ihnen sicher verständlich, daß es vor Warmfronten zu länger anhaltendem und gleichmäßig fallendem Regen (Landregen) kommen kann.

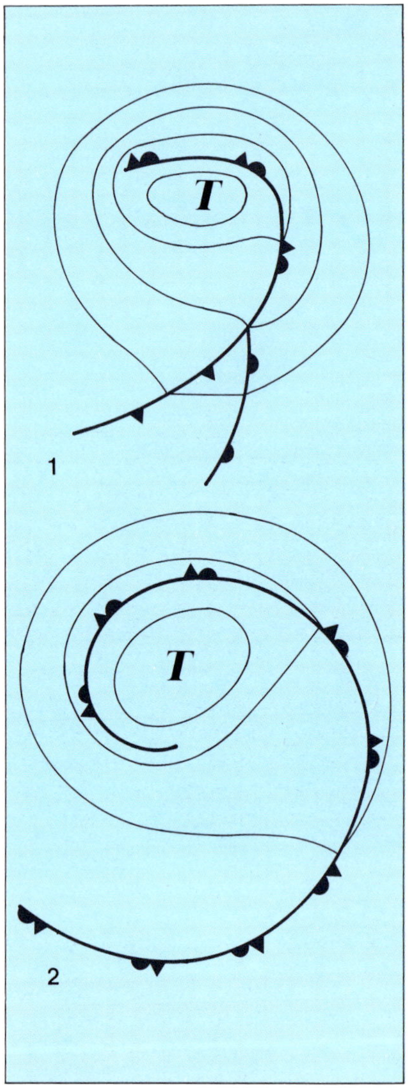

Verwirbelung von Warm- und Kaltfront

1 Die Fronten sind, ausgehend vom Tiefkern, weitgehend okkludiert oder vermischt.
2 Das Tief ist vollständig verwirbelt. Die gealterte Front zieht sich in einem weiten Bogen um das Tief.

Die Verwirbelung von Warmfront und Kaltfront

Entscheidend für die Tatsache, daß sich Fronten verwirbeln, ist die unterschiedliche Bodenreibung, der verschiedenen Luftmassen. Warme Luft bewegt sich wie eine zähe Masse über die Erde. Kalte Luft ist in sich sehr turbulent und hat eine erheblich geringere Reibung an der Erdoberfläche, daher bewegt sie sich rascher voran als die Warmluft – auch, wenn beide mit der gleichen Kraft angeschoben werden.
Sobald ein richtig rotierendes Tief mit Fronten entstanden ist, beginnt also die Kaltfront, die vorlaufende Warmfront einzuholen und in sich aufzunehmen. Die Vermischung beginnt immer am Wendepunkt, der anfangs genau im Zentrum des Tiefkerns liegt. Diesen Punkt nennen die Fachleute Okklusionspunkt.
Mit zunehmendem Alter des Tiefs okkludiert dieses, das heißt, seine Fronten vermischen sich. Dabei wandert zuerst der Okklusionspunkt aus dem Kern heraus und einige Zeit später windet sich die vermischte Front in immer größer werdendem Abstand um den Kern herum. Ursache hierfür sind die Fliehkräfte, die ständig auf die Luftmassen wirken.
Bezüglich der detaillierten Wettererscheinungen an einer Okklusionsfront ist eine Prognose gar nicht so einfach. Die vermischten Luftmassen zeigen sich in ihrem Grenzbereich einmal mit mehr oder weniger typischen Kaltfront-Erscheinungen, ein andermal präsentieren sie sich fast wie eine Warmfront.

Typische Wetterlagen im europäischen Sommerhalbjahr

Auch wenn es in unseren Breiten mit dem Wetter ständig auf und ab geht (Ausnahme Mittelmeer), kennen wir doch ganz typische Wetterlagen, die vergleichbare Witterungen in Teilgebieten hervorrufen. Den meisten ist sicher der Begriff der „Großwetterlage" geläufig, die dahinter steckt.
Großwetterlage ist die Bezeichnung für einen Wettertyp, bei dem in einem Gebiet über mehrere Tage dieselbe Witterung vorherrscht. Nun, die Witterung wird stark von der Luftmasse geprägt, und so können wir für unseren Zweck die Vielzahl von Großwetterlagen in drei Strömungstypen einteilen:

- Zonaler Strömungstyp
- Meridionaler Strömungstyp
- Gemischter Strömungstyp

Der zonale Strömungstyp

Unter zonaler Strömung verstehen wir solche, die eine Luftmasse auf ein und demselben Breitengrad verschiebt, sozusagen eine breitenparallele Strömung von einer Klimazone in die andere.
Für Nord- und Ostsee bedeutet das eine ziemlich glatte Westströmung, die vom Nordatlantik einzelne Tiefdruckgebiete mit ihren Wetterfronten ostwärts verfrachtet.
Die **Westlage** ist der typische zonale Strömungstyp. Im Sommer ziehen atlantische Tiefs über Schottland und Südskandinavien nach Rußland. Die Fronten sind oft nur schwach, streifen aber meistens Nord- und Ostsee (siehe Abbildung Seite 29).

Wetterbesonderheiten
Im Küstengebiet unbeständig und wechselhaft, mild, teils kühl, selten warm, trotz Sonnenschein, Regen, viel Wind. Auf den Binnenseen windschwach, aber kräftige Niederschläge mit Gewittern.

Der meridionale Strömungstyp

Stabile Hochdrucklagen, die lange anhaltendes gutes Wetter bringen, sind die typischen Vertreter für meridionale Strömungen. Je nachdem, auf welcher Seite des Hochs man sich aufhält, kann es eine reine Nordströmung oder auch eine reine Südströmung sein.
In den Sommermonaten ist lediglich die Nordlage typisch. Sie tritt am häufigsten im Frühsommer auf. Wenn sich das Azorenhoch z.B. zu den britischen Inseln verlagert und dort fest liegen bleibt, spricht der Meteorologe von einem blockierenden Hoch. Das riesige Hochdruckgebiet blockt die atlantischen Störungen von Westen ab und sorgt in allen deutschen Seegebieten für langanhaltend gutes Sommerwetter.

Wetterbesonderheiten
Viel Sonnenschein bei wenig Bewölkung. Bei schwachen nördlichen Winden ist es angenehm warm, keine drückende Hitze. Wenn sich über Südschweden ein kleines Tief bildet, besteht für die Nordseeküste und das Kattegat Gefahr von Starkwind, manchmal sogar Sturm – also wahrschauen, was in der Ostsee und Umgebung passiert, auch wenn man dort nicht schippert.
Gute Sicht bei Nordwind, kaum Fronten, selten Niederschlag (siehe hierzu Abbildungen von Seite 26).

Der gemischte Strömungstyp

Hinter dem gemischten Strömungstyp verstecken sich Wetterlagen, die gealterte und veränderte Luftmassen zu uns bringen. So beispielsweise Nordwestlagen und Südwestlagen, wo sich subtropische und maritime, beziehungsweise polare Luftmassen vermischen (siehe hierzu Abbildungen von Seite 27).

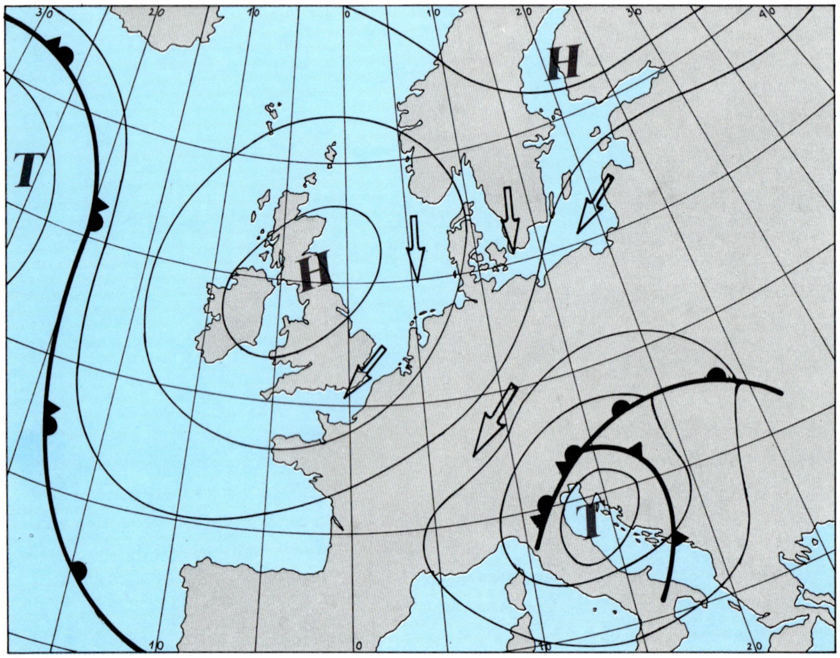

Typische sommerliche Lage mit einem Hoch über den Britischen Inseln.

Die **Nordwestlage** ist ein unangenehmer Wettertyp für Wassersportler, da hier die Atmosphäre all die Register zieht, die wir im Sommer lieber vermissen. Meistens liegt ein umfangreiches Tief über Schottland, dem Nordmeer und Skandinavien. Auf dessen Westflanke fließt kühle Luft ein, und in unregelmäßiger Folge bilden sich Fronten, die für reichlich Niederschläge und viel Wind sorgen.

Wetterbesonderheiten
Kühl bis kalt, viele Schauer und stürmischer Wind im Küstenbereich und auf der Nordsee. Die Ostsee hat deutlich besseres Wetter, überall gute Sicht.

Auf bayrischen Seen viel Regen, oft tagelanger Dauerregen.

Bei der **Südwestlage** wird wohl warme Luft vom Biskayaraum an die norddeutsche Küste gebracht, es bleibt aber nur mäßig warm, weil die Sonne recht wenig scheint (wegen der wolkenreichen Luft). Die bayrischen Seen werden durch Föhnwetter beeinflußt.

Wetterbesonderheiten
Unbeständiges, regenreiches Wetter, ständig hohe Feuchtigkeit. Viel Wind an der Küste, häufig Nebel, besonders im Frühsommer.

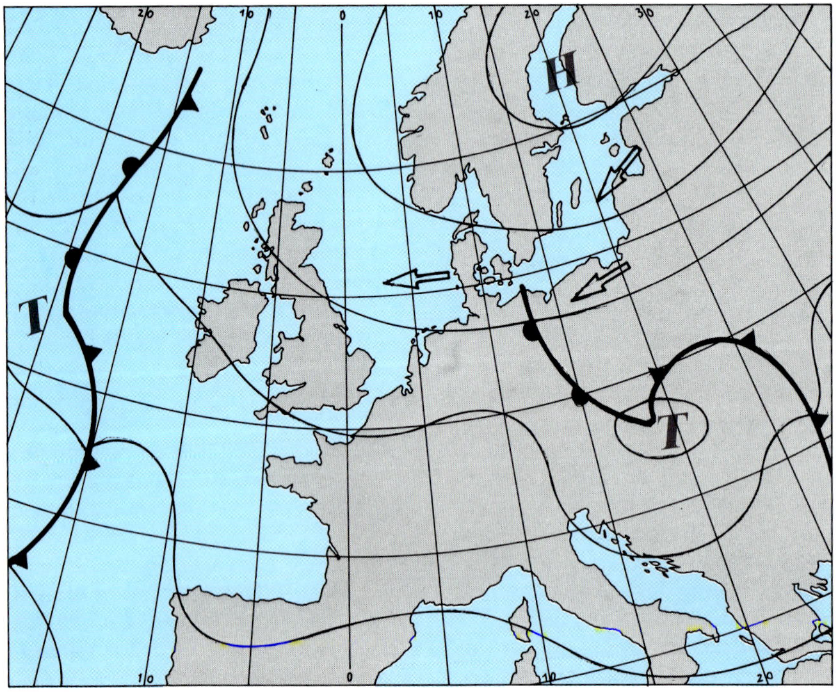

Typische stabile Hochdrucklage mit einem Hoch über Skandinavien.

Praktische Wetterregeln für eigene Vorhersagen an Bord

Wer sich nur auf amtliche Wetterberichte verläßt, kann manchmal ganz schön verlassen sein. Wir alle verlernen zusehends der Natur auf die Finger zu sehen und ihre Hinweise zu verstehen, derer es genügend gibt. Wetterregeln richtig angewandt, sind ein hervorragendes Mittel, um der Natur auf die Schliche zu kommen. Sie funktionieren ganz ohne Strom und Störungen – man muß nur die Augen offen halten.

In diesem Kapitel möchte ich Ihnen eine Auswahl von Wetterregeln an Hand von Beispielen vorstellen. Alle Regeln haben eines gemeinsam: sie sind physikalisch begründet und funktionieren deshalb zuverlässig.

Windregeln

Tiefkernpeilung

Wenn man sich mit dem Rücken zum Wind stellt, dann befindet sich zur linken Hand der tiefe Druck und zur rechten der hohe Druck.

Mit dieser Regel kann man die Verlagerung von Hoch und Tief beurtei-

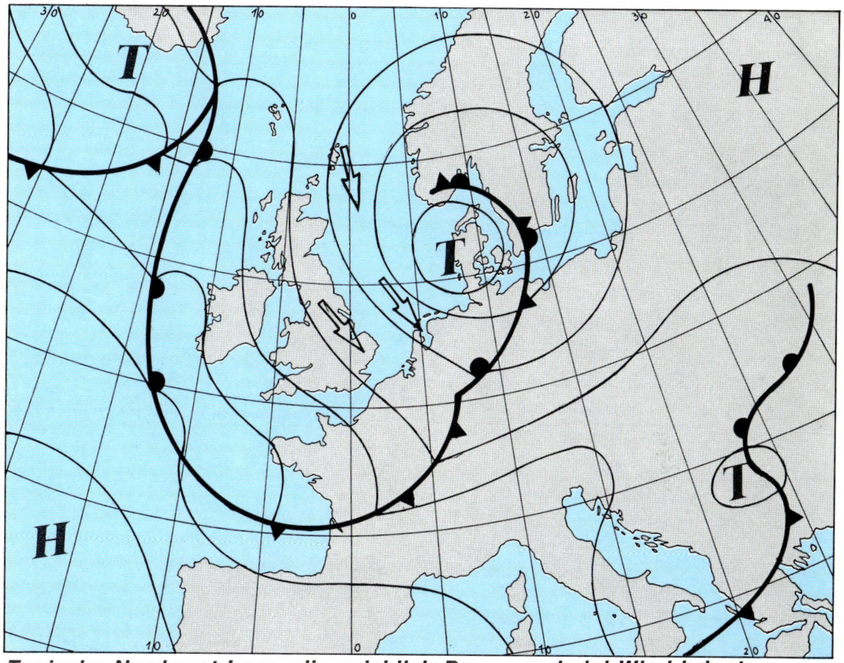

Typische Nordwest-Lage, die reichlich Regen und viel Wind bringt.

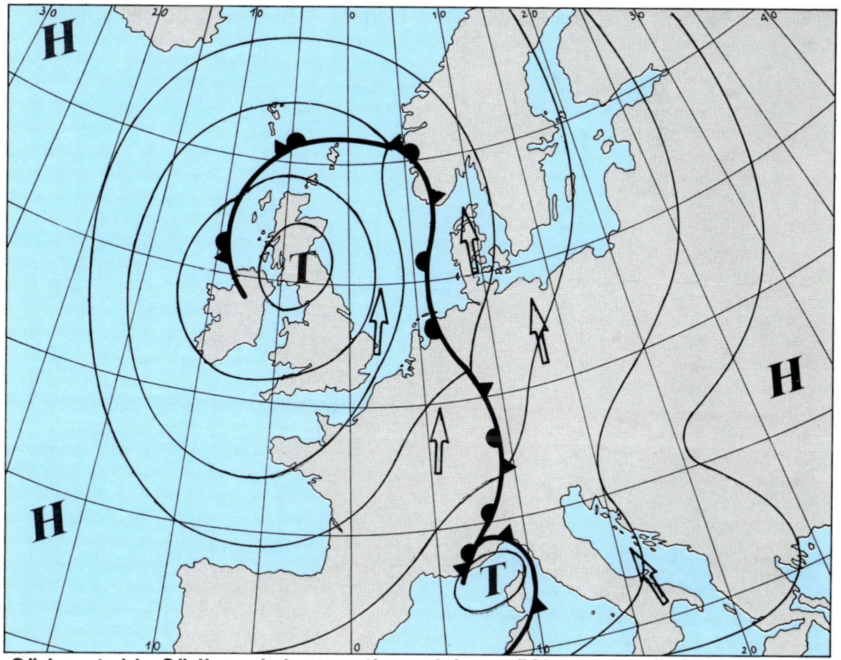

Südwest- bis Südlage bringt wolkenreiche, mäßig warme Luft.

len. Daraus kann man dann wieder auf eine mögliche Veränderung von Windrichtung und -stärke schließen.

So beurteilen Sie die Zugbahn eines Tiefs
Stellen Sie sich morgens mit dem Rücken zum Wind, so daß Sie einen Peilstrahl zum Tiefkern hin bekommen, den Ihnen die ausgestreckte linke Hand zeigt. Grob lassen sich Peilung und Wind in der Seekarte skizzieren. Nach einigen Stunden wiederholen Sie die Tiefkernpeilung und haben einen zweiten Peilstrahl. Ist der zweite nun im Uhrzeigersinn gegenüber dem vorigen verschoben oder gegen den Uhrzeigersinn?

- Rechtsdrehende Peilung bedeutet, daß das Tief mit seinem Kern nördlich an Ihnen vorbeiziehen wird.
- Linksdrehende Peilung bedeutet, daß das Tief südlich an Ihnen vorbeiziehen wird.
- Stehende Peilung bedeutet, das Tief liegt entweder fest – oder es kommt mit seinem Kern direkt auf Sie zu. Die Lösung bringt der Blick auf das Barometer.

Berücksichtigen Sie jetzt die Rotationsrichtung des Windes um ein Tief:
Ein Tief, das nördlich von Ihnen vorbeizieht (Peilung rechtsdrehend), bringt zuerst südliche und dann westliche Winde. Je weiter Sie vom Kernbereich fernbleiben (vergleichen Sie Bord-Luftdruck und Kerndruck aus dem Seewetterbericht), desto geringer wird die Windstärke und desto schwächer die Wetteraktivität an der Front.
Ein Tief, das südlich von Ihnen vorbeizieht (Peilung rückdrehend), bringt Ihnen anfangs südliche Winde und später östliche bis nördliche Winde. Bei jungen Tiefs können Sie von Wetterfronten völlig verschont bleiben, weil diese lediglich südlich des Kerns zu finden sind. Erst wenn ein Tief vollständig verwirbelt ist, dehnt sich die Wetterfront aus dem Kernbereich heraus nach Norden aus.

Merke:

Rechtsdrehende Peilung	=	*Rechtsdrehende Winde*
Linksdrehende Peilung	=	*Linksdrehende Winde*
Stehende Peilung	=	*Zunehmende Winde, bei fallendem Luftdruck.*

Beständige Winde in Nord- und Ostsee

Östliche Winde deuten auf eine beständige Wetterlage hin, das heißt, diese Windrichtung wird länger anhaltend bleiben. Dahinter steckt die stabile Hochdrucklage mit Kern

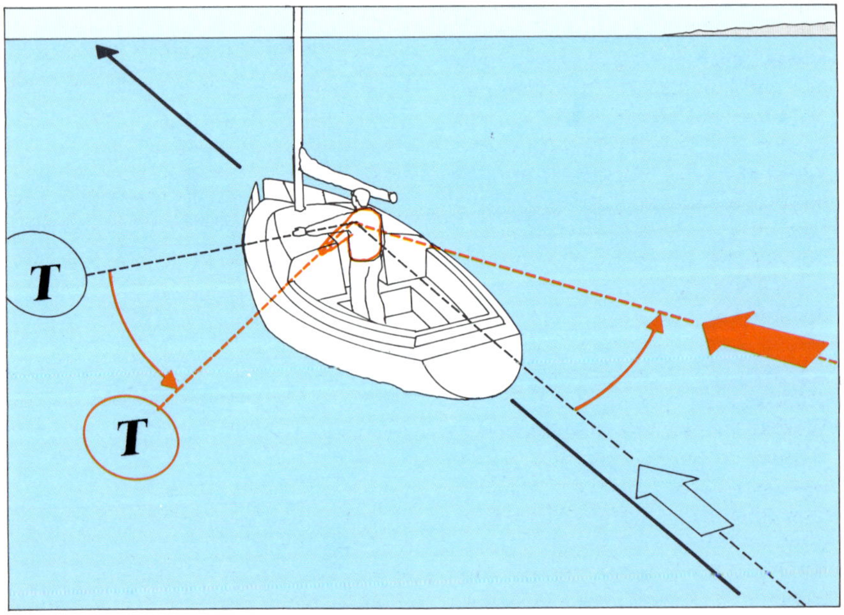

Peilung 2 (rot) weist Rückdrehung gegenüber Peilung 1 (schwarz) auf. Dies bedeutet Rückdrehen des Windes. Das Tief wird südlich vom Schiffsort vorbeiziehen.

über Skandinavien oder der Nordsee. Wenn im Wetterbericht solch ein Hoch angesprochen ist, können Sie für einige Tage planen. Die Statistik besagt, daß die Tendenz zur Erhaltung dieser Wetterlage größer wird, wenn sie bereits einige Tage andauert.

Wetterumstellung nach einer Schönwetterperiode

Die Umstellung von einer längeren Schönwetterperiode bringt fast immer eine längere Schlechtwetterperiode nach sich. Es herrschen dann südliche bis westliche Winde vor, und es wird damit niederschlagsreich.

Rasches Rückdrehen des Windes

Dies bringt eine ebenso rasche Wetterbesserung, doch Vorsicht, diese Besserung ist trügerisch, weil von kurzer Dauer.
Nach einem verregneten Tag steigt das Barometer beständig an. Nur ein laues Lüftchen weht und die Bewölkung reißt auf – blauer Himmel und viel Sonne. Genießen Sie hierbei die schönen Stunden, bereiten Sie aber Schiff und Crew jetzt schon auf Schlechtwetter vor, denn in etwa 12 Stunden ist es soweit.
Noch während des schönen Sommerwetters beginnt das Barometer wieder zu fallen. Achten Sie nun auf die Windrichtung, denn der Wind wird nach einer flauteartigen Pause leicht aufleben und deutlich zurückdrehen (auf Süd bis Südost etwa). Werfen Sie öfter einen Blick nach Westen, wo ganz allmählich ein feiner Wolkenschleier aufzieht. Wie eine geschlossene Decke schiebt sich diese sehr hohe Cirrusbewölkung heran – eine Warmfront zieht auf (siehe Seite 47–52).

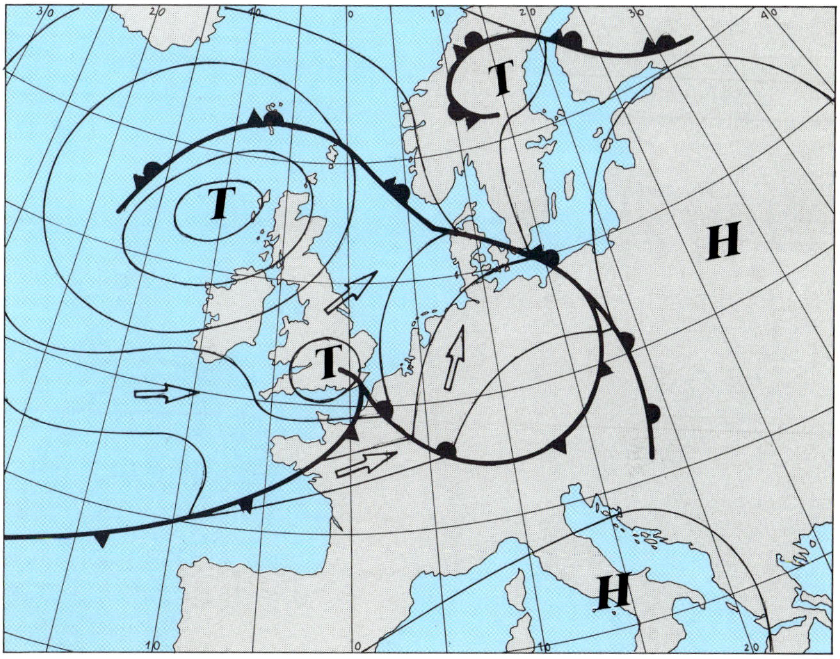

Diese Westlage charakterisiert einen häufigen Wettertyp unseres norddeutschen Sommers. Das Zentraltief bei Schottland steuert an seiner Südseite kleine Tiefs, die über Nordeuropa hinwegziehen.

Sichtregeln

Hoch und Tief verfrachten weltweit riesige Luftmassen, die aus ihren Entstehungsgebieten in ferne Zonen gebracht werden. Diese Luftmassen haben bestimmte Eigenschaften, die sie nur zögernd wieder abgeben.
Tropikluft ist warm und feucht. Wird sie nach Europa verfrachtet, so kühlt sie ganz allmählich ab. Dabei nimmt die relative Feuchtigkeit zu und die Luft wird diesig, eventuell entsteht sogar Nebel.
Für eine andere Situation ist das Hoch über dem europäischen Kontinent verantwortlich: Östliche Winde bringen trockene Festlandsluft, die aber viel Dunst enthält. Das Ergebnis von einigen Tagen Ostwind kennen Sie sicher. Zwar ist es niederschlagsfrei und die Sonne strahlt vom blauen Himmel aber die Sicht ist schlecht.

Aufzug einer Warmfront

1 Mitten im schönen Zwischenhocheinfluß deuten langsam aufziehende Cirruswolken eine baldige Wetterverschlechterung an.

2 Am Nachmittag wird die Bewölkung langsam dichter, die Cirruswolken schieben sich wie ein Schirm näher – dies nennt man einen Aufzug.

1

2

Die Sicht verbessert sich

Wenn nach einer ruhigen Schönwetterlage mit östlichen Winden und dem obligatorischen Dunst die Sicht gleichmäßig besser wird, ist dies ein untrügliches Zeichen für eine Wetterverschlechterung. Was steckt dahinter? Ein Luftmassenwechsel steht bevor, der allmählich vor sich geht und deshalb oft übersehen wird. Der Luftdruck fällt langsam aber beständig; ein Tief zieht heran, das eine generelle Umstellung der bisherigen Lage mit sich bringt.

Es wird dunstiger

Wenn es bei Windstille nachmittags zunehmend dunstiger wird, deuten sich Gewitter an. Über Land entwickeln sie sich am späten Nachmittag, über See in der zweiten Nachthälfte.

Starkes Funkeln der Sterne

Auffällig starkes Funkeln der Sterne zeigt das rasche Ende einer Schönwetterperiode an. Herannahende Kaltluft in der oberen Atmosphäre bringt diese klare Sicht. Besonders trocken und sauber ist diese Luftmasse, daher die gute Sternsicht.

Gute Sicht im Herbst

Im Herbst bringen Ostwinde, genau wie im Sommer, ein beständiges Wetter, allerdings bei sehr guter Sicht. Die relativ kühle Festlandsluft erwärmt sich dann über dem noch warmen Meerwasser und die Wasserpartikel in der Luft verdunsten.

Schlechte Sicht nach Regen

Normalerweise verbessert sich die Sicht nach Durchzug eines Regengebietes deutlich, denn der Schmutz der Atmosphäre wird mit dem Regen ausgewaschen. Bleibt die Sicht aber nach dem Regen schlecht, setzt nicht die übliche Wetterbesserung ein, es kann sogar noch schlechter kommen. Im Sommer können Sie dann mit Schauern und Gewittern rechnen.

Die Veränderungen von Sonne und Mond

Sonne und Mond vermitteln mit ihrem farbenprächtigen Spiel nicht nur Stimmungsbilder, sondern sind zuverlässige Indikatoren für kommende Wetterveränderungen. Neben den farblichen Veränderungen sollten Sie auch noch auf ein anderes optisches Phänomen der Atmosphäre achten, den **Halo.** Halo, das Wort stammt aus dem Griechischen und bedeutet soviel wie Kreis oder Bogen, ist meistens ein Schlechtwettervorbote. Relativ häufig beobachtet man farbige Ringe um Sonne und Mond, die sich im weiten Bogen über den Himmel ziehen.
Manchmal kann man auch farbige oder weiße Lichtsäulen beobachten, und wer statt der einen gewohnten Sonne plötzlich zwei oder gar drei davon am Himmel erblickt, der hat noch lange keinen über den Durst getrunken. Die Gesetze der atmosphärischen Optik gestatten all diese wunderlichen Dinge an unserem Himmel.
Der Artenreichtum der Halo-Erscheinungen übersteigt das volle Dutzend, wobei einige Phänomene allerdings recht selten sind. Am häufigsten beobachtet man Ringe um Sonne und Mond, wobei die Sonnenringe meist farbig sind und die Mondringe weiß.
Wer Glück hat, kann schon mal ein ganzes Szenarium atmophärischer Himmelsoptik erleben. Neben dem Kreis um die Sonne sieht man links und rechts neben der Sonne dann noch je eine Nebensonne, die etwas

1

Halo und Nebensonne

1 Halo-Erscheinungen sind stets Vorboten von schlechtem Wetter. Die farbigen Ringe um die Sonne künden vom Herannahen einer Regenfront.

2 Nachdem die Halo-Ringe um die Sonne wieder verschwunden sind, weil die Bewölkung sich verdichtet hat, kann man noch schwach eine Nebensonne rechts neben der „richtigen" Sonne sehen. Die Sonne selbst ist schon diffus. Dahinter ist die dichte Bewölkung bereits zu sehen. Der Regen wird in 6 bis 12 Stunden einsetzen.

3 Die Bewölkung der Front schiebt sich immer weiter heran. Jetzt sehen Sie eine geschlossene Cirrusdecke, durch die die Sonne gerade eben noch hindurchscheint. Darunter haben sich bereits Altocumuluswolken geschoben, so daß die Sonne rasch verschwinden wird und der Regen nicht mehr weit ist.

2

3

kleiner als das Original ist. Oder gegenüber der Sonne am anderen Horizont steht eine Gegensonne. Ganz streng geometrisch angeordnete Ringe und Bögen können dieses Bild noch weiter ergänzen.
Wie kommt es eigentlich zu all diesen Erscheinungen?
Ihre Entstehung verdanken alle diese

Phänomene der Lichtbrechung und Spiegelungen an Eiskristallen in der Atmosphäre. Die hohen Cirruswolken, die sich in einer Höhe von 6 km bis zu 12 km befinden, sind an der Halo-Entstehung beteiligt. In diesen Höhen herrschen Temperaturen von minus 40 Grad bis zu minus 60 Grad, so daß der gesamte Feuchtegehalt dort Eiskristalle bildet. Die Wolken müssen natürlich so dünn sein, daß die Lichtstrahlen noch durch sie hindurchscheinen können, sonst kann es keinen Halo geben. Meistens sind die Cirren so dünn, daß sie mit bloßem Auge gar nicht wahrgenommen werden – genau dann treten die schönsten Lichterscheinungen auf.

Lichtstrahlen können an den Eiskristallen gebrochen werden, wie es jeder vom Glasprisma schon kennt. Weil die Eiskristalle bevorzugt eine streng geometrische Form annehmen, wird weißes Licht, das durch sie hindurchtritt, in seine Spektralfarben zerlegt – nichts anderes passiert im Prinzip bei Wassertropfen, die den Regenbogen produzieren. Jedes Eiskristall nimmt sich sozusagen das weiße Licht vor und zerlegt es auf seinem Weg zur Erde. Je nachdem, ob die Lichtstrahlen in den Eisteilchen ein oder gar mehrmals gebrochen werden, entstehen dann die verschiedensten Bögen und Nebensonnen. Die einzelnen Halo-Phänomene können sich zugleich überlagern, weil die Eiskristalle verschiedene Formen annehmen können. Am häufigsten sind dabei sechskantige Prismen, es gibt aber auch Eisplatten oder noch andere Formen. Ganz nachdem, wie die verschiedenen Formen anteilig vorhanden sind, bilden sich für unser Auge die einzelnen Halo-Erscheinungen.

- Halo-Erscheinung bei stabiler sommerlicher Hochdrucklage, bei der sich ein ganz dünner Cirrusschleier am Himmel bildet, bedeutet: Die Wetterlage bleibt erhalten.
- Wenn nach einer Schönwetterperiode ein Cirrostratus aufzieht – das ist der feine Grauschleier der Atmosphäre – und sich Halo bildet, der aber nach einiger Zeit wieder verschwindet, ist dies ein absolut sicheres Zeichen für eine baldige Wetterverschlechterung. Die Wolken verdichten sich, nur noch diffus scheint die Sonne hindurch. Man kann ihren Rand nicht mehr klar sehen. Im weiteren Verlauf verschwindet die Sonne gänzlich und die Wolken verdichten sich – eine Warmfront wird herannahen und der Regen ist nicht mehr fern.

Die Farbe der Sonne

Normalerweise ist die Sonne zum Untergang rot und morgens gelblich bis orange. Zeigt sie sich also in diesen Farben, sagt Ihnen dies, daß die Atmosphäre keine Wetterstörung enthält – das Wetter bleibt beständig und gut.

Merke:
Ist die Sonne abends rot,
kennt der Seemann keine Not
Rote Sonne am Morgen
bringt dem Seemann Sorgen

Rote Abendsonne

Wenn sich die Sonne zum Abend rot färbt, und sogar der ganze Himmel zu leuchten beginnt, ist das ein Anzeichen für gutes Wetter.

Roter Abendhimmel nach Sonnen-untergang

Morgen kann getrost mit schönem Wetter gerechnet werden.

Weißliche Abendsonne

Bei diesem Untergang der Sonne wird die Farbe gelblich-grau. Deutlich ist der Aufzug von Cirro-stratus bereits zu sehen – am nächsten Morgen wird es regnen.

1

2

Sonnenaufgang

1 Wenn die Wetterlage stabil bleiben soll, muß die Sonne morgens gelblich aussehen und schnell weiß werden, sobald sie über die morgendliche Dunst- und Wolkenschicht gestiegen ist.

2 Dieser Sonnenaufgang verspricht eine baldige Wetterumstellung zum Schlechten, denn obwohl die Sonne schon recht hoch steht, ist der Himmel noch leuchtend rot.

Wenn die Sonne abends statt rot nun gelb bis grauweiß aussieht, dann wird diese Farbveränderung von einer starken Zunahme der Luftfeuchtigkeit erzeugt. Da warme Luft besonders viel Feuchte enthält, „sehen" wir also an der veränderten Sonnenfarbe abends sozusagen schon eine Warmfront herankommen, die noch einen ganzen Tag braucht, bis sie wirklich bei uns ist.

Am Morgen ist es umgekehrt: Normal ist, daß am Morgen die Luftfeuchte durch die allgemeine Abkühlung besonders hoch ist. Deshalb auch die Gelbfärbung der Sonne. Zeigt sich dagegen die Sonne morgens blutrot, muß die Luft also besonders rein und ungewöhnlich trokken sein – Kaltluft steckt dahinter, die eine baldige Wetterverschlechterung ankündigt.

Höfe und Ringe um den Mond

Manchmal sieht man in einer klaren Nacht, daß der Mond zunehmend diffuser leuchtet, und die Umgebung um ihn ebenfalls weißlich-diffus zu leuchten beginnt. Man nennt dies einen Mondhof.

Aufmerksame Beobachter werden vor Erscheinen des Mondhofes oftmals farbige Ringe um den Mond herum sehen. Beide Phänomene gehören zusammen und kündigen eine rasche Wetterverschlechterung an. Die Farbringe werden (ähnlich wie Halo) durch aufkommende Cirruswolken erzeugt. Wenn sich der Cirrusschirm verdichtet, scheint der Mond anfangs noch mit seinem Hof diffus hindurch, bis er schließlich ganz verdeckt wird. Danach ziehen schnell tiefe Wolken auf, und der Regen läßt nicht mehr lange auf sich warten.

Gelbe Sonne mit Morgentau

Wenn morgens die Sonne gelblich scheint und das Boot voller Tau ist, können Sie mit Sicherheit für den nächsten Tag gutes Wetter erwarten. Die Feuchtigkeit der Luft, die sich auf dem Boot abgesetzt hat, ist ein Indikator für eine Stabilisierung der unteren Atmosphäre, das heißt, es hat sich Hochdruckeinfluß durchgesetzt. Als Segler sollten Sie berücksichtigen, daß es für den Tag wenig bis gar keinen Wind gibt.

Sonderregeln für das Mittelmeer:

Wenn Sie im Mittelmeer morgens den ersten Blick zum Himmel werfen und eine geschlossene dunkle Wolkendecke sehen, die bedrohlich tief hängt, ist das ein gutes Zeichen, besonders wenn das Boot dann noch naß vom Tau ist.
Diese tiefen grau-schwarzen Wolken, die in Nord- und Ostsee Anlaß zu großer Unruhe wären, bilden sich im Mittelmeer oft über der See. Die Luftfeuchtigkeit, die in Form von

Schwarze Morgenwolken im Mittelmeer

Wenn der Morgen am Mittelmeer derart bedrohlich aussieht, wie auf diesem Bild, brauchen Sie sich nicht zu sorgen – der Tag wird wunderbar.

Wolkentröpfchen auskondensiert, akkumuliert sich einige hundert Meter über dem Wasser und bildet eine stabile Wolkendecke, die nach Sonnenaufgang rasch aufgelöst wird. Gelblich scheint die Sonne durch diese Wolken, kurz danach ist wieder blauer Himmel – Flaute – Sonnentag.

Luftdruckänderungen

Ein Luftdruckmesser ist eine unentbehrliche und wertvolle Hilfe, um das Wetter in den Griff zu bekommen. Allerdings ist es absoluter Unsinn, wenn einige Schipper meinen, daß ein Blick auf das Barometer ausreiche, um „Bescheid zu wissen" – auch wenn es noch irgendwo einen alten Kapitän geben soll, der sein Leben lang damit gute Wettervorhersagen gemacht hat.
Um es noch einmal ganz deutlich zu sagen: Das Barometer zeigt nichts anderes als den augenblicklichen Luftdruck an – und der Betrag des Luftdrucks hat absolut nichts mit dem Wetter zu tun, geschweige denn mit dem zukünftigen Wetter.
Im tiefsten Tiefdruck erlebt man strahlenden Sonnenschein genauso wahrscheinlich, wie übelsten Regen oder Gewitter im kräftigen Hoch. Der einzige Bezug, den der Luftdruck auf das Wetter gestattet, ist das Maß seiner Änderung. Entscheidend ist dabei die Zeitspanne der Druckänderung: je rascher und stärker sich der Druck ändert, desto schneller und nachdrücklicher ändert sich das Wetter.

● Langsamer aber anhaltender Druckfall bringt eine Wetteränderung, die länger anhält.

Wenn eine längere Schönwetterperiode zu Ende geht, zeigt sich das am Barometer durch gleichmäßigen Abbau des Hochdrucks. Vom Atlantik nähert sich dann entweder ein umfangreiches Zentraltief, das für einige Zeit wechselhaftes Wetter bringt, oder eine ganze Familie von kleinen Tiefs zieht bald in rascher Folge über Nordwesteuropa hinweg – eine typische Sommerwetterlage für Nord- und Ostsee.

● Kurzzeitige Luftdruckänderungen bringen wechselhaftes Wetter.
Ob Starkwind, Nebel oder Regen, selten halten diese Erscheinungen länger als einen halben Tag, wenn der Druck ständig auf und ab geht. Dahinter steckt die klassische Westwetterlage. Bei ihr ziehen Tiefs in rascher Folge über Nord- und Westeuropa. Zwischen den Regengebieten von zwei Tiefs liegt jeweils ein Sonnentag, der vom Zwischenhoch erzeugt wird. So läuft dann das Wetter ab: Ein Tag Regen – ein Tag Sonne – ein Tag Regen ... usw.

Bei einer Westlage geht es also beim Barometer, wie beim Wetter, ständig auf und ab. Eine Veränderung dieser Lage läßt sich erkennen, wenn dem ständigen Auf und Ab des Luftdrucks eine Tendenz zum allgemeinen Luftdruckanstieg überlagert ist. Dann wird es bald beständiger.

● Langsamer und beständiger Druckanstieg bringt eine anhaltende Wetterverbesserung.
Hier deutet sich an, daß ein Hoch herankommt. Der langsame, anhaltende Anstieg des Drucks sagt, daß es sich um ein sehr großes (also stabiles) Hoch handeln muß – daher eine längere Periode mit gutem Wetter – aber wenig Wind.

Die Westlage

So sieht sie auf dem Barogramm aus: Der Luftdruck geht ständig auf und ab, die Fronten sind deutlich markiert, wobei Kaltfronten generell deutlicher ausgeprägt sind, als Warmfronten.
WF = Warmfront, KF = Kaltfront.

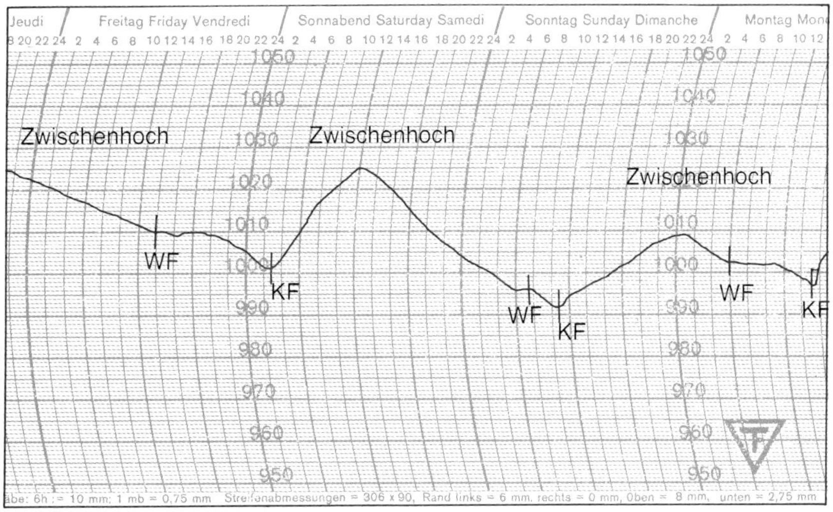

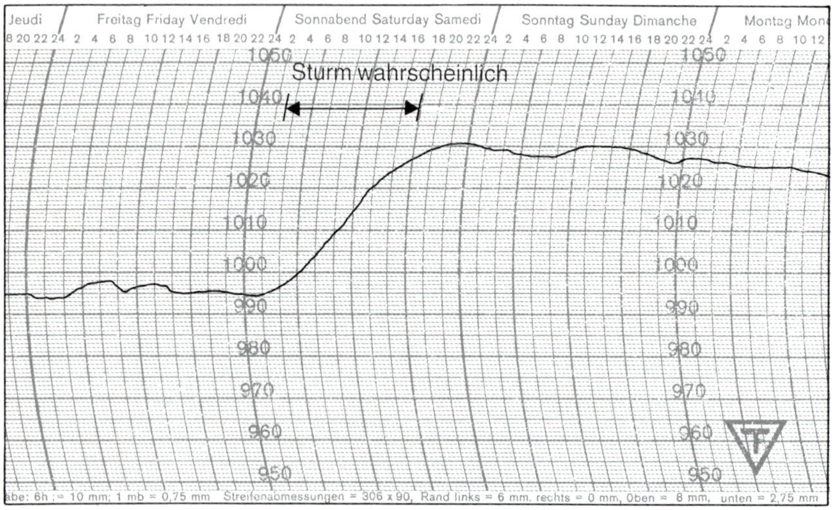

Wetterlage 1:
Erst Regen, dann Wind

Vor dem Regengebiet fahren Sie sozusagen auf einer Isobare entlang, das bedeutet, der Luftdruck bleibt annähernd konstant. Die Windstärke wird sich dann auch nicht ändern, weil der Isobarenabstand gleich bleibt. Dort, wo das Regengebiet zu Ende ist, steigt der Luftdruck aber rasch an, wenn Sie weiter quer durch die Wetterkarte fahren. Die Isobaren drängeln sich dicht zusammen – es bläst nun ein erheblicher stärkerer Wind.

Der Hochdrucksturm

Wenn der Luftdruck, wie hier, kräftig zu steigen beginnt, kommt meistens Sturm. Mehr als 1 mbar Druckanstieg pro Stunde ist ein ziemlich sicheres Anzeichen.

● Kräftiger Druckanstieg bringt Starkwind oder Sturm
Sonnenschein verführt meist dazu, das Barometer zu vernachlässigen oder zu übersehen. Auch wenn sich am Wolkenbild nichts zu verändern scheint, sollten Sie sich bei kräftigem Druckanstieg auf Starkwind bis Sturm einstellen. Besonders im Sommer kommt es auf Nord- und Ostsee mehrmals zu diesen Hochdruckstürmen, die bei strahlend blauem Himmel über mehrere Tage viel Wind bringen.

Regeln für Regen und Wind

Wetterfronten laufen nach unterschiedlichen Szenarien ab. Einmal regnet es zuerst und dann briest der

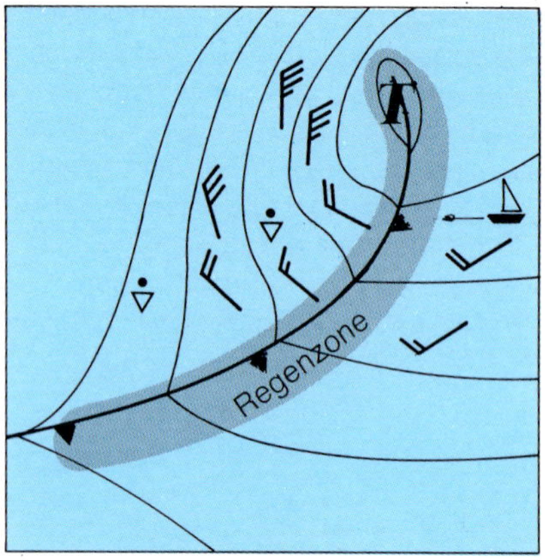

1

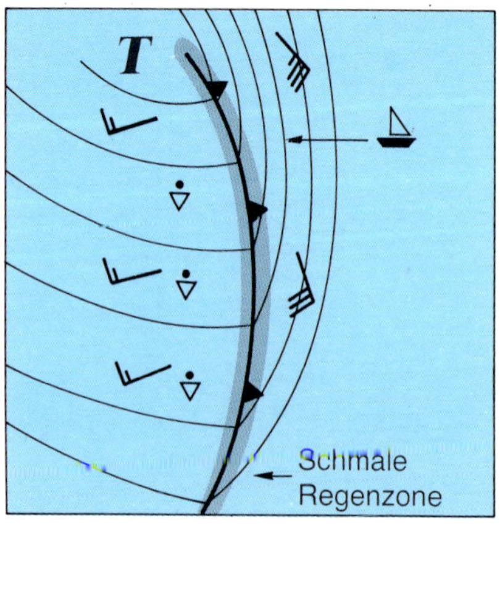

2

Wetterlage 2:
Erst Wind, dann Regen

Wenn Sie die gleiche Fahrt durch diese Wetterkarte machen, läuft ein anderes Szenarium ab. Während der Fahrt zur Front hin wird der Luftdruck an Bord fallen, da Sie etwa quer zu den Isobaren fahren und in den tiefen Druck hinein segeln. Durch die Drängung der Isobaren wird der Wind rasch zulegen. In Frontnähe setzt der Regen ein. Noch im Regen bleibt der starke Wind, wenn aber die Front passiert ist, hört der Regen ziemlich abrupt auf, die Bewölkung reißt auf und der Wind flaut deutlich ab – der Luftdruck und Wind bleiben annähernd konstant. Für den Tag bringt die Wetterlage keine Überraschung mehr, es bleibt freundlich und ruhig abgesehen von einzelnen Schauern.

Wind auf, ein andermal ist es umgekehrt. Trotzdem läßt sich die Wetterlage in den Griff bekommen, wir können sogar mit gut bewährten Regeln arbeiten.

Merke:
Kommt der Regen vor dem Wind,
zurre alles fest geschwind
Kommt erst Wind und danach Regen,
Schipper kann sich schlafen legen

Ausgeprägte Regenzonen sind immer an Schlechtwetterfronten gebunden. Entweder regnet es vor der Front oder direkt im Bereich der Front. Der dritte Fall, daß es erst hinter einer Front Niederschlag gibt, ist auch möglich aber seltener. Wenn Sie in Gedanken einmal quer über beide Wetterkarten (linke Seite) fahren, ergibt sich die Erklärung für die beiden Wetterregeln:

1. Erst Regen, dann Wind
So läuft das Wetter ab:

	Vor der Front	Frontpassage	Hinter der Front
Luftdruck	fällt kaum oder konstant	steigt etwas	steigt kräftig
Regen/ Bewölkung	beginnt	hört auf	Wolken reißen auf
Wind	unverändert	rechtsdrehend	nimmt rasch zu. Starkwind oder Sturm

2. Erst Wind, dann Regen
So läuft das Wetter ab:

	Vor der Front	Frontpassage	Hinter der Front
Luftdruck	starker Fall	langsamer Fall oder konstant	wenig Änderung
Regen/ Bewölkung	Bewölkung verdichtet sich später rasch Regen	Regen hört auf, noch Schauer	wenige Schauer Bewölkung reißt auf
Wind	nimmt kontinuierlich und rasch zu	rechtsdrehend böig	Richtung konstant. Stärke rasch abnehmend

Regeln zur Beurteilung von Wetterfronten

Die Zentren des schlechten Wetters sind in der europäischen Klimazone die Fronten, die sich zumeist aus Tiefkernen heraus viele tausend Kilometer weit erstrecken können. Einer Wetterkarte kann man selten entnehmen, wie aktiv eine Front im einzelnen ist. Einige Erfahrungsregeln sollen hier helfen.

- Langsam ziehende Kaltfronten haben oft ein breites Regengebiet.

Bei diesem Fronttyp setzt der Regen erst hinter der Front ein. Ein langsam fahrendes Boot bleibt dann natürlich länger im Schietwetter, besonders, wenn der Schiffskurs die gleiche Richtung wie die Verlagerung der Front hat. So kann man leicht den Eindruck bekommen, daß sich die Wetterlage überhaupt nicht verändert. Nach Durchzug der Front (an der Winddrehung und am Steigen des Barometers zu erkennen) setzt nicht die erwartete Besserung ein. Das typische Rückseitenwetter, bei dem es sich gut segeln läßt, bleibt aus.

- Rasch ziehende Kaltfronten haben oft kein geschlossenes Regengebiet.

Kaltfronten, die sich mit mehr als 15 bis 20 kn bewegen, bringen bereits weit vor der Front das Wetter, das man eigentlich erst auf der Rückseite erwartet: Kräftige Schauer mit Böen. Man ist also bei diesem Fronttyp geneigt, den Durchgang der Front viel zu früh anzusehen. Schauen Sie wieder auf das Barometer, der Druck fällt wei-

ter – die Böenfront kommt also noch.
Die Wetterlage hält recht lange an, obwohl die Front rasch zieht. Erst wenn der Druckanstieg eine lange Zeit gewirkt hat, läßt der Wind spürbar nach, und die Böen werden weniger hart.

1
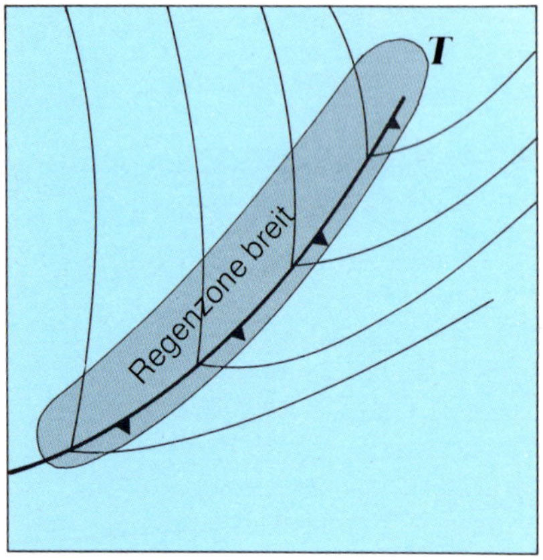

2
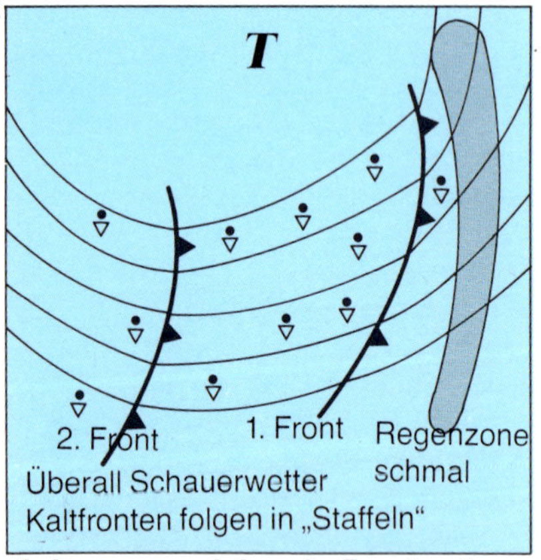

1 Langsam ziehende Fronten haben ein recht breites Regenband.
2 Ein nur schmales Regenband vor der Front ist typisch für schnell ziehende Fronten.

Wenn der Wetterbericht von rasch ziehenden Kaltfronten oder gar von **Kaltfrontstaffeln** spricht, wissen Sie nun Bescheid; viel Wind für lange Zeit, begleitet von kräftigen Schauern und zum Teil schweren Sturmböen. Die Böen pflegen bei diesem Wettertyp lange durchzustehen. 10 bis 20 Minuten sind für eine einzelne Böe keine Seltenheit, entsprechend wird sich auch grober Seegang einstellen.

Der Isobarenknick an der Front

Je schärfer ein Isobarenknick an einer Wetterfront ist, desto ausgeprägter sind die Wettererscheinungen an der Front – und desto stärker sind auch die Wetterumschwünge, die die Front mit sich bringt.
Bei ganz markanten Fronten können Winddrehungen bis 180° erreicht werden. Wenn dazu der Wind noch in genügender Stärke weht, gibt es fürchterliche Kreuzseen.

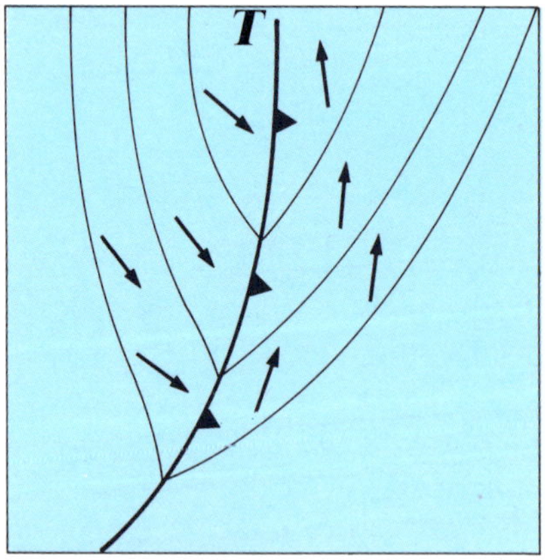

Stark aktive Front
An der Front starke Isobarenknicke, die kräftige Winddrehungen bedeuten.

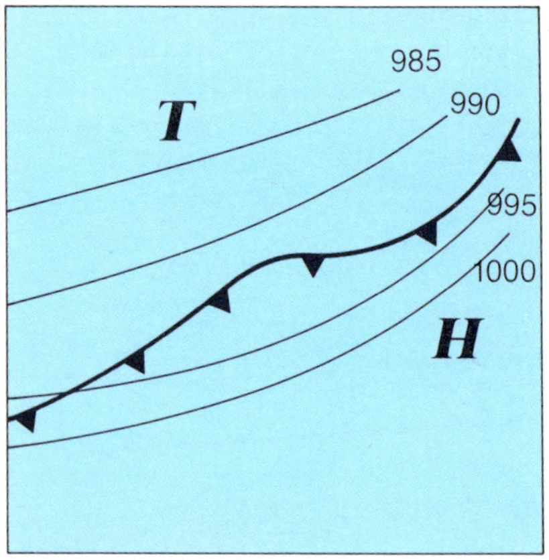

Ortsfeste Front
So sieht die Wetterkarte aus, wenn die Front ortsfest geworden ist. Isobarenknicke gibt es so gut wie keine mehr. Oft verläuft die Front parallel zu den Isobaren.

Die Flaute-Front

Recht oft nimmt der Wind in unmittelbarer Nähe der Kaltfront erheblich ab, und man ist geneigt, die Warnung des letzten Seewetterberichtes in den Wind zu schlagen. Scheinbar war die Starkwindwarnung zu voreilig, denn nahezu Flaute macht sich breit.
Wehe dem, der Schein trügt!
Die Isobaren fächern in unmittelbarem Frontbereich zwar deutlich auf, was die Ursache für die Windabnahme ist, aber ein Blick auf die Wetterkarte nach Westen läßt erkennen, daß genau diese Isobaren später wieder überraschend dicht zusammenrücken.

● Flaute an einer Kaltfront ist meistens nur die Ruhe vor dem Sturm.

Ist die Front passiert, dreht der Wind rechtsherum, flaut deutlich ab, und das Barometer zeigt einen nur schwach ansteigenden Luftdruck. Lassen Sie sich bei dieser Wetterlage nicht beirren – achten Sie auf den Luftdruck. Nur wenn er **langsam** weitersteigt, können Sie sorglos bleiben. Oft ist die ruhige Wetterlage hinter der Front nur von kurzer Dauer. Wenn der Luftdruck plötzlich stärker als zuvor zu steigen beginnt, wird der Wind **rasch** auffrischen und auch noch weiter rechts drehen. Starkwind steht bevor.

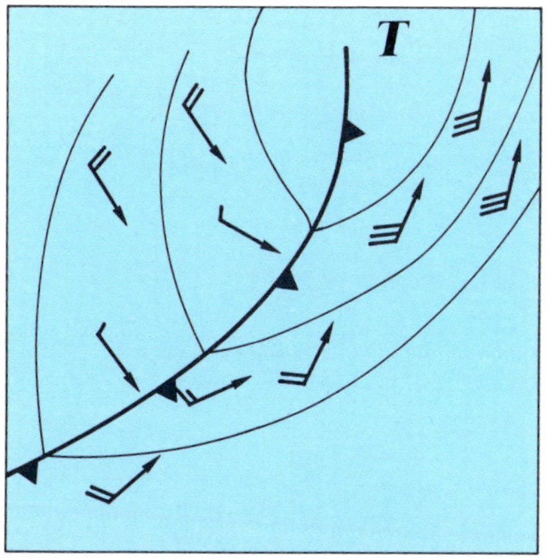

Die Flautefront

Im Bereich der Front fächern die Isobaren auf, daher die spürbare Windabnahme. Der Blick ist aber auf die Verdichtung der Isobaren weiter hinter der Front zu legen – dort nimmt der Wind wieder zu.

Dies ist eine typische Schauerwolke an einer gut entwickelten Kaltfront. Kräftiger Niederschlag läßt die Sicht drastisch zurückgehen.

Regeln zur Verlagerung von Tiefs

Jedes Tief hat seinen eigenen Lebenszyklus und verlagert sich nach individuellen Regeln, die nur selten aus der Wetterkarte zu entnehmen sind – jedenfalls von Nichtmeteorologen.
Verschiedene physikalische Mechanismen verursachen die Verlagerung eines Tiefs. Es gilt herauszufinden, welcher dieser Prozesse zu einer bestimmten Zeit dominiert. Bei klassischen Großwetterlagen kann man durchaus einige Hauptzugbahnen von Tiefs in Europa angeben. Leider ist das im Mittelmeer kaum möglich. Lediglich die Tiefs, die in der nördlichen Adria oder im Golf von Genua entstehen, zeigen häufig eine klassische Zugrichtung.
Langsam ziehende Tiefs sind am schwersten zu beurteilen. Sogar Meteorologen haben oft genug ihre liebe Not mit ihnen. Als Laie sollte man hier keine Zeit für Regeln oder gar Spekulationen verschwenden.

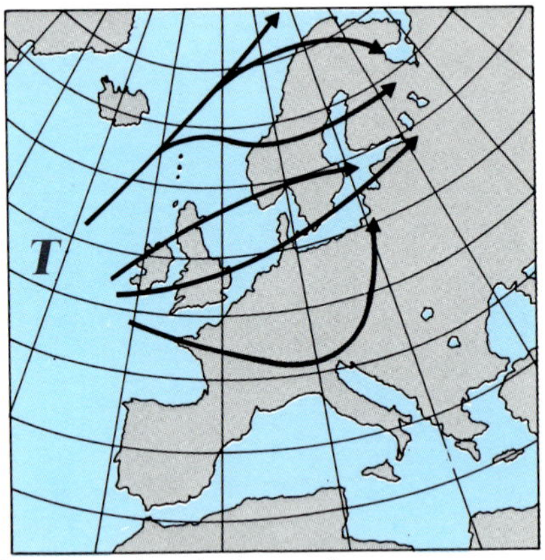

Die Hauptzugbahnen der europäischen Tiefs im Sommer.

1

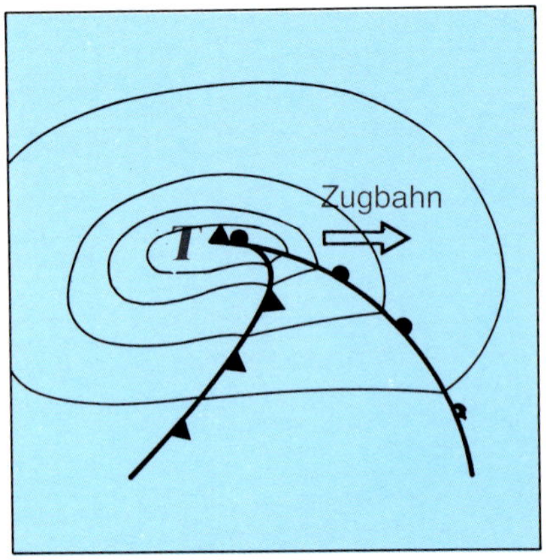

2

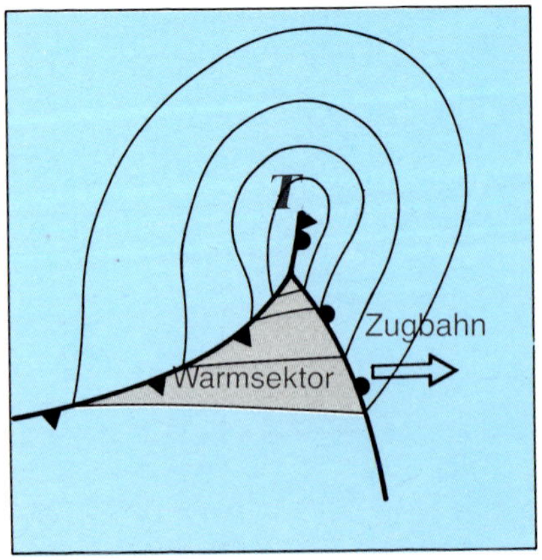

Zugbahnen von Tiefs

1 Hat der Kern des Tiefdruckgebietes eine deutlich ovale Form, zieht das Tief meist in seiner Längsrichtung.

2 Junge Tiefdruckgebiete verlagern sich häufig in Richtung der gradlinigen Isobaren im Warmsektor zwischen den Fronten. Stehen beide Regeln gegeneinander, siegt die Warmsektorregel.

Die Tiefkernregel

Aus der Form des Tiefkerns – also der innersten Isobaren – läßt sich oft die Zugrichtung erkennen. Ist der Kern deutlich oval geformt, so zieht das Tief bevorzugt in Richtung der Längsachse der Kernisobaren.

Die Warmsektorregel

Zur Erinnerung: Der Warmsektor ist der Raum zwischen der Kaltfront und der Warmfront. Schauen Sie sich die Isobaren im Warmsektor einmal näher an: Hat das Tief einen aufgespannten Warmsektor und verlaufen die Isobaren dann annähernd parallel, so verlagert sich das Tief auch „in Richtung" der Isobaren. Diese Regel gilt allerdings nur für recht junge Tiefs, zu erkennen eben durch den breiten Warmsektor.

Ortsfeste Tiefs

Hat ein Tief den letzten Teil seines Lebenszyklus erreicht, so wird es meistens entweder ortsfest oder es verlagert sich sehr langsam. Diese Tiefs sind auf der Wetterkarte daran zu erkennen, daß ihre Fronten im größten Bereich bereits verwirbelt (okkludiert) sind. Meistens haben sie gar keine Warmfront mehr, es schlängelt sich nur noch eine einzige Frontlinie im weiten Bogen um das Tief.
Diese ortsfesten alten Tiefs übernehmen gern eine steuernde Funktion

für die neuen nachfolgenden Tiefdruckgebilde. Wenn die Wetterfrösche von **Zentraltief,** umfangreichem **Höhentief** oder **ortsfestem Tief** sprechen, sind das alles Begriffe, die ein und dieselbe Wetterlage beschreiben. An der Südflanke des Zentraltiefs steuert dieses in rascher Folge kleine Tiefs von West nach Ost. Das Wetter gestaltet sich wechselhaft. Es ist also bei diesem Wettertyp gut zu wissen, ob man sich an der Südflanke eines solchen Tiefs befindet oder mitten drin, wo das Wetter sehr beständig ist.

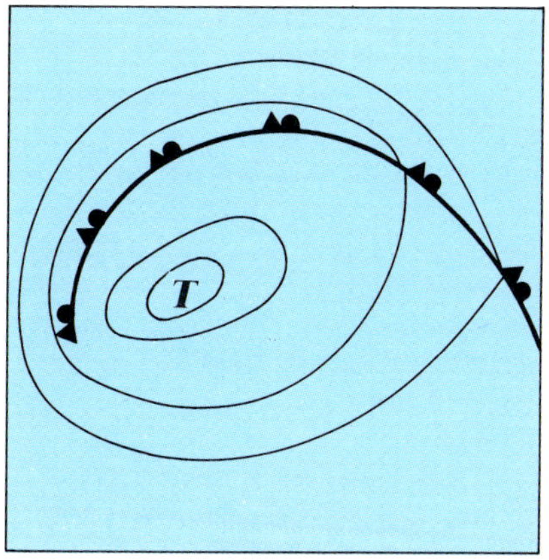

Altes, ortsfestes Tief

Eine einzige Frontlinie schlängelt sich in weitem Bogen um das Tief.

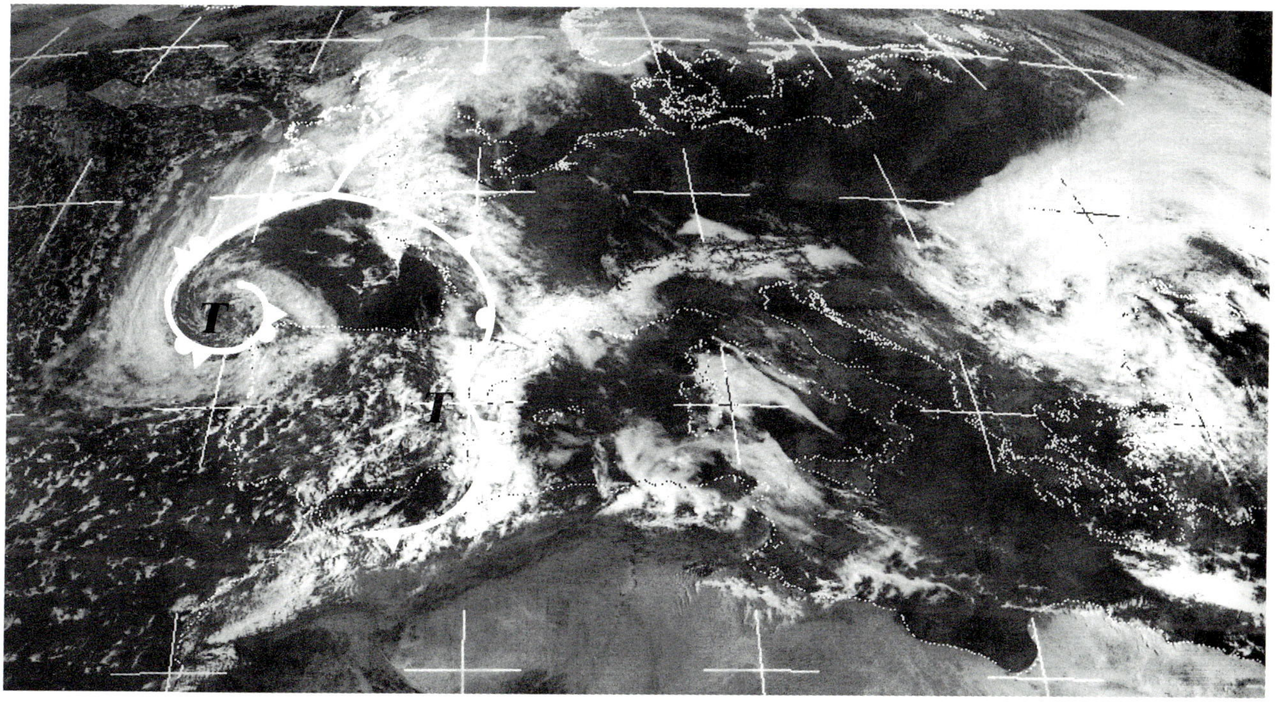

Foto: Deutscher Wetterdienst

Satellitenfoto eines okkludierten Tiefs

So sieht ein altes und verwirbeltes Tief aus der Vogelperspektive aus. Das Wirbelzentrum liegt bei Kap Finisterre, im Norden Spaniens. Davon ausgehend zieht sich die Wetterfront spiralförmig nach außen. An der Ostküste Spaniens verdickt sich das Wolkenfeld deutlich, hier bildet sich ein neues Tief, das bald das Wettergeschehen übernehmen wird. Die Fronten sind weiß eingezeichnet

Wolken

Der Aufbau der Erdatmosphäre

Obwohl die Atmosphäre keine bestimmte obere Grenze hat, ist sie doch in Schichten einteilbar. Je nach Art der Fragestellung ist die Aufteilung in unterschiedlich viele Schichten sinnvoll. Für den Bereich des irdischen Wetters merken wir uns zwei Schichten, in denen über 99% der gesamten Luftmasse konzentriert sind, und in denen die Antriebsmotore des Wetters zu finden sind.
Die erdnächste Luftschicht, in der alle sichtbaren Wettererscheinungen ablaufen, heißt Troposphäre. Diese Wetterschicht hat eine Dicke von 8 bis 18 km. Darüber liegt die sogenannte Stratosphäre, die sich bis etwa 50 km erstreckt. Die Zone zwischen diesen beiden Schichten wird Pause genannt, analog gilt das auch für die anderen darüberliegenden Schichten.

Die Troposphäre

Da sich in dieser Schicht das gesamte Wetter abspielt, ist sie auch Hauptgegenstand der meteorologischen Forschung. Eine Besonderheit der Troposphäre ist, daß in ihr die Temperatur mit der Höhe um einen relativ festen Wert abnimmt. An der Obergrenze der Troposphäre herrschen Temperaturen von $-40°$ C bis $-60°$ C.
Bei allem Respekt vor den gewaltigen Prozessen in der Wetterschicht muß man sich stets bewußt machen, wie unerhört dünn diese für uns bedeutsame Zone doch ist. Betrachten Sie einen Globus, der etwa 30 cm im Durchmesser hat. Die Troposphäre hätte hier eine Mächtigkeit – wohl besser Winzigkeit – von 0,2 bis 0,5 mm.
In einer dermaßen dünnen Schicht können sich eigentlich nur horizontale Strömungen richtig großräumig ausbilden. Trotzdem sind es die vertikalen Bewegungen, die so bedeutsame Erscheinungen wie Tiefs, Hochs, Fronten etc. produzieren.

Die Stratosphäre

In der Stratosphäre nimmt die Temperatur wieder zu. An der Obergrenze – der Stratopause – ist es etwa wieder so warm wie am Erdboden. Wolken gibt es so gut wie gar nicht in dieser Schicht, einzige Ausnahme sind die höchst seltenen Perlmutterwolken.
Bekannt ist die Stratosphäre wohl am besten durch die Super-Sonic-Transporter geworden, die mit ihren Abgasen die Ozonkonzentration der Luft verändern sollen, ähnlich wie die Fluorkohlenwasserstoffe, die als Treibgase in Spraydosen verwendet werden. In der Tat ist die Ozonkonzentration für alles Leben auf der Erde im wahrsten Sinne des Wortes lebenswichtig. In der sogenannten Ozonschicht (10 bis 50 km Höhe) wird ein großer Teil der UV-Strahlung der Sonne absorbiert. Ohne dieses Ozon ließe sich die Sonnenstrahlung auf der Erde nicht so genießen wie gewohnt, die Erde wäre ein lebensfeindlicher Planet.

Die Wolkenarten

Der Wolkenhimmel gibt oft Hinweise über Prozesse, die in der Atmosphäre ablaufen. An den Wolken kann man sehen, wie stabil die Luft geschichtet ist, ob Regenschauer oder Gewitter möglich sind. Die Wolken geben Aufschluß über Strömungen in der Troposphäre, zeigen Wetterumschläge. Eine sorgfältige Wolkenbeobachtung macht eine echte Wetterprognose möglich, wenn man dazu die anderen Wetterelemente hinzuzieht: Windrichtung und -stärke, Höhenwind, Luftdruckverhalten und Sicht.
Wolken und Nebel sind identische Phänomene – Nebel ist nichts anderes als eine aufliegende Wolke. Meistens entstehen Wolken, wenn Luft so lange angehoben wird, bis durch Abkühlung die in der Luft enthaltene Feuchtigkeit kondensiert. Je nachdem, in welcher Höhe (d.h. in welchem Temperaturbereich) die Wolke sich befindet, besteht sie aus Wassertröpfchen oder aus Eiskristallen.
Die Meteorologen haben die Wolken in 10 Hauptwolkenarten eingeteilt, die alle noch diverse Unterarten und Mischformen haben. Für unsere Zwecke sind die Hauptarten vollkommend ausreichend.
Außerdem unterscheidet man drei verschiedene Wolkenstockwerke: Hohe Wolken, mittelhohe und tiefe Wolken.
Durch bestimmte Vor- oder Nachsilben, die an die Grundwolkentypen angefügt werden, kann eine Wolke näher klassifiziert werden. Hierbei kann wahlweise die Struktur der Wolke näher erläutert werden oder eine andere Angabe angefügt werden.

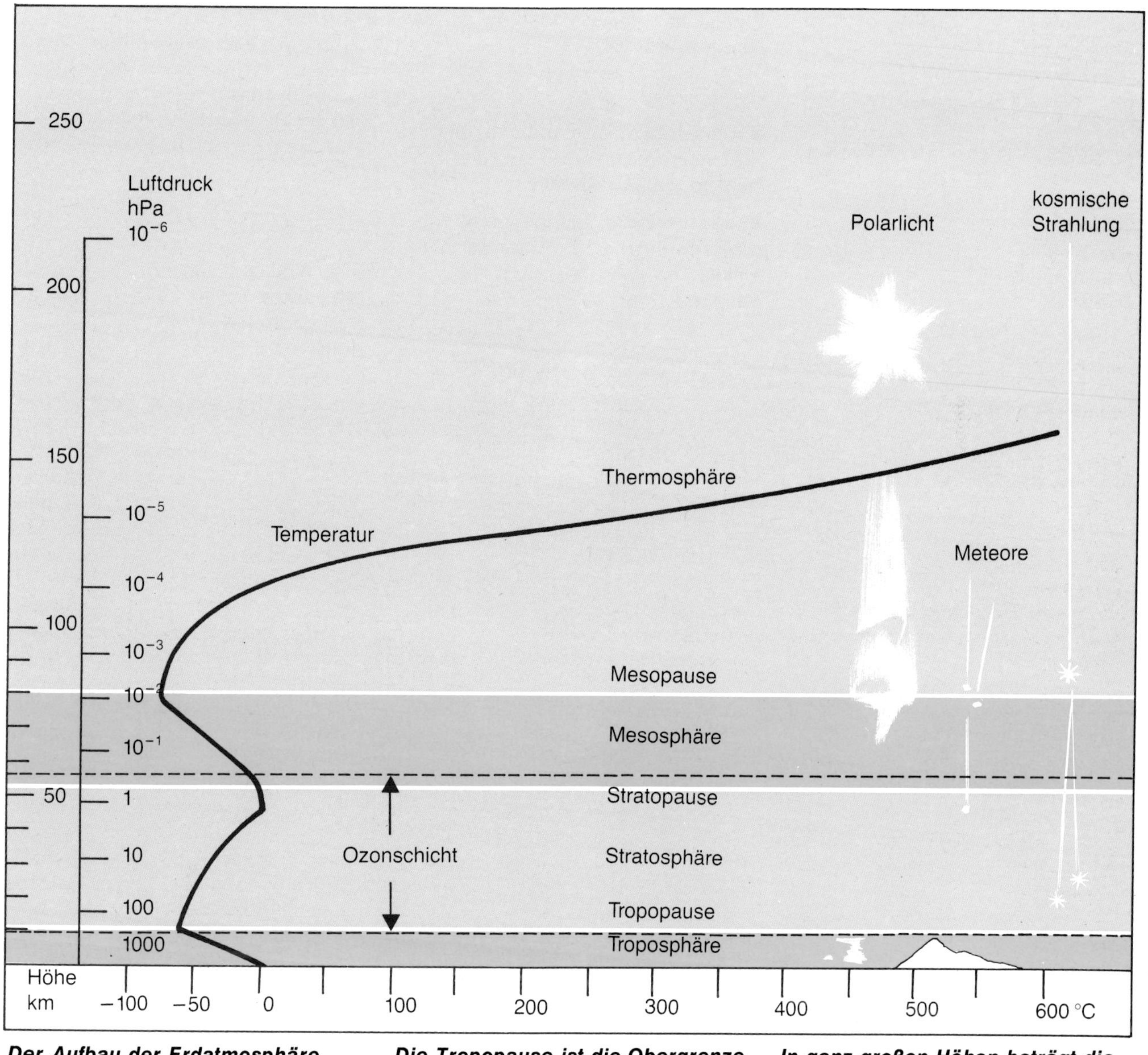

Der Aufbau der Erdatmosphäre

Die Tropopause ist die Obergrenze der Wetter- und Wolkenschicht. Sie liegt zwischen 8 und 18 km Höhe, je nach Jahreszeit und geographischer Breite.

In ganz großen Höhen beträgt die Temperatur der Luftmoleküle über 1000° C. Dennoch würden wir dort jämmerlich erfrieren, weil die Luftdichte nahezu Null ist.

Hohe Wolken .... Höhe 6–12 km
Cirrus (Ci)
Cirrocumulus (Cc)
Cirrostratus (Cs)

Mittelhohe Wolken Höhe 2–6 km
Altocumulus (Ac)
Altostratus (As)

Tiefe Wolken .... Höhe 0–2 km
Stratocumulus (Sc)
Stratus (St)

Wolken mit großer Mächtigkeit
Nimbostratus (Ns)
Cumulus (Cu)
Cumulonimbus (Cb)

- **Cumuluswolken** sind die in allen Höhenbereichen vorkommenden **Haufen-** oder **Quellwolken.**

- **Stratuswolken** sind die meist strukturarmen, nebelartigen **Schichtwolken,** die recht flach sind, aber eine große Fläche einnehmen.

- **Cirrus-** oder **Faserwolken** bestehen immer aus Eisprismen und können daher nur im oberen Wolkenstockwerk auftreten. Sie werden auch Feder- oder Schleierwolken genannt.

Hohe Wolken heißten immer Cirrus. Durch einen Zusatz kann die Cirrus-

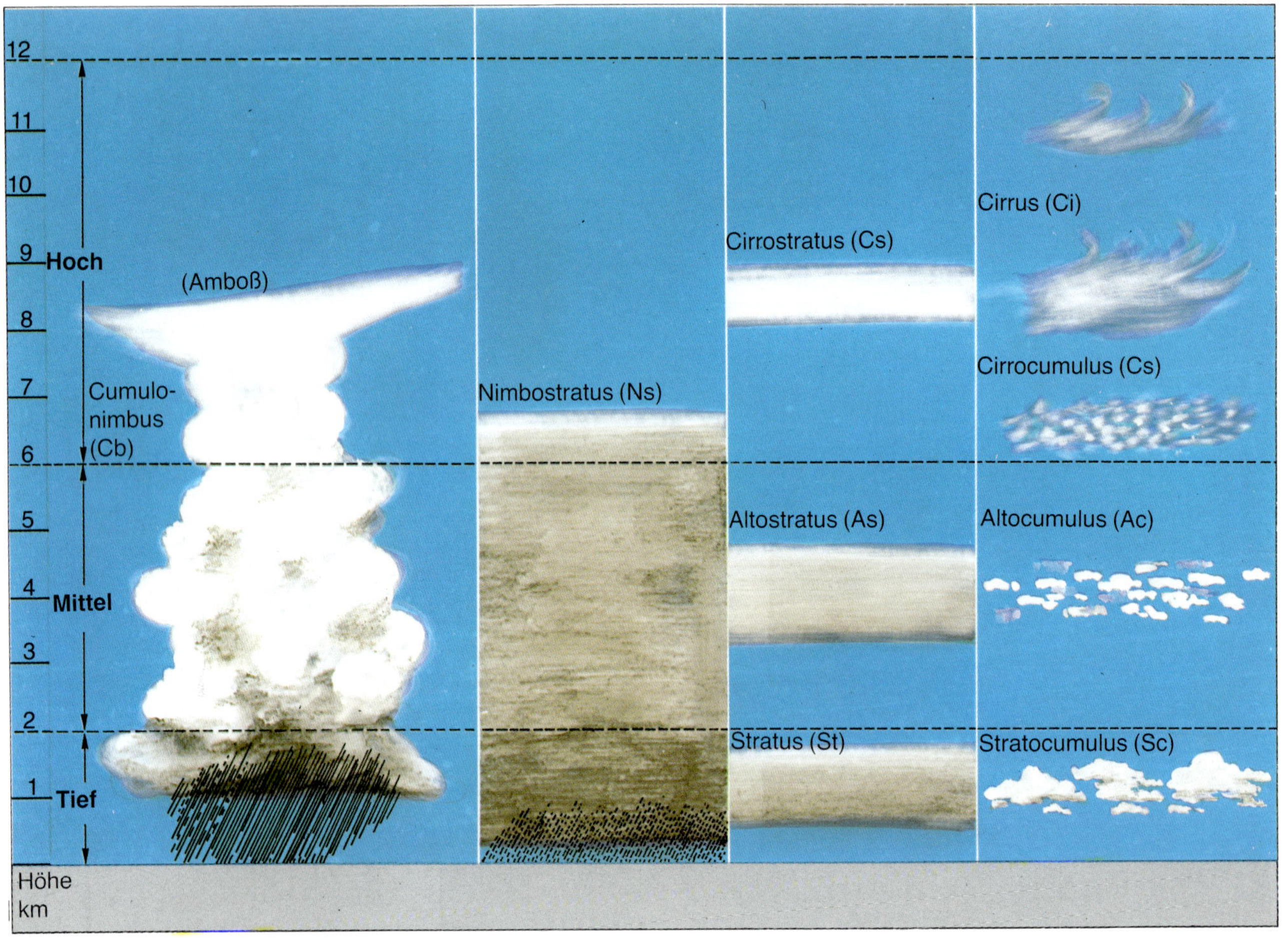

Die drei Wolkenstockwerke in der Troposphäre

wolke näher bezeichnet werden: Cirrocumulus ist eine Quellwolke im obersten Wolkenstockwerk.

Mittelhohe Wolken haben die Vorsilbe „Alto".

Die Vorsilbe „Strato" besagt, daß die damit gekennzeichnete Wolkenart flächenhaft ausgebreitet ist. *Altostratus* ist also eine flächenhafte (schichtartige) Wolke im mittleren Wolkenstockwerk.

Jede Ihnen fremde Wolkenbezeichnung können Sie selbst entschlüsseln, denn alle Kombinationen sind logisch definiert: Eine Haufenwolke, die im unteren Wolkenstockwerk angetroffen wird, heißt schlicht Cumulus. Wenn sich die einzelnen Cumuluswolken miteinander vermischen und großflächig auftreten, heißt die Wolke somit *Stratocumulus*. Trifft man diesen Wolkentyp mit mittlerem Höhenniveau, so heißt er *Altocumulus*. Ganz weit oben, wo die Kondensfahnen der Jets verlaufen, heißt der gleiche Wolkentyp dann Cirrocumulus.
Wächst die Cumuluswolke weit aufwärts bis in das Niveau der Cirruswolken, so heißt sie *Cumulonimbus*. Der Zusatz *Nimbus* besagt, daß diese Wolke Niederschlag bringt.

Cirrus

Cirren bestehen aus feinsten Eiskristallen, deshalb haben sie auch eine etwas weiche, faserige Struktur. Meistens sind Cirren am sommerlichen Hochdruckhimmel zu sehen. Die Formen der Cirren sind mannigfaltig. Ganz im Gegensatz zum Eindruck des Beobachters bewegen sich die Cirren sehr rasch – sie sind die schnellsten Wolken am Himmel. Nur wegen der großen Höhe scheinen sie am Himmel zu stehen.

1

2

Cirruswolken

1 Solche einzelnen Wolkenfasern am Himmel sind ein Zeichen für den Fortbestand des guten Wetters.

2 Doch Vorsicht! Meteorologen haben den Spruch: „In Frauen und Cirren, da kann man sich irren." Dahinter steckt, daß man leicht eine allmähliche Verdichtung einzelner Cirren – wie hier – zu einer kompletten Wolkendecke übersieht oder außer acht läßt.

3

3 Cirren, die in dieser Form von Westen aufziehen, sollte man aufmerksam beobachten, denn sie können eine Wetterverschlechterung ankündigen. Cirren, die von Osten aufziehen und sich auflösen, künden eine Wetterbesserung an.

1 

2 

Cirrocumulus

Der Cirrocumulus tritt meistens in großen Flächen auf und ordnet sich in schön anzusehende Formationen. Im Volksmund nennt man diese Wattebäuschchen auch Schäfchenwolken. Der Cirrocumulus bildet sich meistens vor Warmfronten bei einer südlichen Höhenströmung. Er ist ein Indiz für zunehmende Feuchte in der oberen Luftschicht.

Cirrocumulus

1 Bei wellenförmiger Anordnung des Cirrocumulus ist mit einer baldigen Wetterverschlechterung zu rechnen.

2 Der Cirrocumulus bildet sich meistens bei einer starken Südströmung des Höhenwindes. Auch bei Föhn ist dieser Wolkentyp häufig zu sehen. Bei fallendem Luftdruck und Aufzug aus Westen ist mit einem Kaltlufteinbruch zu rechnen. Der nächste Tag bringt mit Sicherheit schlechtes Wetter, wobei die Warmfront sich im Sommer oft nur als Wolkenband äußert. Die Schlechtwetterzone ist an die Kaltfront und die dahinter einfließende Kaltluft gebunden.

1

Cirrostratus

Der Cirrostratus ist der klassische Schlechtwetterbote, wenn er wie ein Schirm langsam aufzieht, bis er schließlich den ganzen Himmel bedeckt.

2

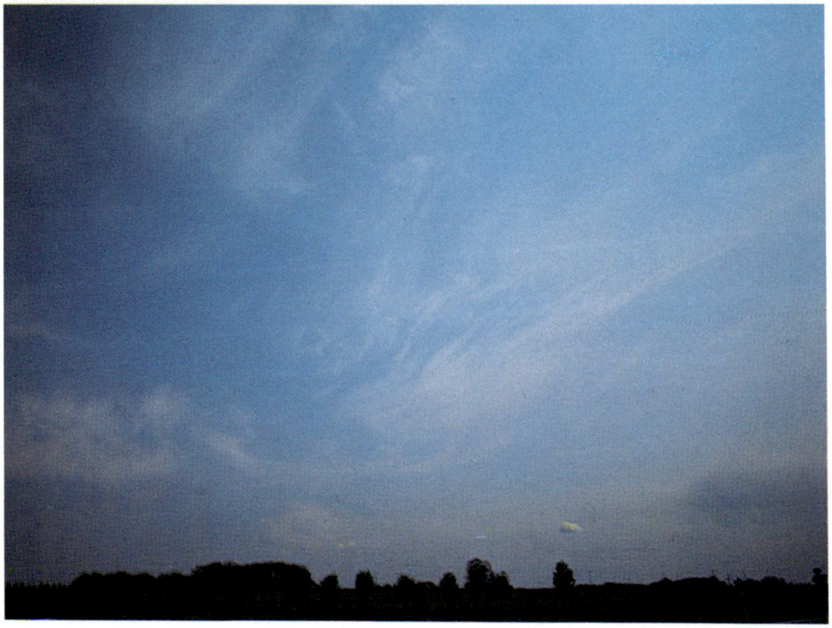

Cirrostratus

1 Nach einer längeren Schönwetterperiode übersieht man oft den Cirrostratus, der anfangs noch durchsichtig wie eine nebelartige Decke ist. Erste Hinweise für Cirrostratus sind die Halo-Erscheinungen. Bei einer weiteren Verdichtung des Cirrostratus scheint anfangs noch die Sonne durch.
2 Später wird die Wolkendecke kompakt, und es ziehen auch darunter Wolken auf. Wenn jetzt noch der Luftdruck deutlich zu fallen beginnt, setzt bald Regen ein.

1 

Altocumulus

Der Altocumulus ist eine sehr häufig zu sehende Wolke, es sind die großen Schäfchenwolken. Oft wird der Cirrocumulus mit dem Altocumulus verwechselt. Eine Hilfe zur Unterscheidung sind die Kondensstreifen der Düsenjets, die nur im Cirrocumulus-Niveau auftreten.

Altocumulus

1 Sommerlicher Altocumulus, der wechselhaftes Wetter ankündigt. Stellenweise hat sich bereits Altostratus gebildet. In der weiteren Entwicklung wird sich der Altostratus immer mehr verdichten.

2 Wenn sich Altocumulus wellen- oder linienartig anordnet, kündigt sich eine Kaltfront an. Mit Schauern und Gewitter ist zu rechnen.

2 

Altocomulus

3 Wenn die Altocumuluswolken türmchenartig wachsen, ist in wenigen Stunden mit Gewittern zu rechnen.

3

Altostratus

Ein langweiliger Wolkentyp, der oft grau bis grau-blau aussieht und teilweise recht zerzaust ist. Wenn Altostratus sich verdichtet, gibt es bald Regen. Meistens tritt er bei Frontaufzügen auf.

4

Altostratus

4 Wenn Altostratus sich verdichtet, wie hier zum Horizont hin, gibt es bald Regen. Wenn allerdings die Sonne noch durch den Altostratus hindurchscheint, verschlechtert sich das Wetter nicht. Der Altostratus ist der klassische Schlechtwetterbote, wenn er mit einem vorherigen Cirrus- und Altocumulus-Aufzug verbunden ist.

Stratus

Der tiefste Stratus ist allen als Nebel bekannt. Auch wenn im Wetterbericht von hochnebelartiger Bewölkung gesprochen wird, handelt es sich um Stratus. Der Stratus ist eine strukturlose Wolke, er bildet sich häufig über See und an der Küste.

Stratus

Hier wird das spanische Küstengebiet kurz nach Sonnenuntergang von einer dichten Stratusdecke eingehüllt, die sich langsam abwärts zur See wälzt. Bereits eine halbe Stunde später wurde ich, 2 sm von der Küste entfernt, ebenfalls in dichten Nebel – sprich Stratus – eingehüllt.
Wenn im Sommer Stratus aufzieht, wird es schwülwarm und es besteht Gewittergefahr. Wenn unter einer aufziehenden Stratusdecke noch zerfetzte Cumulusreste schweben, gibt es bald Regen.

Stratocumulus

Insider sprechen nur vom „Stracu", dem meistverbreiteten Wolkentyp in unseren Breiten, auf See bei fast allen Wetterlagen zu finden. Besonders nach Sonnenaufgang zeigt sich der Stracu gern in einer dichten tiefhängenden Decke, die sich aber meistens rasch auflöst. Stracu, der abends dunkel wird, ist kein Bote von schlechtem Wetter.

1

Stratocumulus

1 Dieser Wolkentyp ist der am meisten verbreitete.
Bildet sich nachts dichter, tiefer „Stracu", so ist kein schlechtes Wetter zu erwarten, wenn dabei der Luftdruck annähernd stabil bleibt.
Bricht die „Stracu"-Decke morgens auf, bleibt das Wetter für den Tag gut.

2

2 Steigt der Luftdruck und wird die „Stracu"-Decke dichter, wie hier, so bleibt es einige Tage bedeckt.

Nimbostratus

Dies ist die klassische Schlechtwetterwolke. Langanhaltender Regen fällt aus diesem Wolkentyp, der zur typischen Warmfront gehört. Der Nimbostratus ist eine Schichtwolke, die von knapp über der Erde bis zur Obergrenze der Troposphäre reicht.

Cumulus

Dieser Wolkentyp ist sehr variantenreich. Man unterscheidet kleine, mittlere und große Cumuli. Die Cumuluswolke entsteht meistens direkt dort, wo man sie sieht. Sie ist ein Zeichen für Aufwärtsbewegung der Luft, z.B. durch Erwärmen der Erdoberfläche. Ihre Lebensdauer ist selten länger als eine Stunde. Die klei-

Cumulus

1 Die kleinen und mittleren Cumuluswolken sind typische Vertreter der sommerlichen Schönwetterlagen. Sie haben einen ausgeprägten Tagesrhythmus, besonders über Land. Ursache ist die Erwärmung der Erdoberfläche und eine damit eingeleitete Verdunstung von Feuchtigkeit am Boden.

1

2

nen und mittelgroßen Cumuli sind typische sommerliche Schönwetterwolken. Sie entstehen scheinbar aus dem Nichts, wenn die Sonne morgens einige Stunden geheizt hat. Ebenso rasch lösen sie sich am späten Nachmittag wieder auf. Oft bleiben einzelne Stracu-Wolken übrig, die aus den Cumuli entstanden sind.

Ein Zeichen für schlechtes Wetter

- Wenn sich die Cumuli abends nicht auflösen,
- Wenn morgens schon Cumuli am Himmel stehen.
- Wenn nachmittags die Wolken noch stark quellen oder turmartig aufschießen, gibt es bald Gewitter.

3

Cumulus

2 Die mittelgroßen Cumuluswolken sehen zwar schon recht bedrohlich aus, sie bringen aber im Sommer keine Niederschläge. Oft sieht man sie auf der Rückseite von Kaltfronten.

3 Wenn Cumuluswolken nachmittags weiter wachsen, ist darauf zu achten, ob sie bis in das Vereisungsstadium hineinreichen werden. Dann gibt es Schauer und eventuell auch Gewitter. Diese Wolke hat sich schnell weiterentwickelt und mit Begleitung einer Böenwalze einen kräftigen Schauer gebracht.

Cumulonimbus

Unter Insidern wird diese mächtige Wolke nur bei seiner Abkürzung genannt: „Cb". Wenn ein Cumulus so kräftig aufwärts schießt, daß seine Obergrenze vereist, dann sieht man dies an den zarten faserigen Wolkenteilen. Dies können Kappen oder Kragen sein, die wie Cirren aussehen. Oft geht der ausgefaserte Oberteil des Cb amboßförmig auseinander, dies ist ein Zeichen dafür, daß die Wolke an eine Sperrschicht gestoßen ist, wo es nicht mehr weiter aufwärts geht – daher das Auseinanderfließen der Luftmasse.

Cb's, die im oberen Teil ausfransen, sind im Reifestadium – jede dieser Wolken kann ein Gewitter bringen. Wenn sich die Cumuli gelblich verfärben und hinter einer Dunstschicht zu verschwimmen scheinen, gibt es meistens Gewitter.

Merke:
Schauer und Gewitter kommen aus den Cumulonimbuswolken.
Regen fällt aus Nimbostratuswolken.

Cumuluswolken aus der Luft gesehen
Einmal aus ganz ungewohnter Sicht für Yachties: Cumuluswolken über den Kanarischen Inseln. Wenn auch die Inseln kaum mit bloßem Auge zu sehen sind, zeigt die Anhäufung der Schönwettercumuli deutlich die Anwesenheit von vier Inseln. Da die Inseln sich tagsüber durch starke Erwärmung – und damit Verdunstung – vom Meer abheben, sieht man sie also indirekt bereits auf große Distanz. Die Flughöhe betrug 8 km, über dem Flugzeug ist Cirrostratus zu sehen.

Besondere Wetter-erscheinungen an der Küste

Der Grenzbereich zwischen Land und Meer erzeugt bei nahezu allen Wetterlagen meteorologische Besonderheiten und Abwandlungen des üblichen Wetterablaufes. Dies gilt für den Wind, die Bewölkung und verschiedene Wetterereignisse.

Veränderungen an der Küste

Bei auflandigem Wind findet an der Küste grundsätzlich eine Verstärkung der Windgeschwindigkeit statt. Da über Land die Reibung der Luftmasse zum Abbremsen derselben führt, staut sich die Luft direkt an der Küstenlinie. Die Folge ist eine Anhebung der Windgeschwindigkeit in einem schmalen küstenparallelen Band. Direkt an der Küstenlinie entsteht Quellbewölkung. Handelt es sich bereits um eine Schauerwetterlage, so werden hier die Schauer erheblich verstärkt. Wenn es nirgends Gewitter gibt, an der Küstenlinie treten sie dann auf. Bei auflandigem Wind treffen Sie also im Bereich der Küste das schlechtere Wetter an. Die Zone verstärkter Wetteraktivität reicht nach See etwa 3 bis 5 sm und landeinwärts 10 bis 30 sm.
Besonders im Spätsommer treten bei diesem Anströmungstyp häufig Gewitter in der Nacht auf.
Bei küstenparallelem Wind tritt ein ähnlicher Effekt auf. Ein Starkwindband entsteht parallel zur Küste durch Drängung der Isobaren. Die Zunahme des Windes wird besonders ausgeprägt, wenn die Küste eine beträchtliche Erhebung hat oder sogar eine Bergkette ist.
Bei ablandigem Wind entsteht paral-

Auflandiger Wind

Durch auflandiges Anströmen einer Küste entsteht dort eine Hebungszone, ähnlich einer Kaltfront. Die Windrichtung ändert sich, der Wind nimmt im Küstenbereich zu.

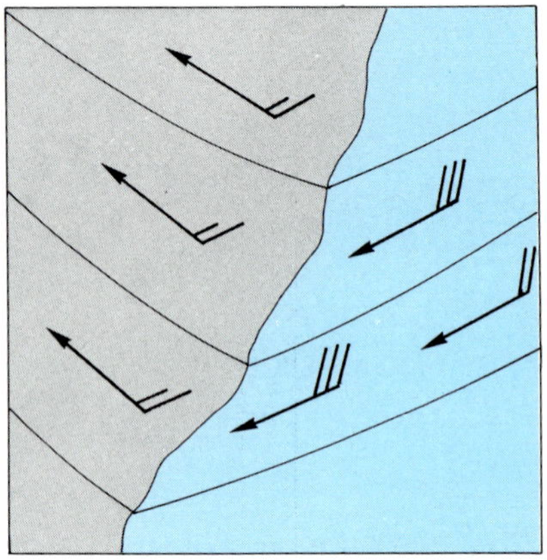

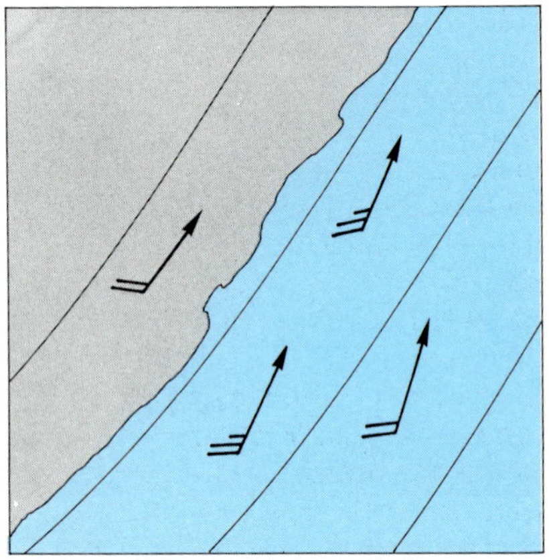

Küstenparalleler Wind

Er führt zu einer Windzunahme unterhalb der Küste, je höher die Küste ist, um so stärker.

Im direkten Küstenbereich entsteht ein „besonderes“ Wetter: Mehr Wind, mehr Bewölkung, eher Schauer oder Regen als anderswo, stärkere Schauer als anderswo oder Gewitter, wenn das Umfeld nur Schauer hat.

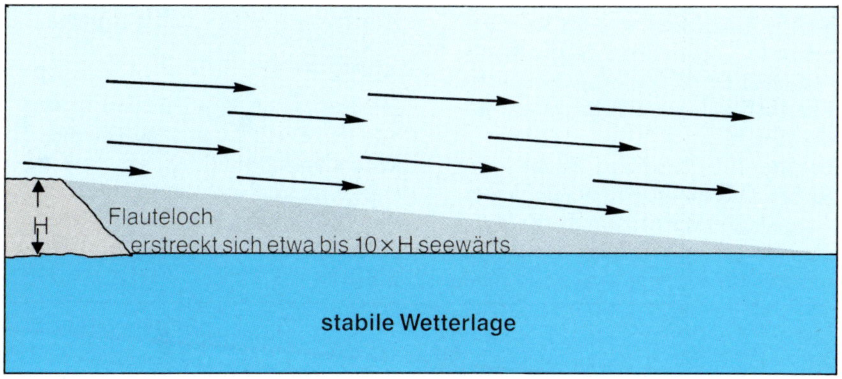

Bei stabiler Wetterlage entsteht ein Flautenloch in Lee der Küste.

Bei instabiler Wetterlage ergibt sich kein Flautenloch in Lee, sondern es entsteht eine Leezirkulation mit böigem „Gegenwind".

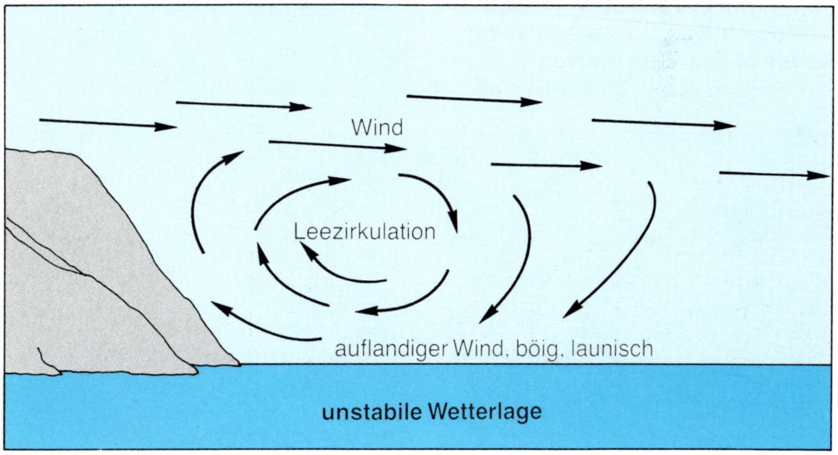

lel zur Küste eine windschwache Zone. Sie reicht desto weiter seewärts, je höher die Küstenkonturen sind. Als grober Anhalt kann man für die Breite dieser Zone das 10fache der Küstenhöhe ansetzen.
Je nach vorherrschendem Wettertyp kann man zweierlei am Küstenstreifen beobachten: Flaute oder entgegengesetzt wehenden Wind.
Bei stabiler Schichtung der Luftmasse (Warmluft) tritt in Lee der Küste totale Flaute auf (das Flautenloch), fast unabhängig von der vorherrschenden Windstärke.
Ist die Atmosphäre nicht stabil geschichtet (Kaltluft mit Cumuluswolken), so dreht sich in dem Küstenstreifen die Windrichtung völlig um. Der Wind weht auf die Küste zu, wogegen die Wolken mit kräftiger Strömung ablandig ziehen. Die Ursache sind turbulente Wirbel, die mehr oder weniger beständig im Lee der Küste stehen. Der „Gegenwind" ist entsprechend böig. Je höher die Küstenerhebung, desto ausgeprägter sind diese Erscheinungen.

Revierbeispiele

Die Flensburger Förde an der Ostsee: Die Innenförde kann hier beispielhaft für viele andere Förden und Haffs angesehen werden.
Bei Nordwest-Wind liegt die dänische Küste in Lee. Auf einem Streifen von 200 bis 300 m Breite herrscht, entsprechend der Wetterlage, entweder Flaute oder ein guter turbulenter Segelwind, in dessen Böen Revierkundige Höhe gutmachen, sehr zum Erstaunen der Mitstreiter in einer Wettfahrt. Oft sieht man die Kuriosität, daß auf engem Raum zwei Yachten raumschots auf Gegenkurs laufen – jetzt ist es Ihnen sicher nicht mehr rätselhaft.

Sardinien und Korsika

Bei westlichem sommerlichen Segelwind herrscht an der Ostküste der Inseln totale Flaute. Die Flautenzone erstreckt sich 5 bis 10 sm weit nach See. Wer also an einer Insel lediglich vorbeisegeln will, sollte auf der Leeseite stets guten Abstand halten. Das gilt auch für die anderen Inseln.
Auf der Luvseite gelten die Verhältnisse, die schon für auflandigen Wind beschrieben wurden. Bei solch besonders hohen Inseln (oder Küsten) kann man sich aus dem Starkwindfeld gut heraushalten, wenn man ganz unter Land geht. Dicht unter Land ist die Windstärke erheblich geringer als 1 bis 2 sm weiter nach See.

Eckeneffekte

An allen ausgeprägten Kaps können sich eigene Windverhältnisse ausbilden. Besonders sehr hohe Kaps erzeugen im Lee eine unangenehme Wirbelzone, wenn das Kap quer zum Wind liegt. Direkt in der Umgebung des Kaps verstärkt sich der Wind erheblich.

Flache Kaps sind weniger unangenehm in Lee, dafür wird die Windverstärkung direkt am Kap spürbar. Die Isobaren werden hier stark gedrängt.

Bei Starkwind tut eine Yacht gut daran, sich einige Seemeilen weiter vom Kap entfernt zu halten als es die Navigation erfordert. Dies gilt besonders für die sehr steil aufragenden Kaps von Korsika und Sardinien.

Revierbeispiele

Bei westlichen Winden steht an der Südspitze von Langeland (Bagenkop) ständig mindestens eine Windstärke mehr. Noch ausgeprägter sind die Verhältnisse bei Skagen Rev. Hier legt der Wind sogar um 2 bis 3 Bft zu.

Kapwinde

Je markanter und höher das Kap ist, um so ausgeprägter ist die Zirkulation in Lee. Es können sogar kleine lokale Tiefs entstehen. 1 = Flaches Kap 2 = Hohes Kap

1

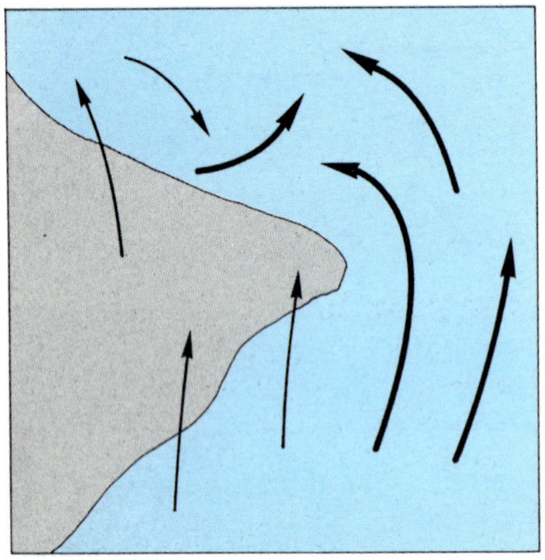

2

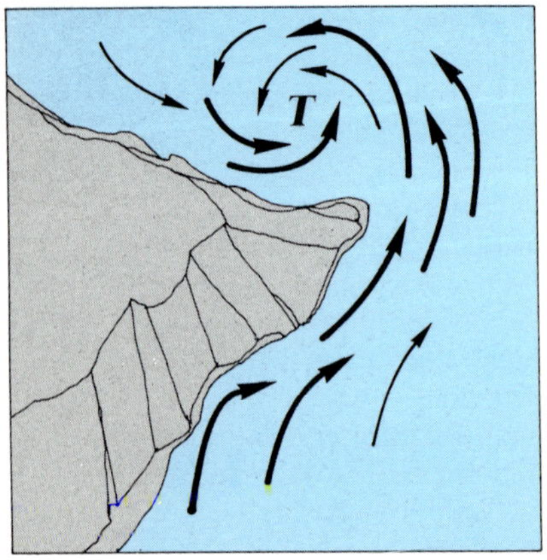

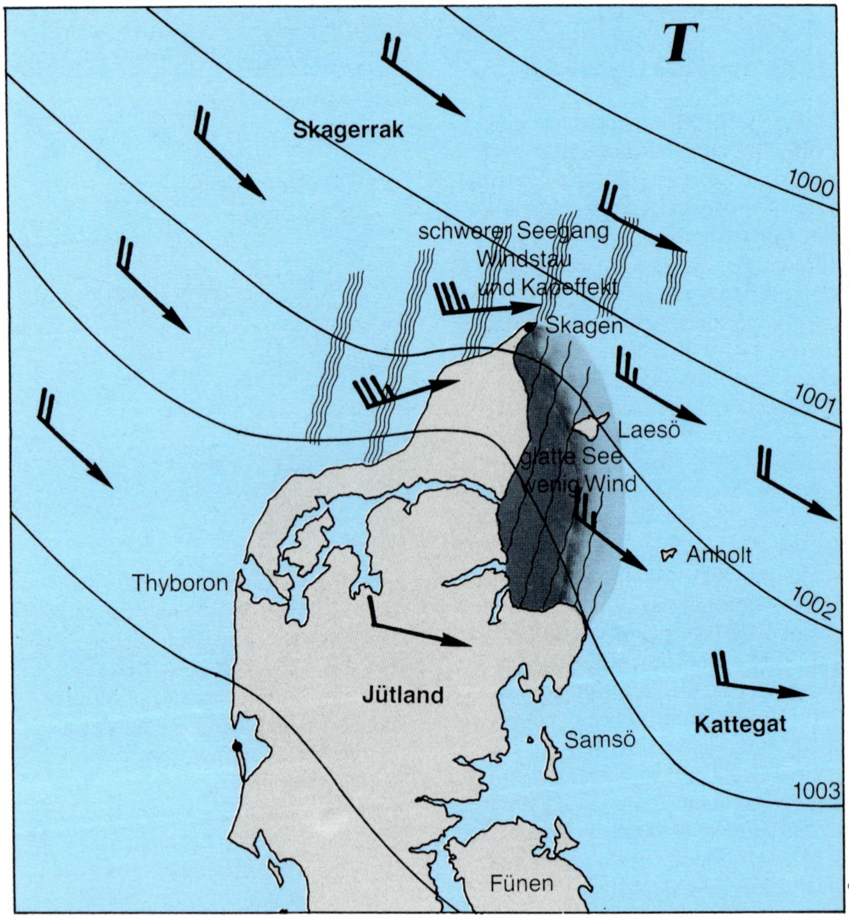

Windverstärkung bei Skagen

Wer aus dem geschützten Kattegat rund Skagen gehen will, erlebt oft böse Überraschungen. Die Yacht wird plötzlich in schwerer See gebeutelt. Der Unterschied zwischen Kattegat und freier See hinter Skagen kann runde 4 Windstärken betragen.

Flurwinde

Der Flurwind hat seinen Namen aus dem häuslichen Alltag bekommen. Wenn der Wind zur Tür (Fenster) hereinweht, verstärkt er sich dann kräftig, wenn er aus dem gleichen Raum einen Auslaß nach Lee findet. Dasselbe erleben wir im Küstenbereich in weit größerem Maßstab. Bläst der Wind durch eine Engstelle hindurch, nimmt seine Geschwindigkeit in diesem Bereich zu. Man hat verschiedene Namen für diesen Effekt: Trichtereffekt, Düseneffekt, Tunneleffekt, Flureffekt etc. Alles sind Namen für dieselbe Sache. Zwischen und vor zwei Landerhebungen wird die Luft zusammengepreßt und beschleunigt. Dahinter nimmt der Wind wieder ab. Flußläufe, die hohe Ufer haben, sorgen ebenfalls dafür, daß sich der Wind bevorzugt in Längsrichtung einstellt. Hier tritt ebenfalls eine Verstärkung ein.

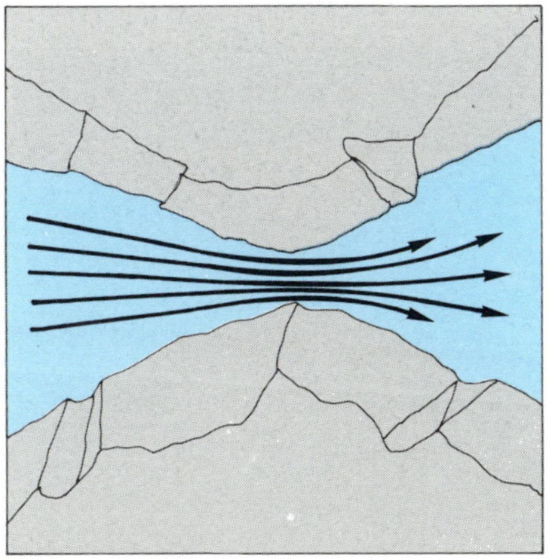

Der Flureffekt

An Engstellen legt der Wind immer zu, selbst wenn sich zu beiden Seiten nur relativ niedrige Deiche befinden.

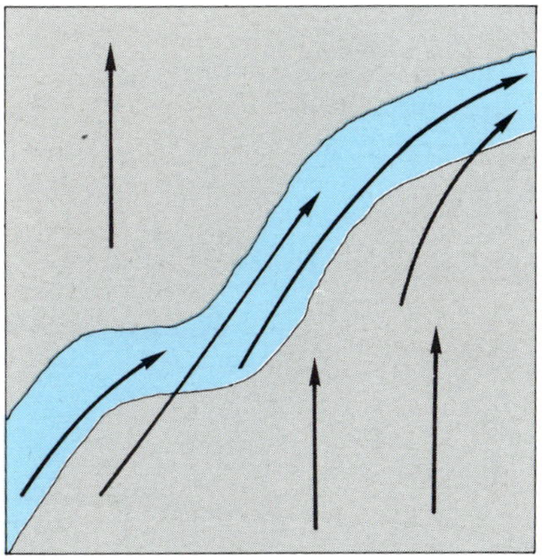

Windbeugung durch einen Flußlauf

Wenn die Hauptrichtung eines Flusses annähernd mit der Windrichtung übereinstimmt, folgt der Wind etwa jeder Flußbiegung. Man bekommt ihn auf entsprechender Flußfahrt immer von vorn.

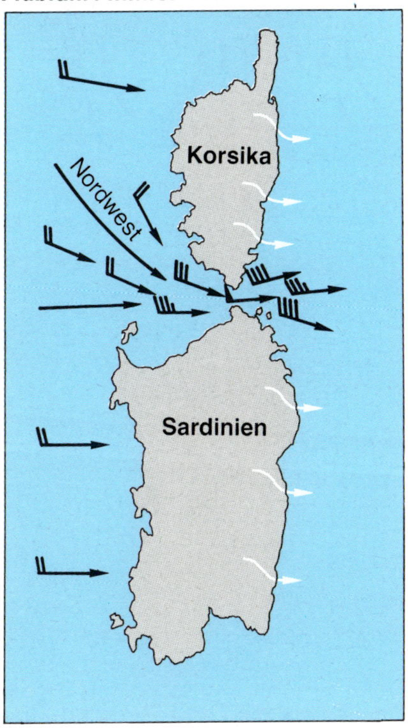

Flußniederungen oder Buchten, denen Inseln vorgelagert sind, zeigen bei entsprechender Windrichtung dieselbe Winddrängung an den Engstellen. Wer hier schneller als andere segeln will, sollte die engste Passage mit den höchsten Ufern wählen. Die unangenehmste Kombination einer Küstenlinie besteht aus einem Kap mit nachfolgendem „Flur“. Hier potenzieren sich die Verstärkungen der einzelnen Effekte derart, daß an der Meerenge trotz sonst ruhiger Sommerlage voller Sturm wehen kann.

Revierbeispiele

Am bekanntesten ist wohl die **Straße von Bonifacio,** zwischen Korsika und Sardinien. Ein leichter Westwind auf See reicht aus, um hier vollen Sturm wehen zu lassen, der manchen Revierunkundigen schon böse in Verlegenheit gebracht hat.

Die Straße von Gibraltar hat auch schon manchen Schipper zur Verzweiflung gebracht. Egal, ob man die vorherrschenden Westwinde hier antrifft oder auch Ostwind – bis wenige Stunden vor der Meerenge weht der Wind mit beruhigender Gleichmäßigkeit und geringer Stärke.

In der Straße von Bonifacio, zwischen Korsika und Sardinien, und weit östlich davon erreicht der Flurwind leicht Sturmstärke, weil er noch zusätzlich durch den Kapeffekt beschleunigt wird. Weiße Pfeile = Fallböen.

Starkwind in der Straße von Gibraltar

Bei westlichen Winden verdoppelt sich der Seewind in der Straße von Gibraltar nahezu. Das trichterförmige Zusammenlaufen der Küsten verursacht die immense Windzunahme. Bei östlichen Winden ist es nur in der Nähe von Gibraltar unangenehm. Dafür wird die See steil, weil der ständige atlantische Einstrom gegen den Ostwind steht.

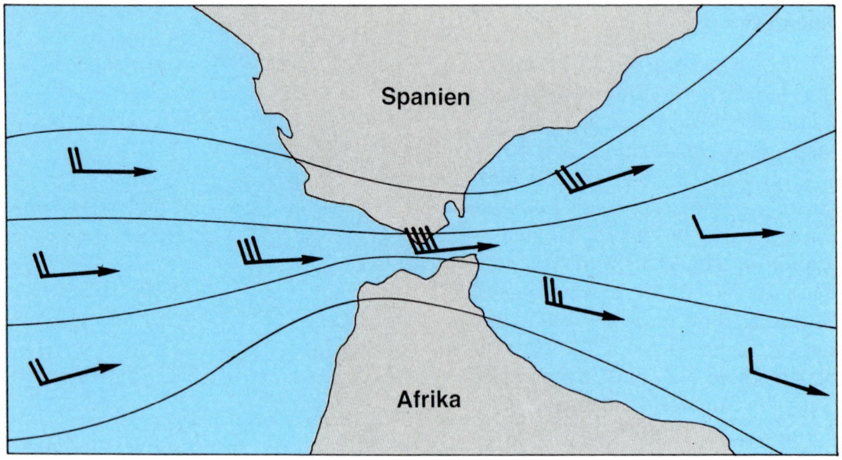

Dann aber nimmt er beständig zu, je näher man an die Meerenge herankommt. Wer hoch am Wind durchkreuzen muß, sollte unbedingt den Einstrom aus dem Atlantik in Betracht ziehen. Gar manche Yacht hat bei strammer Düse aus West hier nach einem Tag den Versuch kläglich aufgegeben, weil sie nicht eine Seemeile nach Luv gutgemacht hat. Hier hilft nur: Mit Maschine nachhelfen oder warten, bis der Wind dreht.

Land- und Seewinde

Die an einem Sommertag über Land erwärmte Luft steigt aufwärts. Von See sieht man das Ergebnis dieser Aufwärtsbewegung deutlich an der Quellbewölkung. Bei einem bevorstehenden Landfall kann man eine so erzeugte Cumulusbewölkung schon viele Stunden vor dem Land sehen.

Die über dem warmen Land aufgestiegene Luftmasse fließt oberhalb der Wolken wieder auseinander, da

So entsteht die Land-/Seewind-Zirkulation.

sie nicht beliebig weit aufsteigen kann.
Natürlich kann sie nur dorthin fließen, wo zuwenig Luft ist, und das ist über See, denn von See saugt die aufsteigende „Landluft“ ihren Vorrat nach, so daß ein Kreislauf entsteht, der erst unterbrochen wird, wenn die Landmasse nicht mehr genügend von der Sonne geheizt wird.

Der Kreislauf

Nach Sonnenaufgang die übliche Morgenflaute, danach bildet sich die Seebrise, die um die Mittagszeit ihre größte Stärke hat. Nachmittags Windberuhigung und abends die Abendflaute. Wenn nachts das Land deutlich kälter als das Meer wird, kehrt sich der Vorgang genau um: Bewölkung über See – klarer Himmel über Land, der Wind weht schwach ablandig.

Stärke des Seewindes

An Nord- und Ostsee erreicht der Seewind bis zu 3 bis 4 Bft und reicht etwa 3 bis 5 sm weit nach See hinaus.
Am Mittelmeer erreicht der Seewind weit größere Werte. So hat er an der Ostküste von Spanien regelmäßig Bft 4 bis 5. In Griechenland nimmt er noch höhere Werte an (Bft 6). Vormittags setzt der Seewind örtlich verschieden zwischen 9 und 11 Uhr Ortszeit ein, und schläft zwischen 17 und 19 Uhr spätestens wieder ein. Der nächtliche Landwind ist erheblich schwächer ausgeprägt und unbeständiger. An Nord- und Ostsee tritt er selten auf.

Vorhergesagt Windstärke 3, eingetroffen Bft 7 – gibt es eine Erklärung?

Oft genug haben Sie es sicher schon erlebt, daß Sie nach einer versprochenen leichten Brise an der Küste ordentlich eines auf die Mütze bekamen – oder gar das Gegenteil, daß enttäuschende Flaute herrschte.
Die Lösung bringt der Seewind, denn der Seewind entsteht unabhängig von dem Wind, der sich aufgrund des Verlaufes und Abstandes der Isobaren einstellen soll. Nun kann es laufend passieren, daß diese beiden Windsysteme entweder die gleiche Richtung haben oder entgegengesetzt wirken. Wirken die einzelnen Windsysteme gegeneinander, schwächen sie sich oder heben sich gar ganz auf – Flaute. Im anderen Fall fegt ein Starkwind, weil der Seewind zu dem vom Seewetterbericht genannten hinzuaddiert werden muß. Auf der freien See trifft die Prognose allemal zu, nur im Wirkungsbereich der Seewindzirkulation ist alles scheinbar verkehrt.

Gewitter

Wie entstehen Gewitter?

Viele Theorien sind bereits zu diesem Komplex aufgestellt worden, aber leider sind wir immer noch nicht so weit, daß wir sagen können: „So, und nicht anders funktioniert ein Gewitter.“
Gewitter sind elektrische Entladungen der Luft. Das haben Sie schon in der Schule gelernt. Nur, wie kommt es überhaupt zu einer Aufladung, denn was nicht zuvor geladen wurde, kann sich auch nicht entladen. Die Lösung steckt in den mächtigen Cumulonimbuswolken. Sie sind eine unabdingbare Voraussetzung zur Gewitterbildung.
● Gewitter sind immer an Cumulonimbuswolken gebunden.
Der Erdkörper hat eine unveränderliche elektrische Ladung, die man im Fachjargon der Elektriker lässig „Masse“ nennt. Wie groß die Ladung der Erde ist, und ob sie positiv oder negativ geladen ist, spielt im Prinzip keine Rolle. Wichtig zum Verständnis der Gewitter ist die Tatsache, daß die Luft eine gegensätzliche Ladung hat. Durch kräftige Luftströme kann die Ladung der Luft gestört werden, denn es sind ja Luftmoleküle und Staub- und Wasserteilchen, die Träger der elektrischen Ladung sind. Eine der Besonderheiten der Gewitterwolke, wie man den Cumulonimbus auch nennt, geht aus der Zeichnung her-

vor: Unmittelbar nebeneinander existieren Aufwinde und Abwinde. Die beiden Systeme sind echte Düsenströme. Die Windgeschwindigkeiten in diesen Zonen übersteigen leicht 100 km/h. Hier haben wir also die Ursache für einen mächtigen Transport von elektrisch geladenen Teilchen der Luft. Das Ergebnis ist eine Wolke, die wie ein Kondensator aufgeladen ist. Entladungen sind nun sowohl innerhalb der Wolke möglich als auch zwischen Wolke und Erde.

Erdblitze sind Entladungen von der Wolke zur Erde.

Luftblitze sind Entladungen innerhalb der Wolke oder von einer Wolke zur anderen.

Wetterleuchten sind elektrische Entladungen, die ohne Blitz und Donner ablaufen.

● Gewitterwolken bilden sich in instabilen Luftmassen.

Zwei Ursachen gibt es, die eine Luftmasse instabil machen:
1. Kräftige Abkühlung der oberen Luftschicht
oder

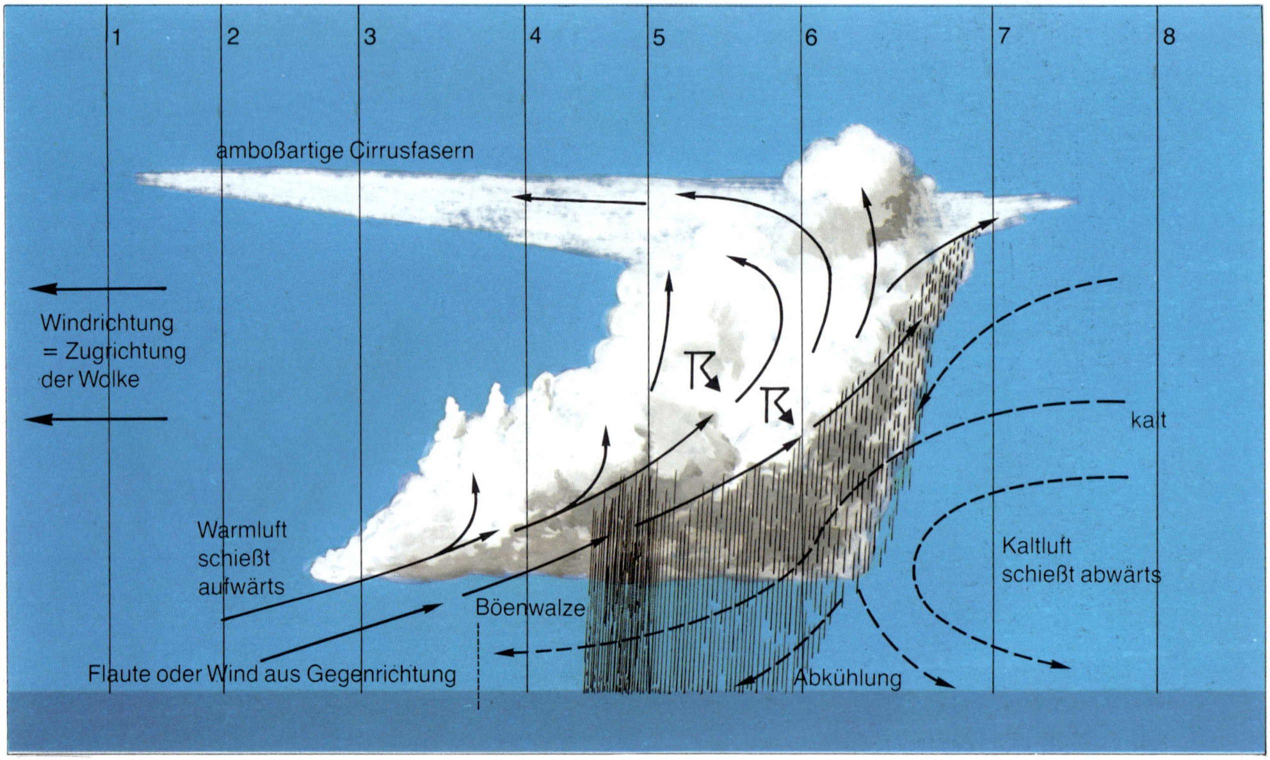

Schnitt durch eine voll entwickelte Gewitterwolke (Cumulonimbus)

Und so läuft das Wetter ab:
1 Der Wind schläft ein – Flaute.
2 Aus der Gegenrichtung setzt ein leichter und warmer Wind ein.
3 Wenn die Gewitterwolke Sie erreicht, setzt urplötzlich eine Böenwalze ein, die minutenlang anhält.
4 Nach kurzer Ruhepause folgt schlagartig schwerer Schauer oder Hagel mit Blitz und Donner.
5 Übergang in Regen.
6 Drastische Abkühlung der Luft.
7 Böiger Wind bis Sturmstärke aus unterschiedlichen Richtungen auf der Rückseite der Gewitterwolke.
8 Wetterberuhigung.

Gewitterwolken im Vorstadium mit „Tochterwolke“. Die Tochterwolke ist faserig und scheint über der Cumuluswolke zu schweben. In anderen Teilen fransen die Quellungen aus. (Wenig später war daraus eine vollentwickelte Gewitterwolke mit einem mächtigen Amboß geworden.)

2. kräftige Erwärmung der unteren Luftschicht.

Die Folge von Instabilität ist ein rasches und heftiges Umkippen der „falsch gelagerten“ Luftmasse, das sehen wir als Quellwolke. Dic Entwicklung eines Gewitters ist also am Wolkenbild indirekt zu erkennen. Zwei Möglichkeiten gibt es, sich über die Gefahr von Gewittern Gewißheit zu verschaffen:

1. Beobachten Sie die Entwicklung der Wolken

● Wenn Altocumuluswolken türmchenartig wachsen und an den Rändern etwas ausfransen, ist dies ein sicheres Zeichen dafür, daß rasch Gewitter entstehen. Dies gilt in besonderem Maße für das Mittelmeer.

● Wenn Cumuluswolken zu Gewitterwolken wachsen, sieht man das zumeist am deutlichen Aufquellen nach oben. Solange die Quellung fortschreitet und die geschlossene Wolkenstruktur (wie ein Blumenkohl) erhalten bleibt, kann nicht mehr als ein Schauer aus der Wolke fallen.

Erst wenn die Wolke im Oberteil Veränderungen zeigt, beginnt die Gefahr eines Gewitters. Es zeigen sich dann sozusagen Tochterwolken im oberen Bereich der Quellwolke. Dies kann eine Kappe sein, die über der Wolke schwebt oder auch in der Höhe des Oberteils anzutreffen ist. Das Besondere an den Tochterwolken ist, daß sie keine Quellstruktur haben, sondern faserig wie Cirruswolken sind.

In der vollen Reife hat die Gewitterwolke sich dann im gesamten Oberteil verändert.

Die Quellungen im Oberteil sind in eine diffuse, faserige Struktur übergegangen, die wie ein Amboß aussieht. Im unteren Teil hat sich die Gewitterwolke dabei oftmals gelb-

Eine vollausgebildete Gewitterwolke (Cumulonimbus) mit klassischem Amboß.
Die Wolke ist an die Obergrenze der Wetterschicht gestoßen. Hier geht es nicht weiter nach oben, die Luftmassen müssen zu den Seiten abfließen. All das spielt sich bei Temperaturen unter −40 Grad Celsius ab. Daher sind hier alle Wasserteile vereist. Deutlich ist zu sehen, daß der Amboß nach links ausweht. Dies ist die Zugrichtung der Wolke.

lich bis orange-grau verfärbt. Längst nicht jede Cumulonimbuswolke bringt ein Gewitter – sie könnte es aber. Ob, oder auch nicht, diese Frage kann im Einzelfall niemand vorhersagen. Elektrische Entladungen laufen spontan ab und sind nur statistisch beschreibbar.

- Wenn Cumulus-Wolken kräftig quellen und im Oberteil faserig werden, müssen Sie immer mit Gewittern rechnen.

2. Schalten Sie das Radio ein

Wer bei der Beurteilung der Wolken unsicher ist – oder die oberen Teile der Wolken nicht sehen kann – nutzt einen Effekt der elektrischen Entladung mit dem Radio aus: Selbst wenn die Gewitter noch weit entfernt sind – noch kein Donner hörbar – vernehmen Sie auf Mittelwelle im Lautsprecher bereits ein unregelmäßiges Knistern und Prasseln. Es bleibt dann noch genug Zeit, um in aller Ruhe geeignete Maßnahmen einzuleiten.
Wenn am Horizont Gewitterwolken bereits zu sehen sind, ist es wichtig, über deren Zugrichtung informiert zu sein.

- Die Zugrichtung einer Gewitterwolke ist am faserigen Amboß zu erkennen.

Da die Wolke mit dem Wind zieht – der am Erdboden aber ganz anders als in Wolkenhöhe weht – wird das Oberteil der Wolke in Windrichtung ausgeweht. Die langen Cirrusfransen weisen in Richtung der ziehenden Wolke.

Typische Wetterlagen, die Gewitter bringen

Wir unterscheiden zwei am häufigsten auftretende Gewittertypen, die an klassische Wetterlagen gebunden sind:

- Wärmegewitter
- Frontgewitter

1
2
3

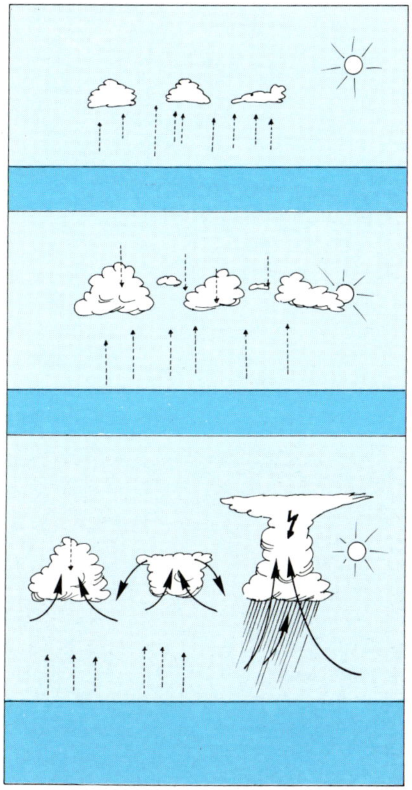

So entstehen Wärmegewitter im Tagesverlauf.
1 = Morgens 2 = Mittags
3 = Nachmittags/Abends

Wärmegewitter bilden sich bei sommerlichen Schönwetterperioden aus, und zwar an der Westflanke des Hochdruckgebietes. Auf dieser Seite strömt feucht-warme Subtropikluft aus dem Mittelmeerraum nordwärts. Da dieser Prozeß bevorzugt in der unteren Luftschicht stattfindet, wird die Schichtung der Luft labil, besonders wenn zum späten Nachmittag die Sonne nicht mehr so stark wärmt, und die obere Luftschicht sich schon wieder abzukühlen beginnt. Das sind über Land die typischen Wärmegewitter. Über See reagiert die Luft träger, weil die Wasseroberfläche so gut wie gar keinen Tagesgang in der Temperatur hat. Daher setzen sich Wärmegewitter – wenn überhaupt – dort in der zweiten Nachthälfte durch.

Frontgewitter sind fast ausschließlich an Kaltfronten gebunden. Immer wenn nach einer mehrtägigen Schönwetterperiode plötzlich eine Kaltfront durchziehen soll, müssen Sie im Bereich der Front, und auch danach, mit kräftigen Gewittern rechnen. Diese Gewitter sind erheblich stärker als die zumeist harmlosen Wärmegewitter.

Verhalten bei Gewittern

Gewitter können erhebliche Gefahren mit sich bringen, es ist daher wichtig, diese zu kennen und sich entsprechend zu verhalten. Je nachdem, auf welchem Bootstyp und in welcher Situation man sich befindet, wird die eine oder andere Erscheinung des Gewitters gefährlich werden können:

- Winddrehungen bis zu 180°
- Starker Temperatursturz
- Blitzschlag
- Extrem schlechte Sicht
- Rauhe See
- Hagelschlag
- Starke Böigkeit

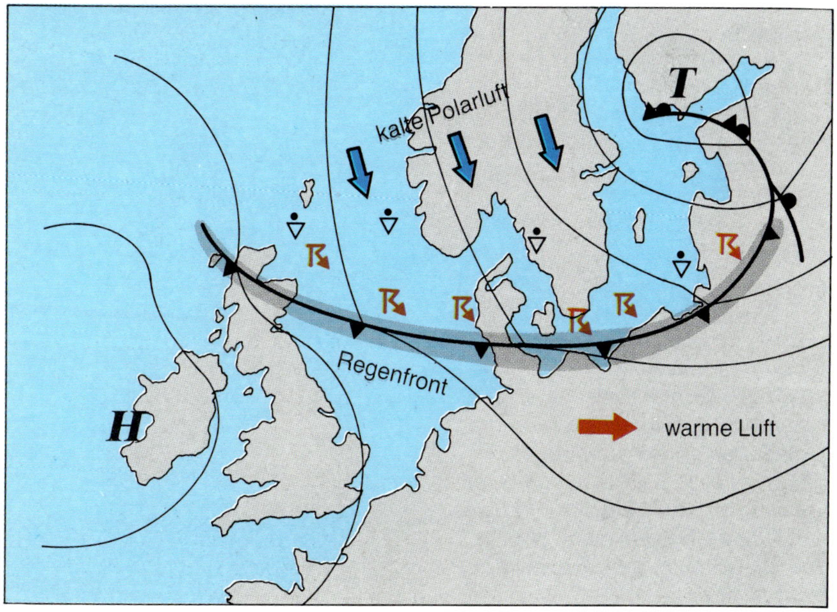

Gewitterträchtige Nordlage

Dies ist eine typische Wetterlage für sommerliche Gewitter. Hochreichende Kaltluft schiebt sich über das warme Wasser und löst so Gewitter aus. Wenn nach einer Hochdrucklage mit hohen Temperaturen und hoher Feuchte eine Kaltfront herankommt, drohen immer Gewitter.

In vielen Situationen ist es angeraten, bei drohendem Gewitter entweder einen Hafen anzulaufen oder einen sicheren Ankerplatz zu wählen. Bei einem ausgeprägten Kaltfrontgewitter kann, besonders über warmen Wasser, die Böigkeit Orkanstärke erreichen – also, Plünnen weg, alles beizurren und Schutz suchen.
Die direkte lebensbedrohende Gefahr ist der Blitzschlag. Niemand kann einem Blitz ausweichen oder gar vorhersagen, wann oder wo ein Blitz einschlagen wird. Das tückische ist die Unberechenbarkeit des Blitzes. Nicht einmal der Blitz selbst „weiß", was er in der nächsten Sekunde machen wird. Ständig sucht er in einer neuen Richtung ein geeignetes Ziel, und erst 10 Meter davor erhält er „Kenntnis" davon und entscheidet, dort einzuschlagen. In der Regel ist dies ein erhöhtes Objekt, das elektrisch gut leitend ist und einen festen Kontakt zur Erde hat.

Wasserhosen

Wasserhosen sind genau dasselbe wie Windhosen – die einen toben sich über See aus und die anderen über Land. Beide kann man als Minitornados bezeichnen. Wie entsteht eigentlich eine Wasserhose? Zwei Bedingungen müssen erfüllt sein:
1. Das Wasser muß deutlich wärmer als die Luft sein.
2. Es muß eine Gewitterwolke (Cumulonimbus) vorhanden sein.

Wenn hinter einer Kaltfront polare Luft über See strömt, sind generell beide Bedingungen erfüllt. Nahe an der Meeresoberfläche erwärmt sich die Kaltluft und nimmt dabei vom Wasser viel Feuchtigkeit auf, die an

1

Foto: Yacht-Archiv

Wasserhosen

1 Aus der Unterseite einer Cumulonimbuswolke wächst der Rüssel rasch abwärts. Deutlich zu erkennen, das Austropfen an der Wolkenbasis, das spontan zur Bildung einer Wasserhose führen (und hier geführt hat). Der Rüssel wirbelt das Wasser auf – hier holt der Minitornado seine weitere Nahrung her.

2

Foto: Yacht-Archiv

3

Foto: Yacht-Archiv

2 Die voll entwickelte Wasserhose. Rechts im Bild fällt starker Niederschlag. Im Hintergrund weitere kräftige Quellwolken.

3 So sieht das Reife- und Endstadium einer Wasserhose aus. Der Rüssel wird mit der Zeit immer dünner und länger, während er sich mehrfach windet. Dann reißt er ab, und die Wasserhose ist aufgelöst.

der Oberfläche verdunstet. Es stellt sich damit der schon oft zitierte instabile Zustand der Atmosphäre ein, denn die Polarluft, die sehr hochreichend kalt ist, wird von unten her zu stark erwärmt und will dort aufsteigen.

Befindet sich über der aufwärts steigenden Luft eine große Gewitterwolke, so wird der Aufwärtsstrom noch erheblich verstärkt, denn die Wolke saugt die feucht-warme Luft wie ein Staubsauger an. Nun, wenn es irgendwo in der Atmosphäre aufwärts geht, muß es irgendwo anders abwärts gehen – hier sind wir genau an dem Punkt, wo eine Wasserhose entstehen kann.

Wer einmal eine Gewitterwolke aufmerksam studiert hat, weiß, daß sich an der Unterseite der Wolke oft busenartige Austropfungen zeigen (in der Fachsprache treffend „mamma“ genannt). Diese abwärtsgerichteten

Beulen entstehen durch Abwinde, die aus der Wolke herabschießen. Ist die Luft zwischen dem Wasser und der Wolke sehr instabil, so kann sich eine der vielen Beulen an der Wolke plötzlich nach unten ausdehnen. Während sie abwärts wie ein zäher Tropfen fällt, schießt zufällig dicht dabei feuchtwarme Luft von unten in die Wolke hinein. Dadurch beginnt eine rasche Wirbelbildung, die den Tropfen schnell zu einem nach unten gerichteten Rüssel werden läßt. Während der graue Rüssel sich abwärts windet, scheint er suchend hin und her zu pendeln, um alles aufzusaugen, was in der Nähe ist. Von einem bekommt dieser gierige Rüssel reichlich, und das ist Energie. Die erwärmte und feuchte Luft enthält viel Energie, die den kleinen Wirbel in jeder Sekunde stärker macht; er wird immer breiter und reicht dabei immer tiefer herab. Bis jetzt sieht man von der Wasserhose nichts als einen Rüssel, der hin- und herschwenkt. Plötzlich wird von der Wasseroberfläche Gischt aufgewirbelt, ohne daß der graue Trichter bis zum Wasser reicht. Die Wasserhose ist komplett und wächst noch weiter an. Das untere Stück des Rüssels ist unsichtbar. Erst wenn er so weit abwärts reicht, daß Wasser mit ungeheurer Kraft durch den Luftwirbel aufwärts gerissen wird, zeigt sich die Wasserhose auch an der Meeresoberfläche. Trichterförmig wird die Gischt hochgeschleudert, wobei der Rüssel sich reichlich am warmen Wasser bedient und es aufwärts in die Wolke reißt. In dem Rüssel einer Wasserhose werden Windgeschwindigkeiten von über 150 kn erreicht – das ist in Windstärken überhaupt nicht mehr auszudrücken. Der Drehsinn der Luft im Schlauch kann beidseitig sein, ebenso wie der des Wassers in der Badewanne, wenn Sie den Stöpsel ziehen.
Die Gefährlichkeit der Wasserhose liegt zum einen natürlich in den unvorstellbar hohen Windgeschwindigkeiten, die kaum etwas heil lassen. Noch größere Zerstörung beschert allerdings der plötzliche Unterdruck, der auftritt, wenn eine Wasserhose über ein Boot hinwegzieht. Im Zentrum des Rüssels herrscht ein ähnlich tiefer Luftdruck, wie in einem Hurrikan. Leider gibt es so gut wie keine Luftdruckmessungen von Wasserhosen – die Instrumente haben es nie überstanden. Jedenfalls ist der Luftdruck im Zentrum so niedrig, daß alles zu zerplatzen scheint, wenn der Rüssel darüber hinwegzieht. Man hüte sich also sehr, von einer Wasserhose beehrt zu werden, Schiff und Besatzung hätten wenig Chancen, dieses Ereignis zu überleben.

Wie verhält man sich in der Nähe einer Wasserhose?

Man kann durchaus von einer plötzlich auftauchenden Wasserhose überrascht werden, wenn man unter einer Gewitterwolke segelt – schließlich entstehen diese Biester zufällig und ohne Warnung. Da die Wasserhose aus einer Gewitterwolke entsteht und an diese gebunden bleibt, bewegt sie sich auch mit ihr fort. Man kann dem Rüssel also gut entkommen, wenn man bei drohender Nähe des Rüssels quer zur Wolkenzugrichtung abläuft. Doch Wahrschau! Vergessen Sie nicht, daß bei Gewitterwolken die Zugrichtung der Wolken nicht mit der Windrichtung am Boden identisch ist. Richten Sie sich nur nach den Wolken, denn sie ziehen mit dem mächtigen Höhenwind.

Seegang, Gezeiten- und Meeresströme

Eigentlich sollten Seewetterberichte regelmäßig Aussagen über die Seegangsverhältnisse enthalten, denn schließlich ist es der Wind, der den Seegang erzeugt. Die vom Seewetteramt Hamburg herausgegebenen Seegangsbilder, mit deren Hilfe man Rückschlüsse auf die Windstärke ziehen kann, sind für uns wenig hilfreich, denn sie gelten ausschließlich für die Tiefsee. Die europäischen Randmeere haben ganz andere Wellenstrukturen.

Was ist eigentlich Seegang?

Seegang ist die Summe aus Windsee und Dünung.
Dünung (swell) ist eine alte, auslaufende See, deren Antriebsquelle nicht mehr wirkt. Dünung ist also eine alte Windsee.
Windsee (sea) ist das momentane, vom Wind erzeugte Wellenbild des Wassers.
Der Seegang bezeichnet also immer die Gesamtsituation der Wasseroberfläche und bezieht vorherige Windwirkungen mit ein. Erst die Zusammenschau der Wirkung eines früheren und des aktuellen Windes gibt uns Aufschluß über die tatsächlichen Seegangsverhältnisse in einem Revier.

Grundsee auf einem Flach

Die hier gezeigte Grundsee ist erheblich gefährlicher als schwere See im Sturm, weil das Wellental – und somit der Kiel des Schiffes – bis an den Meeresboden hinunter reichen. Bei der großen Verlagerungsgeschwindigkeit der Welle (20 bis 30 kn) und ihrer enormen Steilheit, bringt sie Schiffe zum Kentern oder zerschlägt das Schiff durch Grundberührung.

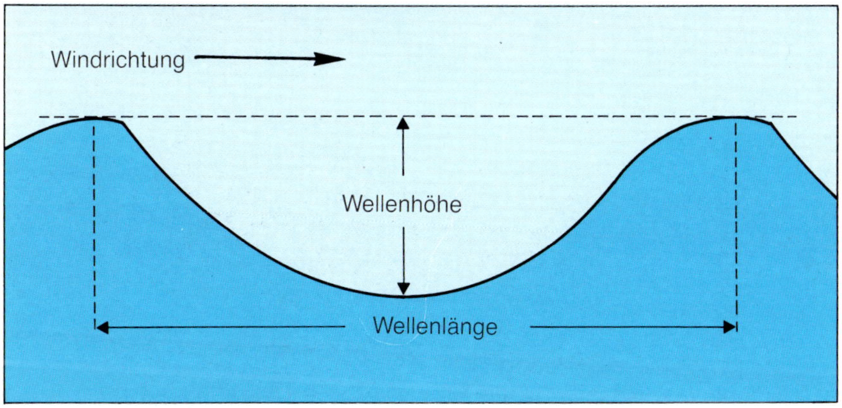

Definitionen zum Seegang

Wellenlänge ist die Entfernung von Wellenkamm zu Wellenkamm. Die Wellenhöhe ist der Abstand zwischen Wellental und Wellenkamm. Als Wellenperiode bezeichnet man die Zeit vom Durchgang eines Wellenkammes bis zum Durchgang des nächsten. Auf der dem Wind zugekehrten Seite ist die Welle deutlich länger als auf der windabgekehrten Seite der Welle. Gegen den Wind angehen heißt zugleich auch gegen die steilere Wellen„wand" anzulaufen.

Grundsee ist eine Welle, deren Wellental bis in die Nähe des Meeresbodens heranreicht. Sie entsteht, wenn lange und hohe Dünung auf Flachwasser kommt.

Kreuzsee besteht aus zwei verschiedenen Windseen, die aus unterschiedlichen Richtungen kommend, eine überlagerte See ergeben. Bei schnellem Durchzug einer Kaltfront entstehen oft Kreuzseen: Vor der Frontpassage entstand Windsee aus SW-Richtung. Ist die Kaltfront durchgezogen und der Wind dreht sprunghaft auf NW bis N, so laufen die beiden Windseen gegeneinander. Die alte Windsee geht zwar in Dünung über, aber es bleibt bei zwei Seen aus gegenläufiger Richtung, deren Wellen sich überlagern. Das Ergebnis sind besonders gefürchtete Wellen, die unregelmäßig laufen und dabei extreme Höhen erreichen können.
Alle Meere und Gewässer, die nicht einer Tiefsee entsprechen, zeigen vielfältige Veränderungen der Wellenstruktur, die nun von anderen Faktoren als dem Wetter mitbestimmt werden.
Folgende Faktoren beeinflussen den Seegang eines Revieres:

- Windstärke
- Wirklänge des Windes und die Wirkdauer
- Wassertiefe bzw. deren Veränderungen
- Tidenströme

Wann bricht eine Welle?

Die Steilheit der Welle beträgt etwa 1:7 im Normalfall, das heißt, bei einer Wellenhöhe von 1 m ist sie etwa 7 m lang. Dabei muß die Wassertiefe mindestens dreimal so groß sein wie die Wellenlänge, sonst wird die Welle verkürzt – sie wird steiler. Je geringer die Wassertiefe wird, desto steiler wird die Welle, bis sie schließlich bricht.
Wenn die Wassertiefe kleiner als die halbe Wellenlänge wird, entstehen mit Sicherheit Brecher. Einzelne Brecher bilden sich schon, wenn die Wassertiefe in etwa der Wellenlänge entspricht.
Daraus folgt, daß Dünung, die in flaches Wasser kommt, besonders gefährlich ist. Dünung hat eine große Wellenlänge. Schon weit draußen in der Deutschen Bucht beispielsweise ist die Wassertiefe erheblich geringer als die Wellenlänge einer Dünung. Schwerste Brecher an der Küste und in dem küstennahen Seegebiet sind die Folge.

Die Wirklänge des Windes (Fetch)

Es ist einsichtig, daß sich nicht sofort eine entsprechende Welle zu einer Windstärke einstellt. Wenn Wind aufkommt, setzt die Wellenbildung allmählich ein, und es dauert etwas, bis die Windsee sich ausgeprägt hat. Grund dafür ist die Trägheit des Wassers.
Wenn nach einem Flautetag Wind aufkommt, dauert es z.B. bei einer

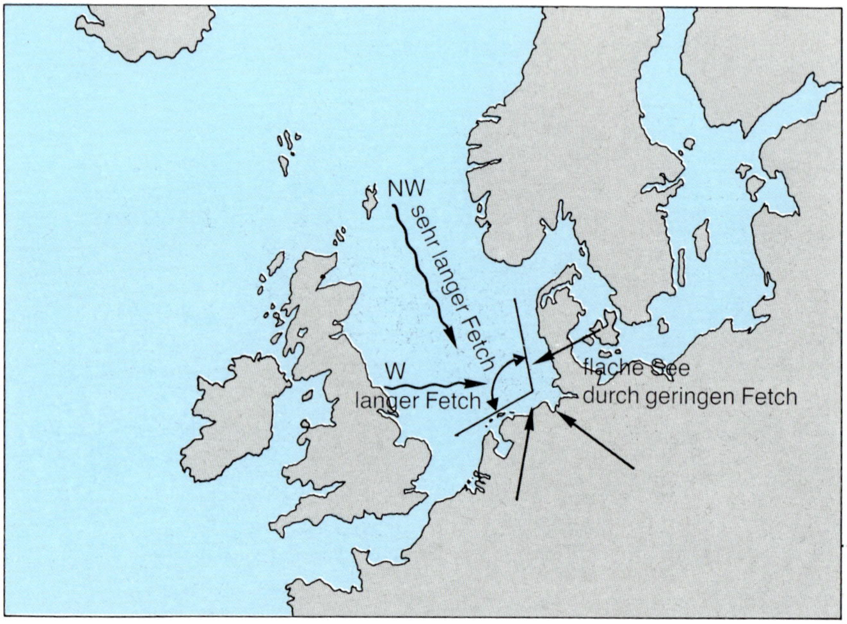

Die Windwirklänge (Fetch) in der Nordsee

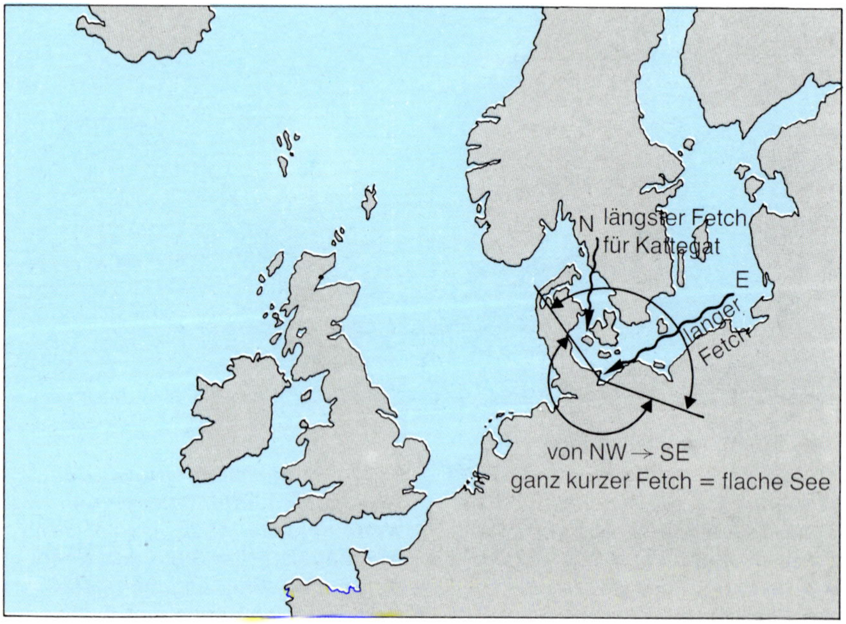

Die Windwirklänge (Fetch) in der Ostsee

Windstärke von Bft 4 etwa ein bis zwei Stunden, bis sich die volle Windsee ausgebildet hat.
Wenn Gewitter oder Schauer mit heftigen Böen durchziehen, die sogar Sturmstärke erreichen, bildet sich selten eine grobe See aus, weil bei diesen Wetterlagen die Wirkdauer des Windes (Sturmes) zu kurz ist und meistens auch die Richtungen zu oft wechseln. Die See wird lediglich kabbelig und beruhigt sich rasch wieder nach dem Unwetter. Gehen wir im Folgenden davon aus, daß eine Windstärke lange genug gewirkt hat, um die entsprechende Wellenhöhe anzuregen. Dann ist es noch von Belang, wie lang die Seestrecke ist, auf der der Wind sich auswirkt.

Nordsee

Die ungünstigen Windrichtungen der Nordsee bezüglich der Wirklänge sind West bis Nord. Aus diesen Richtungen kann sich der Wind ungestört über viele hundert Seemeilen auf dem Wasser „auswirken". Es entstehen demzufolge hier auch die größten Wellenhöhen. Unangenehm ist die Richtung NW, da aus ihr ein Schwell bis zu drei Tagen nachlaufen kann, wenn der Sturm längst abgezogen ist.
Südliche bis östliche Winde bringen an der deutschen Nordsee die angenehmsten Seegangsverhältnisse. Ursache ist die geringe Anfachstrecke für den Wind. Erst weit draußen auf See baut sich ein Seegang auf, der der Windstärke entspricht.

Ostsee

Die Ostsee ist das Gegenstück zur Nordsee, wenn es um die Wirklänge des Windes geht. Westliche bis nordwestliche Winde bringen den geringsten Seegang; durch das schützende Schleswig-Holstein kann sich nur wenig See aufbauen. In der mittleren bis östlichen Ostsee gilt das freilich schon nicht mehr. Spätestens ab Rügen baut der Westwind eine derbe See auf.
Nordwind ebenso wie Südwind bringt eine angenehm flache See in der westlichen Ostsee. Allerdings gilt dies nicht für Belte und Sund, wo besonders bei Südwinden eine rauhe See sehr rasch aufkommt. Durch den Düseneffekt auf diesen schmalen aber langen Durchfahrten durch die Inseln verstärkt sich der Wind hier ohnehin um ein bis zwei Beaufort und drückt das Ostseewasser in die Belte. Hohe und unangenehm steile Wellen sind die Folge.
Ganz entsprechend der großen Wirklänge erzeugen Ostwinde generell die größten Wellenhöhen. Eine lange nachlaufende Dünung, wie in der Nordsee, gibt es zum Glück nicht in der Ostsee, dazu ist das Wasser hier zu flach.

Der Einfluß der Wassertiefe auf den Seegang

Eine Welle, die in flacheres Wasser kommt, wird durch Reibung am Meeresgrund gebremst. Je schneller das Wasser flach wird, desto größer ist dieser Bremseffekt am Meeresboden. Anders gesagt: Die Welle wird im unteren Teil – zum Meeresboden hin – gebremst und bewegt sich dadurch langsamer. Der obere Teil – den wir sehen können – aber wird kaum oder gar nicht gebremst. Dadurch wird die Welle „kurz und steil". Der obere Teil der Welle läuft schneller als der untere – die Welle „überholt" ihre eigene untere Hälfte bis sie bricht.

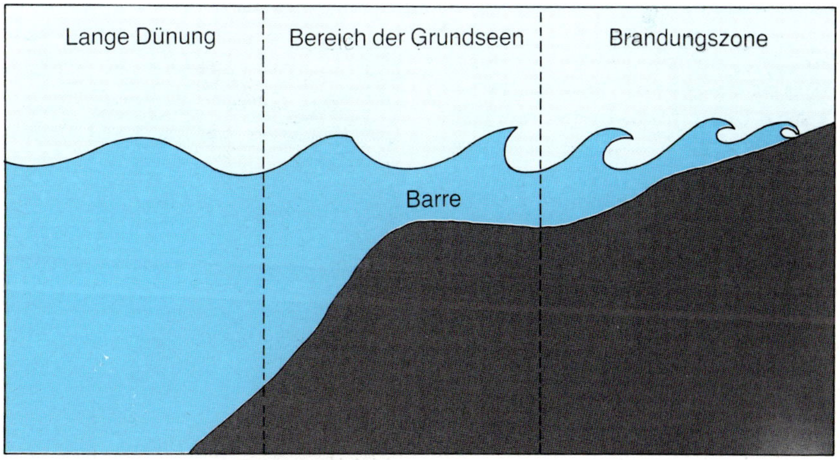

So steilt sich der Seegang auf, wenn die Wellen in flaches Wasser kommen.

Geringe Wassertiefe – flache See

Großer Belt, Windstärke 7 bis 8. Die See kann bei der geringen Tiefe nicht hoch wachsen. Schon bei etwa 1 m Wellenhöhe beginnt sie zu brechen. Für kleinere Boote eine sehr üble See, weil sie aus dem Ruder laufen und/oder auf die Seite geworfen werden können.

Größere Wassertiefe – höhere See

Ostküste Spaniens, Windstärke 8, Wellenhöhe etwa 3 bis 4 m bei 70 m Wassertiefe. Zahlreiche Brecher zeigen sich deshalb, weil der Seegang aus 1000 m tiefem Wasser kommt.

Wer bei etwas kabbeliger See mit seinem Boot draußen ist, sollte beim Abstecken des Kurses sorgfältig auf Flachs achten. Die See wird hier so steil und ruppig, als würden zwei bis drei Windstärken mehr wehen. Man umfahre solche Gebiete tunlichst, Schiff und Crew werden dankbar sein, denn gerade die große Steilheit der Wellen auf diesen Flachstellen macht zu schaffen. Das Schiff knallt hart in die See und nur ein deutliches Verringern der Fahrt oder Abfallen lindern die Belastung. Bei Starkwind oder gar Sturm hüte man sich unbedingt, solche Stellen zu überfahren.

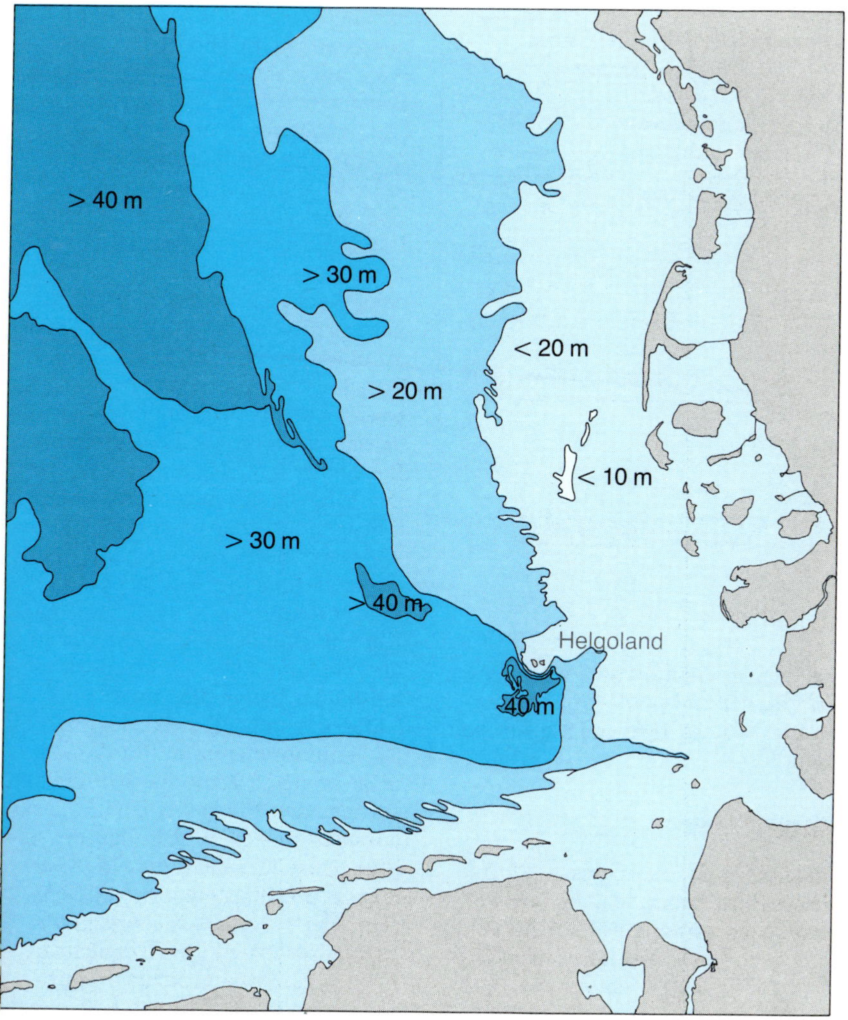

Kartenbild der Nordsee mit Tiefenlinien

Der Einfluß von Tidenströmen auf Meereswellen

Nordsee

Hier sind es alle Seegaten. Besonders gefährlich sind die Ansteuerung von Norderney (auch bei Hochwasser), die Jade-Zufahrt durch die Mittelrinne, und die Ansteuerung von Amrum und Sylt über Amrumbank und Vortrapptief. Helgoland ist ähnlich tückisch, kurz bevor man am Ziel ist.

Ostsee

Schleimünde hat bei Starkwind aus östlichen Richtungen eine steile See vor der Einfahrt stehen. Wer die ersten 2 bis 3 sm durchsteht, findet draußen eine relativ ruhige See vor. Im Großen Belt bildet sich bei Südwind ebenfalls rauhe See aus.

Meeresströmungen üben einen erheblichen Einfluß auf die Wellen aus. Je stärker die Strömungen sind, desto mehr wird dadurch das Wellenbild verändert. Zwei Extremfälle sind es, mit denen wir in unseren Tidengewässern leben müssen.

1. Wind und Strom wirken in dieselbe Richtung.
2. Wind und Strom wirken gegeneinander.

Wenn Wind und Strom gemeinsam in dieselbe Richtung wirken, wird dadurch das Wellenbild spürbar geglättet. Die See verhält sich, als ob kaum Wind wehen würde.
Sind Strom und Wind gegeneinander gerichtet, wird die See kurz und steil. Die Wellen brechen dann schon bei relativ wenig Wind, und für ein Sportboot ist die Fahrt recht unbequem. Außerdem bremst das dauernde Anlaufen gegen die steilen Wellen die Fahrt spürbar.
Wenn ich zu entscheiden habe, wann ich am günstigsten auslaufe, berücksichtige ich stets auch den Wind in Relation zum Tidenstrom. Bei Starkwind, oder erst recht bei Sturm, ziehe ich in jedem Falle vor, die vom Strom und Wind geglättete See vor mir zu haben, auch wenn ich über Grund durch ungünstigen Stromversatz verliere.
Mitziehender Strom, der gegen die Windsee steht, bringt beschwerlichere Törns mit sich, als aufkreuzen (mit Motorhilfe) bei relativ ruhiger See gegen den Strom.

Wellenhöhen und Wellenlängen in europäischen Gewässern bei Sturm				
Seegebiet	Wellen-höhe	Wellen-länge	Wellen-geschwin-digkeit	Größte Wellen-höhe
Westliche Ostsee	3 m	50–70 m	15–20 kn	6–8 m
Nordsee,				
südlicher Teil	6 m	120 m	20 kn	8–10 m
nördlicher Teil	8–9 m	180–200 m	30–35 kn	10–15 m
Nordatlantik	16–18 m	250 m	30–35 kn	etwa 30 m

Meteorologische Instrumente an Bord

Plötzliche Wetteränderungen möchte man noch lieber rechtzeitig im Griff haben als die allmählich auftretenden. Wie verschafft man sich nun den Zeitvorsprung, den man braucht, um von einer Entwicklung nicht überrascht zu werden? Ganz nachdrücklich möchte ich hier davor warnen, in die Deutung der Wolken allzuviel hineinzulegen. Nur sehr erfahrenen Fachleuten gelingt es, die ständig in Veränderung befindlichen Wolken richtig zu interpretieren.
Das Himmelsbild ist meistens für eine Kurzprognose der Wetterentwicklung brauchbar. Wenige Erscheinungen am Himmel sind echte Vorboten für Wetterveränderungen. Wer eine Wetterverschlechterung aufziehen sieht, ist meist schon mitten drin. Der einzige Ausweg aus diesem Dilemma sind meteorologische Instrumente, die physikalische Größen der Atmosphäre und des Wetters messen können. Nun gibt es eine ganze Palette von Instrumenten im Handel und man steht vor der Frage: Welche Instrumente für mein Boot?

Barometer

Die einzige meteorologische Größe, die an Bord eines Schiffes wirklich ohne jeden störenden Umfeldeinfluß gemessen werden kann, ist der Luftdruck. Zum Glück hat es die Natur so eingerichtet, daß der Luftdruck einer der Indikatoren ist, mit dem wir aktuelles und zukünftiges Wetter in den Griff bekommen. Allerdings möchte ich hier wiederholen: Nicht der absolute Wert des Luftdrucks ist entscheidend, sondern das Maß der Änderung.
Wer einen guten Luftdruckmesser an Bord hat, merkt rechtzeitig, ob ein amtlicher Wetterbericht hochoffiziell in die Hose geht, wenn er einige Grundkenntnisse vom Wetter hat und die einzelnen Wetterelemente gut und richtig beobachtet.
Nun, auf welcher Yacht gibt es kein Barometer – ist damit dieses Problem abgehakt? Leider nicht, denn obwohl das Bordbarometer (meist mit der passenden Glasenuhr) als einer der ersten Einrichtungsgegenstände für das Boot angeschafft wird, habe ich doch selten an Bord einer Yacht ein brauchbares Barometer gefunden. Überall findet man im hübschen Messingdesign hochglanzpolierte „Bordbarometer". Reicht nun zur Messung des Luftdrucks an Bord solch ein hübsches Barometer aus? Nein, denn Sie haben lediglich ein mehr oder weniger billiges Stubenbarometer im Marinelook oder Borddesign gekauft. Von einem Barometer ist dieses Gerät weit entfernt.
Keine Firma der Welt kann für einen Preis um 100,– DM ein Bordbarometer bauen, das präzise den Luftdruck mißt und dabei so robust ist, daß ihm das rauhe Bordklima nicht schadet. Wenn Sie sich die entsprechenden Prospekte einmal genau ansehen, stellen Sie fest, daß die soliden Hersteller auch nur von Marinelook, Bordbarometer, Nautikdesign oder so sprechen. Nirgendwo wird ausdrücklich die Tauglichkeit für den Einsatz auf kleinen Sportbooten erwähnt. Manche Firmen geben sogar DHI*-Musterprüfungen für ihre Geräte an, was sicher ein Qualitätsmerkmal ist. Nur verschweigt man, daß dies nur die Tauglichkeit auf einem der großen Pötte der Berufsschiffahrt nachweist. Deren Räume sind nicht anders klimatisiert als Messestände – und das ganzjährig. Für Sportboote gelten andere Forderungen.

* *Deutsches Hydrographisches Institut*

Dieses Bordbarometer von Theodor Friedrichs, Hamburg, ist ein Präzisionsinstrument, dem Sie bei jeder Wetterlage vertrauen können.

Wann ist ein Barometer bordtauglich? Kurz gesagt, wenn es so robust gebaut ist, und dabei doch äußerst empfindlich zugleich, daß es den Luftdruck mit höchster Präzision mißt, sich aber von den harten Umweltbedingungen an Bord überhaupt nicht beeindrucken läßt. Eine Yacht ist eine höchst barometerfeindliche Umgebung: Ständige hohe Luftfeuchte, dauernd wechselnde Lufttemperaturen, derbe Schwingungen und harte Stöße des Bootsrumpfes, die an das Barometer weitergegeben werden. Solchen Belastungen kann ein Instrument nur gewachsen sein, wenn es speziell dafür konstruiert wurde.

Eine Bemerkung zur Meßgenauigkeit von Barometern: Bei üblichen Luftdruckwerten zwischen 980 hPa bis 1 030 hPa müssen Sie noch Veränderungen messen, die kleiner als 1 hPa sind, jedenfalls sind sie dann erst brauchbar. Das heißt aber, sie haben eine Meßgenauigkeit von besser als 1 Promille. Fragen Sie doch einmal einen Techniker, wieviel für ein elektrisches Meßgerät gleicher Güte bezahlt werden müßte.

Der Preis für ein gutes Bordbarometer, das so um die 500,– DM kostet, ist schon berechtigt. Die Druckdosen des Meßsatzes sind sorgfältig in der Klimakammer künstlich vorgealtert, damit keine materialbedingten Schrumpfungs- oder Dehnungsprozesse zu Meßwertveränderungen führen. Ein billiges Barometer altert dagegen auf natürliche Weise. Es arbeitet gerade dann erst ohne diesen Fehler, wenn Sie zum Segeln schon wieder zu alt sind.

Wenn bei einem dieser billigen Barometer der Zeiger sich eines schönen Tages kaum noch rührt, liegt das weniger am Wetter. Sie können dann vielmehr getrost davon ausgehen, daß entweder die Feinmechanik ihren Geist aufgegeben hat oder eine der Unterdruckdosen undicht geworden ist. Schließlich gibt es noch die weit verbreitete Möglichkeit, daß der ganze Apparat innen schlichtweg verrostet ist.

Gefährlich werden eigentlich mehr die unbemerkten kleinen Fehler, die sich beliebig summieren können. Das schöne Barometer kann in seinen billigen Einzelteilen ein reges Eigenleben entwickeln, und das Ergebnis sind beliebig falsche Anzeigewerte des Zeigers. Ein Schipper, der keine richtigen Vergleichswerte hat, wird dieses Eigenleben seines Barometers niemals entlarven.

Auf meiner Trainingsyacht JULE habe ich in jeder Kammer eines der üblichen Barometer im Marinede-

sign. Allerdings gehört bei uns zur Instrumentenausbildung eben gerade der laufende Vergleich mit dem Präzisions-Bordbarometer im Salon. Hier zeigt sich nahezu täglich verblüffendes für den Laien: Die billigen Barometer führen ein Eigenleben, jedes auf seine Art. Zeigt das Präzisionsbarometer seit einer Stunde einen Druckanstieg von 3 hPa an, so fällt das Messingbarometer weiterhin putzmunter abwärts, als ob die Front noch im Anzug wäre. Ein anderes ist erst einmal irgendwo stehen geblieben und erholt sich ganz allmählich. Bis zu 8 Stunden laufen diese Billiggeräte dem wahren Luftdruck hinterher, bis sie sich allmählich, mehr oder weniger weit davon abweichend, einstellen.
Mancher Leser wird einwenden, daß es ihm schließlich mehr auf die Drucktendenz ankommt als auf den wahren Wert des Luftdrucks. Ich hoffe, Sie haben diesen Trugschluß schon selbst bemerkt, wenn Sie diese an sich richtige Forderung auf das Barometer anwenden. Schließlich sind die Drucktendenzen rund eintausendmal kleiner als der Luftdruck selbst – und genau an dieser Größenordnung müssen wir uns orientieren. Ein billiges Barometer um die einhundert Mark hat eine Meßgenauigkeit von etwa ±(4 bis 5) hPa – damit kann man einfach keine Druckänderungen in der Größe um 1 bis 3 hPa messen. Steigt der Luftdruck tatsächlich um 4 hPa, kann das Barometer in der Tat gleichzeitig um 4 hPa fallen – und alles liegt innerhalb der angegebenen Meßgenauigkeit. Ich glaube, das reicht wohl.
Ein anderes Beispiel: Der Seewetterbericht spricht von einem kleinen Tief, das rasch ostwärts zieht, Kerndruck 1005 hPa, weiter vertiefend. Sie klopfen an Ihr Barometer und lesen ganz zufrieden 1016 hPa ab, glauben sich also weit weg vom Kern. Kein Grund zur Besorgnis, verkünden Sie, denn der Wind ist sogar abgeflaut. Im Laufe des Vormittags fällt der Luftdruck wohl beständig, hat aber immer noch 1013 hPa. Da der Wind weiter flau ist, denken Sie an nichts Böses. Das Tief muß wohl doch ganz anders gezogen sein als geplant, das zeigt schließlich Ihr Barometer.
Nur, wann haben Sie es eigentlich zuletzt geeicht? Sehen Sie, jetzt wird es interessant, denn entweder haben Sie das noch nie gemacht oder es liegt weit zurück. Leicht kann also das Barometer an Bord 6 hPa zuviel anzeigen, weil ihm das Winterlager schlecht bekommen ist. Dann wäre die Situation an Bord aber nicht so langweilig, denn tatsächlich steht das Tief dicht am Boot, wo mit einem geeichten Instrument nicht 1013 hPa angezeigt würden, sondern die tatsächlichen 1007 hPa. Falsche Luftdruckwerte führen zu einer Fehleinschätzung der Wetterlage.
Wem die Sicherheit an Bord am Herzen liegt, der kann auf ein gutes Bordbarometer nicht verzichten, es gehört zur Pflichtausrüstung eines seegehenden Bootes. Es gibt nur wenige Hersteller von Barometern, die für die Belange der Sportschiffahrt taugliche Instrumente bauen. Ich verwende seit einigen Jahren an Bord unserer JULE ein Präzisionsbordbarometer von Theodor Friedrichs, Hamburg-Schenefeld, das mich 9000 Seemeilen durch viele harte Stürme und Widrigkeiten begleitet und nie versagt hat. Diese 500 Mark lohnen auf jedem Schiff.

Barographen

Wer den Luftdruck besonders gut im Griff haben will, kauft sich einen Luftdruckschreiber (Barograph). Dieser Druckmesser schreibt den aktuellen Luftdruck kontinuierlich auf. Wer einmal mit solch einem Gerät gearbeitet hat, möchte es nicht mehr missen. Die laufende Entwicklung des Luftdrucks wird sehr eindrucksvoll aufgezeichnet, so daß man mit einem Blick eine gute Vorstellung davon hat. Jede Passage einer Front sieht man sehr schön. Ein großer Vorteil der schriftlichen Aufzeichnung ist, daß man den Luftdruck ablesen kann, wann es beliebt, kein Wert geht verloren. Das ist an Bord sehr wichtig, denn gerade wenn das Wetter sich kritisch verhält, hat man anderes zu tun, als dauernd an das Barometer zu klopfen und die Werte zu notieren.
Allerdings ist der Barograph relativ teuer, denn immerhin muß man für dieses Gerät rund 1200,– DM auf die Back legen, wenn es etwas taugen soll. Natürlich gibt es auch hier Billigprodukte, und die sind schon ab 600,– DM zu haben. Wiederum rate ich vom Erwerb solcher „Gelegenheiten" ab. Diese Exemplare sind unbekannter oder ausländischer Herkunft ohne Ersatzteilversorgung und ohne Garantie bzw. Wartungsservice. Ich kenne Geräte, für die kann der Anbieter nicht einmal Ersatz-Papierstreifen besorgen, weil es kein Papier gibt. Was nützt Ihnen ein billiger Barograph, für den Sie nach einer Saison kein Zubehör mehr bekommen – einmal ganz davon abgesehen, wie groß der Meßfehler dieses Instrumentes ist.

Der Barograph zeichnet den Luftdruck auf eine Papiertrommel auf, damit kann man sich zu jeder Zeit ein Bild über die Entwicklung der Wetterlage machen, wenn man entweder den Seewetterbericht sorgfältig ausgewertet oder einen Bordwetterkartenschreiber hat.

Wenn es bei Barographen daran geht, die Bordtauglichkeit nachzuweisen, bleiben nach meinen Erfahrungen nur zwei Geräte übrig, die als voll bordtauglich zu Recht bezeichnet werden können. Es sind dies die Marine-Barographen von Theodor Friedrichs und von Fischer.

Wo bleibt eigentlich das viele Geld bei den guten Barographen? Normale Barographen haben einen Meßsatz aus zwei bis vier Meßdosen. Man schaltet diese Meßdosen hintereinander zur Erhöhung der Empfindlichkeit und zur Verbesserung der Genauigkeit. Bei den besonders beanspruchten Bordbarographen werden bei den renommierten Herstellern sieben bis neun Dosen zusammengeschaltet. Damit sich die Schiffsbewegungen nicht auf die Luftdruckanzeige übertragen, lagert man das Gehäuse des Schreibers auf Schwinggummi und der Zeiger wird mit einem Öldämpfer versehen. Wo die Mehrkosten für einen wirklich bordtauglichen Druckschreiber geblieben sind, sehen Sie spätestens, wenn die See mal ruppig bis aufgewühlt ist. Einfache Barographen tanzen dann über die ganze Skala, die vom Schreibarm „zugeschmiert“ wird. Der Vergleich zwischen einem guten und einem schlechten Instrument kann hier kaum eindrucksvoller sein.

Das Modell von Friedrichs zeichnet sich durch besonders geringen Platzbedarf aus. Es kann sogar auf einem Regal oder auf einer freien Konsole (wie bei uns auf der JULE) befestigt werden und trotzt dort jedem Sturm – dank der mitgelieferten Befestigungsschraube. Die Gehäuseabdekkung ist aus starkem Plexiglas, so daß das Meßinstrument nicht nur gut geschützt ist, sondern auch von allen Seiten gut abgelesen werden kann.

Die Zeit der Tintenkleckserei ist längst vorbei; früher war es in der Tat ziemlich lästig, wenn die gute Tinte für den Schreibarm sich im Boot überall wiederfand. Jetzt verwendet man Patronenschreiber, die eine ganze Saison halten und leicht gewechselt werden können.

Ein Papier wird pro Woche auf die Schreibtrommel gespannt und die

Trommel wöchentlich aufgezogen. Bleiben Sie bei den alten aufziehbaren Trommeln, die sind unverwüstlich. Es ist nur ein scheinbarer Luxus, wenn Sie die ebenfalls erhältlichen elektrischen Trommelvorschübe kaufen. Batterien und Motoren machen mehr Ärger als Zahnräder und Federn. Es ist ein Gefühl dämlicher Ohnmacht, wenn der Barograph seine Registrierung aufgibt, weil die letzte Batterie aufgebraucht wurde.

1

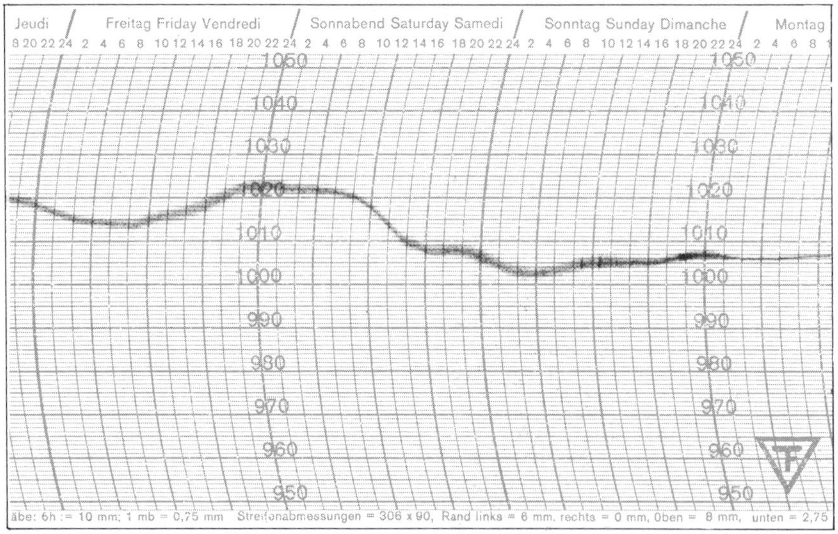

1 So registriert ein guter Bordbarograph, wenn die Yacht im Sturm gebeutelt wird.

2 Und so sieht es bei einem billigen Registriergerät aus. Da bleibt wenig Verwendbares zum Ablesen übrig.

2

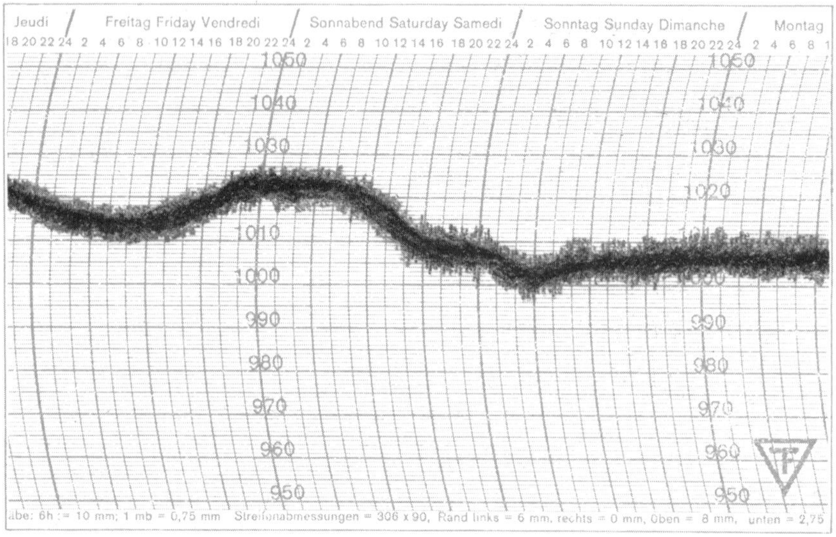

Windmesser

Windmesser sind eine durchaus nützliche Einrichtung, auch für Fahrtenyachten. Besonders wenn man berücksichtigt, daß die Schätzung der Windstärke nach dem Seegang einerseits nicht jedermanns Sache ist, und andererseits der Seegang sehr von der Wassertiefe abhängig ist.

Leider hat der Wind die unangenehme Eigenschaft, daß er seine Stärke mit der Höhe ändert. Direkt an der Meeresoberfläche ist die Windgeschwindigkeit exakt Null. Darüber nimmt die Geschwindigkeit nach einem komplizierten logarithmischen Gesetz zu. Oberhalb von etwa 1 000 m weht dann endlich der Wind so, wie es den Isobaren entspricht.

Die Erklärung für das merkwürdige Verhalten des Windes ist die Reibung der Luft am Erdboden bzw.

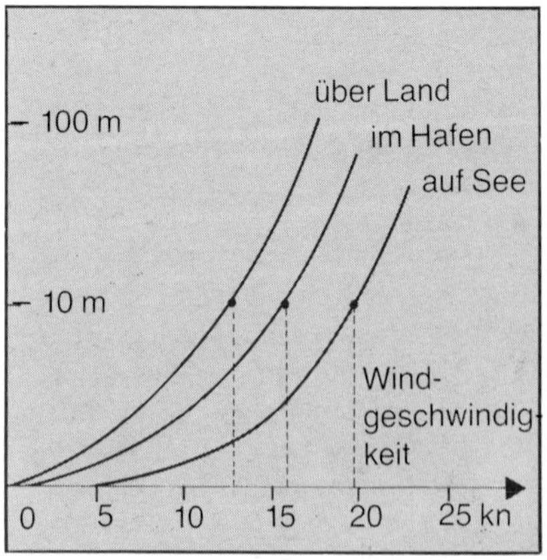

So nimmt der Wind mit der Höhe zu.

der Wasseroberfläche. Da sich die Luft über die Erdoberfläche hinweg bewegt, reibt sie sich dort auch und verliert Energie in Form von Geschwindigkeit.
Je weiter wir unseren Windmesser von der Meeresoberfläche entfernen, desto geringer wird der Reibungseinfluß – desto größer wird also die Windgeschwindigkeit. Wollen wir repräsentative, das heißt vergleichbare Windwerte messen, so müssen wir den Windgeber in einer einheitlichen Höhe anbringen. Die Wetterdienste haben sich weltweit auf eine Meßhöhe von 10 m geeinigt. Nun läßt sich das nicht auf allen Yachten durchführen – seien Sie sich aber bewußt, daß Sie auf Ihrem Schiff entsprechend mehr oder weniger Wind messen, wenn Ihr Schalenkreuz über oder unter 10 m Höhe angebracht ist.

Praktische Hinweise zum Anbauort des Gebers

Der Masttopp ist in jedem Fall der günstigste Ort, nur sollte der Windgeber nicht neben, vor oder hinter dem großen Radarreflektor angebracht sein. Der stört das Windfeld derart, daß alles mögliche gemessen wird, nur nicht die wahre Windgeschwindigkeit. Installieren Sie den Geber des Windmessers an einem Verlängerungsarm in Schiffsvorausrichtung auf dem Masttopp.
Auf Motoryachten sieht man häufig, daß der Windgeber direkt auf dem Kajütdach montiert ist – dies ist eine ungünstige Lösung. Setzen Sie das Schalenkreuz mindestens in den Topp des Flaggenmastes, auch wenn Ihr Mast noch so klein ist. Je weiter der Geber vom Schiff entfernt ist, desto besser.

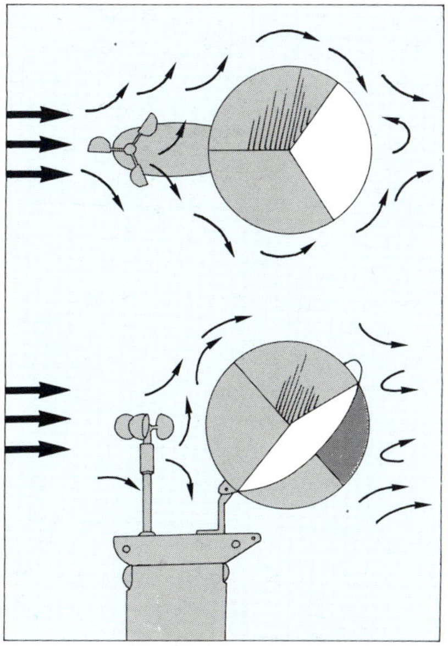

Störung des Windfeldes durch den Radarreflektor

Der Radarreflektor verändert das Windfeld derart, daß ein großes Turbulenzfeld entsteht. Dies Störfeld kann so ungünstig liegen, daß der Windmesser bei Starkwind still steht. (Von oben und von der Seite gesehen.)

Der Umgang mit Handwindmessern

Die Handwindmesser arbeiten genauso zuverlässig und genau wie ihre fest montierten Brüder. Auf eines nur müssen Sie achtgeben: Messen Sie niemals im Cockpit, das ergibt nur Unsinn. Stellen Sie sich auf die Luvseite und halten Sie den Arm weit ausgestreckt aufwärts, damit das Anemometer weit vom Schiff wegkommt.

Noch ein Hinweis: Bedenken Sie, daß die Windmesser immer den scheinbaren Wind messen, der vom wahren Wind sehr verschieden sein kann. Wenn Sie vor dem Wind segeln (fahren) ziehen Sie die Fahrtgeschwindigkeit des Bootes zum angezeigten Windwert dazu – das ist

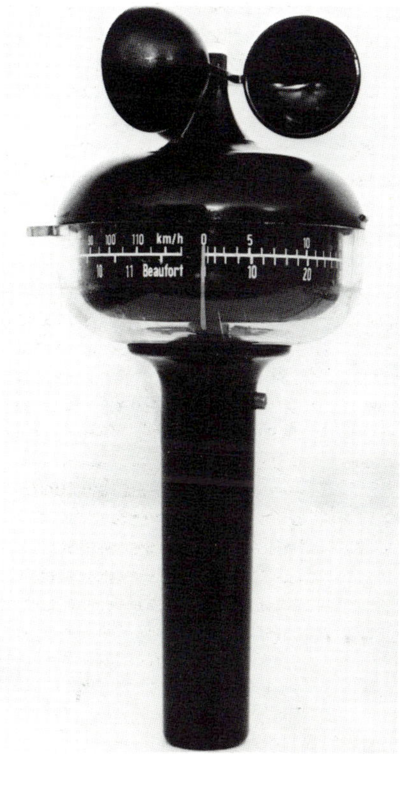

Handwindmesser

Den Handwindmesser so weit und so hoch wie möglich nach Luv hinaushalten. Beobachten Sie das Spiel des Zeigers einen Augenblick. Der Wind geht ständig auf und ab, und die Böigkeit ist ein wichtiger Faktor. Bei Höchstausschlag den Feststellknopf drücken, damit man in Ruhe im Cockpit ablesen kann.

etwa die Geschwindigkeit des wahren Windes. Hoch am Wind – oder direkt dagegen unter Maschinenfahrt – ziehen Sie entsprechend von der gemessenen Windgeschwindigkeit die Bootsgeschwindigkeit ab. Auf allen anderen Kursen dazwischen interpoliere ich immer grob über den Daumen.

Die Windstärkenskala

Windstärke in Beaufort (Bft)	Bezeichnung	Windgeschwindigkeit in Knoten (kn)	Windgeschwindigkeit in km/h
0	Stille	0	unter 1
1	Leiser Zug	1–3	1–5
2	Leichte Brise	4–6	6–11
3	Schwache Brise	7–10	12–19
4	Mäßige Brise	11–15	20–28
5	Frische Brise	16–21	29–38
6	Starker Wind	22–27	39–49
7	Steifer Wind	28–33	50–61
8	Stürmischer Wind	34–40	62–74
9	Sturm	41–47	75–88
10	Schwerer Sturm	48–55	89–102
11	Orkanartiger Sturm	56–63	103–117
12	Orkan	über 63	über 117

Faustformeln zum Umrechnen der Windgeschwindigkeit	kn:2	=m/s;	kn × 2 – 10%	=km/h
	m/s × 2	=kn;	m/s × 4 – 10%	=km/h
	km/h:2 + 10%	=kn;	km/h:4 + 10%	=m/s

Der Seewetterbericht

Die Liste der möglichen Informationsquellen für Wetterberichte ist größer als man allgemein glaubt. Aus welchen Quellen aber fließen die besseren oder gar die besten Informationen für einen Schipper? Nun, letztlich stammen alle Berichte aus derselben Quelle, wenn nicht sogar aus demselben Wetteramt. Warum sind diese Berichte dann so unterschiedlich? Bei dieser Frage muß man sich immer bewußt sein, daß mit jedem speziellen Wetterbericht eine besondere Zielgruppe angesprochen ist.
Die Rundfunkwetterberichte der lokalen Sendeanstalten dienen der Information der Allgemeinbevölkerung. Vermeiden Sie es tunlichst, diese Vorhersage als Grundlage der Törnplanung zu machen. Mit heiter bis wolkig und strichweise Schauer" oder „... tagsüber schwache bis mäßige Winde, die an der Küste zeitweise böig auffrischen", kann kein Wassersportler etwas anfangen.
Nicht viel anders ist es um den Segelsportwetterbericht für Nord- und Ostsee bestellt. Ich empfehle Ihnen, nicht mit diesem Bericht zu arbeiten, denn sein Informationsgehalt ist äußerst dürftig. Zumeist beschränkt er sich auf die Angabe von Windrichtung und Stärke – und das noch recht pauschal für den ganzen Tag und das ganze Seegebiet.
Die Seewetterberichte der Küstenfunkstellen sind die beste Informationsquelle, die Ihnen an Bord zur Verfügung steht. Ohne diese Berichte sollten Sie dann in keinem Falle einen Törn beginnen. Ob diese Informationsquelle allein ausreicht, hängt durchaus vom Seegebiet ab. Selbst wenn ich in der Nordsee segle, höre ich zuerst Kiel Radio ab, weil die Wetterlage dann schon eine halbe Stunde eher an Bord diskutiert werden kann. Oft plane ich dann schon mit dieser Wetterlage die Route für den Tag grob vor. Wenn dann Norddeich Radio läuft, bin ich schon voll im Thema drin und kann mich auf die Informationen konzentrieren, die für meine Planung von besonderer Bedeutung sind.
Dieser einfache Trick hat schon vielen an Bord geholfen, den Wetterbericht besser zu verstehen. Immer wieder erlebe ich es, daß ein kompletter Wetterbericht, der in sich schlüssig ist, doch entweder gar nicht oder falsch interpretiert und verstanden wird. Die Ursache ist einfach gesagt aber schwer zu besei-

tigen. Wetterberichte haben eine hohe Informationsdichte – zu hoch für viele Zuhörer. Testen Sie sich einmal selbst am folgenden Text, ob Sie mit einmaligem schnellen Lesen (danach verdecken – und nicht schummeln) alles erfaßt haben, was diese Wetterlage enthält:

Auf der Ostflanke eines langsam nach Süden abziehenden Hochs, das sich weiter verstärkt und seinen Schwerpunkt in das westliche Mittelmeer verlagert, fließt vorübergehend kühle Meeresluft ein, die im Laufe des Tages langsam zur Ruhe kommt, und für das Vorhersagegebiet eine vorübergehende Wetterberuhigung bringt.

Dieser alltägliche, aber verwirrende Text enthält 11 wichtige Informationen über die Wetterlage – hätten Sie es gewußt?

Ein Wetterbericht und die 11 Informationen, die er enthält

An der Ostflanke (1) eines langsam (2) nach Süden (3) abziehenden Hochs (4), das sich weiter verstärkt (5) und seinen Schwerpunkt (6) in das westliche Mittelmeer (7) verlagert, fließt vorübergehend (8) kühle Meeresluft (9) ein, die im Laufe des Tages (10) langsam zur Ruhe kommt und für das Vorhersagegebiet eine vorübergehende Wetterberuhigung (11) bringt.

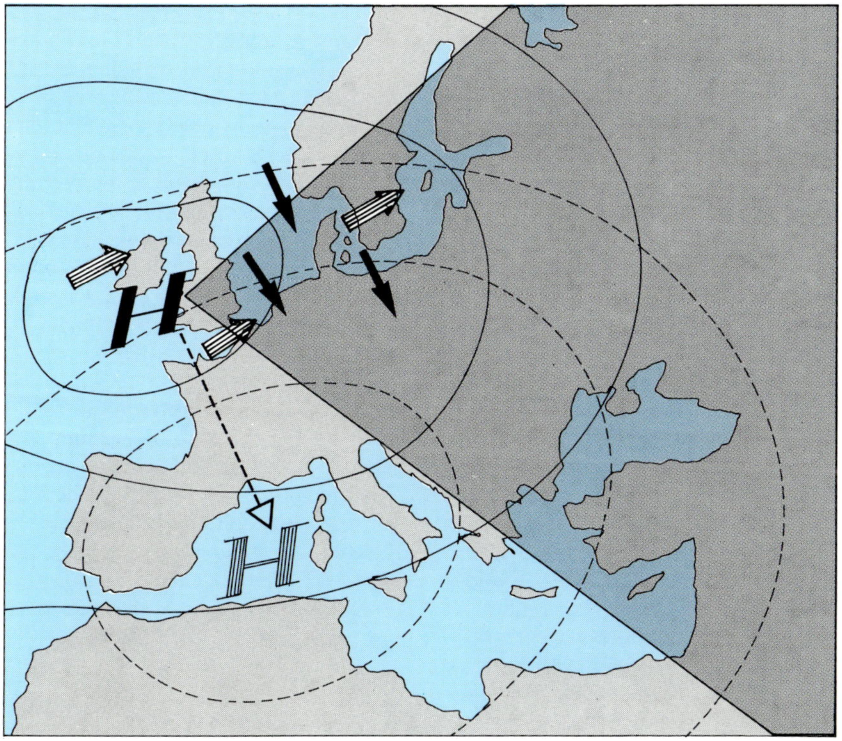

Und dies sind die wichtigsten Erkenntnisse und Folgerungen aus dem unübersichtlichen Standardtext:

1. Wenn an der Ostflanke des Hochs kühle Meeresluft nach Deutschland einfließt, muß das Zentrum des Hochs etwa bei den britischen Inseln liegen.
2. Der Hochkern soll sich langsam nach Süden verlagern, Ziel ist das Mittelmeer.
3. Der Kerndruck des Hochs soll sich noch verstärken, für das Mittelmeer ist also mit stabilem (störungsfreiem) Wetter zu rechnen.
4. Für Nordsee und Ostsee bringt die Verlagerung des Hochkerns rückdrehende Winde (von Nordwest auf West bis Südwest).
5. Mit den rückdrehenden Winden wird es wärmer, aber es gibt schlechtere Sichten.
6. Im Frühsommer besteht Nebelgefahr, wenn die Luft wärmer als das Wasser ist.
7. Mit dem abziehenden Hoch wird sich für Nordsee und Ostsee wechselhaftes Wetter einstellen, denn durchziehende Tiefdruckgebiete werden das Wetter bestimmen. (Tief-Zwischenhoch-Tief, s. Kapitel über typische europäische Wetterlagen.)

Die Mehrzahl seegehender Yachten zumindest ist mit einem Grenzwellenempfänger ausgerüstet. Wer solch ein Gerät nicht besitzt, muß natürlich den Rundfunkempfänger nutzen. Hier bietet sich der Deutschlandfunk (DLF) an. Wem eine Sendezeit zu früh ist, dem rate ich zu einer kleinen 12-V-Schaltuhr in Verbindung mit einem Kassettenrecorder.
Ob Sie nun den Wetterbericht einer Küstenfunkstation abhören oder den

Deutschlandfunk, lassen Sie es auch bei bestem Wetter nicht bei der morgendlichen Abhörung bewenden. Jede Wettervorhersage ist mit mehr oder weniger Unsicherheiten behaftet. Statt Vorhersage sollte man auch besser Prognose oder Beratung sagen. Der Absolutheitsanspruch, der sich aus dem Wort Vorhersage ergibt, verleitet allzuoft dazu, es bei einer Wettersendung zu belassen, und sich im wahrsten Sinne des Wortes blind auf die Vorhersage zu verlassen. Auch die beste Wetterberatung muß ständig an der Realität überprüft werden. Wer sich in der eigenen Wetterbeobachtung etwas Mühe gibt, ist gegen Fehlvorhersagen und ihre unliebsamen Folgen recht gut gewappnet.

Der Revierfunkdienst auf UKW

Gute Erfahrung habe ich mit dem Revierfunkdienst gemacht. Revierfunk ist Seefunk für ein begrenztes Revier und wird daher auch über UKW-Seefunkfrequenzen verbreitet (nicht mit normalen UKW-Radios zu empfangen, sondern nur mit einer UKW-Seefunk-Sprechanlage).
Im Küstenbereich der Deutschen Bucht ist es sowieso lohnender, die Arbeitskanäle der Revierzentralen abzuhören als den Kanal 16. Die Lagemeldungen der Revierzentralen enthalten interessante Nachrichten über Schiffsbewegungen, nautische Warnnachrichten und vor allem aktuelle Meldungen über das Wetter im Revier. So verbreitet man auch Prognosen für Wind und Sicht sowie recht aktuell Warnungen über entsprechende Wetterverschlechterungen. Leider gibt es diesen Service noch nicht auf der Ostsee.

Starkwind- und Sturmwarnungen

Böse Zungen leidgeprüfter Yachties behaupten, die Windwarnungen kommen meistens dann, wenn es schon einen halben Tag bläst – dafür bleiben sie aber entsprechend länger in Kraft, wenn es längst nicht mehr weht. Oder es wird tagelang gewarnt, ohne daß sich viel Luft bewegt. Nun, daran ist viel Wahres. Zu oft kommen Warnungen beim Schipper an Bord zu spät an – und nur an der Aktualität einer Warnung wird ihr Wert gemessen. Es nützt schließlich wenig, wenn der Seemeteorologe vom Dienst die Lage rechtzeitig erkennt, die Warnung aber erst Stunden später über den Äther kommt.
In diesem Zusammenhang muß zum Prinzip der Warnung des Seewetteramtes einiges erläutert werden. Viel herbe Kritik ist unbegründet, weil die Schipper von anderen Voraussetzungen ausgehen als die Wetterfrösche: Das Seewetteramt warnt stets vor der „Gefahr" von Starkwind oder Sturm. Damit ist nicht im geringsten gesagt, daß dieses Ereignis auch eintreffen *muß*. Die Wetterlage ist lediglich so, daß Starkwind nicht ausgeschlossen werden kann oder möglich bis wahrscheinlich ist – also warnt man vor dieser Gefahr. Natürlich kommt es dann öfter vor, daß diese Gefahr nicht real wird. Eine Windwarnung ist also grundsätzlich etwas anderes als eine Windvorhersage. Die Vorhersage (Prognose) enthält die wahrscheinlichste von allen Entwicklungsmöglichkeiten, die Warnung beinhaltet lediglich das Risiko für eine Abweichung davon. Warnungen sind deshalb für Schipper eine weitere Entscheidungshilfe im Zusammenhang mit der Wetterberatung und der unerläßlichen eigenen Beobachtung.

Wetterberichte in ausländischen Gewässern

Wer die Sprache eines anderen Volkes beherrscht, hat gut reden, wenn er empfiehlt, den ausländischen Wetterbericht dem eigenen gegenüber vorzuziehen. Wer hat nicht etwa davon gehört, daß dieser oder jener Clubkamerad den „Dänen" oder so, vorzieht, weil er viel ausführlicher, kleinräumiger etc. ist. Jeder, der in ausländischen Gewässern schippert, sollte den örtlichen Wetterbericht verwenden, sofern er irgendwie in der Lage ist, die Sprache zu deuten. Dahinter steckt die ganz simple Erfahrung, daß jeder Wetterfrosch sich in seinem Hausrevier natürlich am besten auskennt. Je weiter das Beratungsgebiet vom Wetteramt entfernt ist, desto geringer sind die Kenntnisse des Meteorologen und desto schlechter auch naturgemäß seine Prognose.
Wer regelmäßig in fremden Gewässern schippert, sollte sich einige Dutzend Vokabeln der Landessprache aneignen, um den Wetterbericht zu verstehen. Eine gute Hilfe ist hierbei der *Nautische Funkdienst Band III (Wetterfunk)**, der alle gebräuchlichen Worte in den europäi-

* *Herausgegeben vom deutschen Hydrographischen Institut, Hamburg.*

schen Sprachen enthält. Es gehört weniger Übung dazu als man meint, denn letztlich treten immer wieder die rund 20 Vokabeln auf, die das Wesentliche eines Wetterberichtes ausmachen. Nehmen Sie ausländische Wetterberichte auf Kassette auf, dann lernen Sie die Sprachbrokken besonders schnell.
Wer also aus deutschen Landen z.B. gen England segelt, sollte nicht krampfhaft versuchen, so weit wie möglich Norddeich Radio zu empfangen, sondern früh genug auf holländische Wetterberichte umschalten, die auch auf englisch gesendet werden. Wen es in der Ostsee in Richtung Gotland zieht, dem wird der englisch gesprochene Wetterbericht der Polen und UdSSR nicht nur in der Empfangsqualität mehr bringen als Kiel Radio.

Zwei verschiedene Wetterberichte für ein Gebiet, was tun?

Ab und zu kommt es vor, daß für ein und dasselbe Seegebiet von zwei verschiedenen Wetterdiensten unterschiedliche bis höchst gegensätzliche Wetterprognosen herausgegeben werden. Wie ist das möglich? Schließlich werden, zumindest in Europa, alle Wetterfrösche ziemlich ähnlich ausgebildet, arbeiten alle mit den gleichen Naturgesetzen, die die Physik der Atmosphäre fordert, und – letztlich kochen alle nur mit (dem gleichen) Wasser.
Legen wir all die Fälle beiseite, bei denen der eine Sender SW 4 und der andere südliche Winde 4 bis 5 prognostiziert. Hier hinter verbergen sich nur Ermessungsspielraum, Erfahrung, Tagesform etc. Wenden wir uns den krassen Unterschieden zu, die bei Wassersportlern oft totales Unverständnis erzeugen.

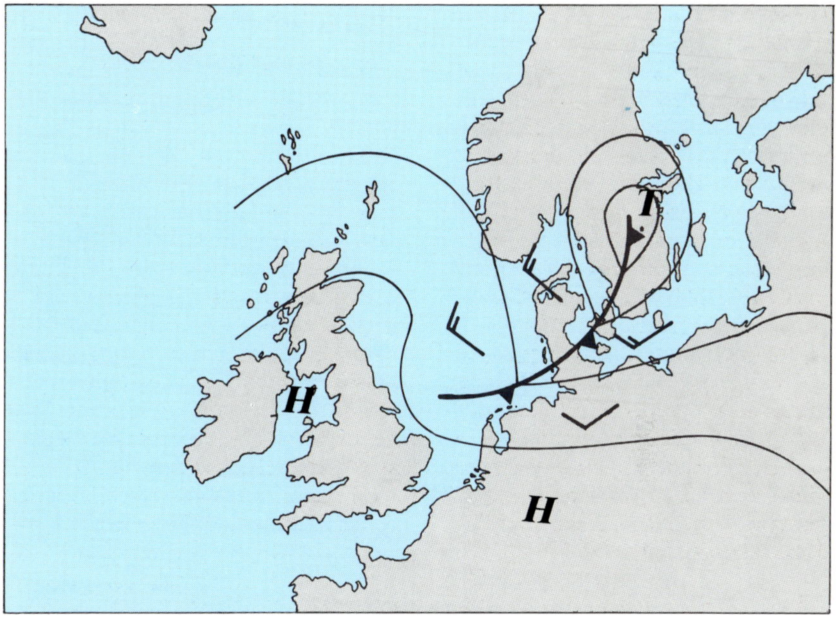

Flaches Tief mit langsam ziehender Kaltfront

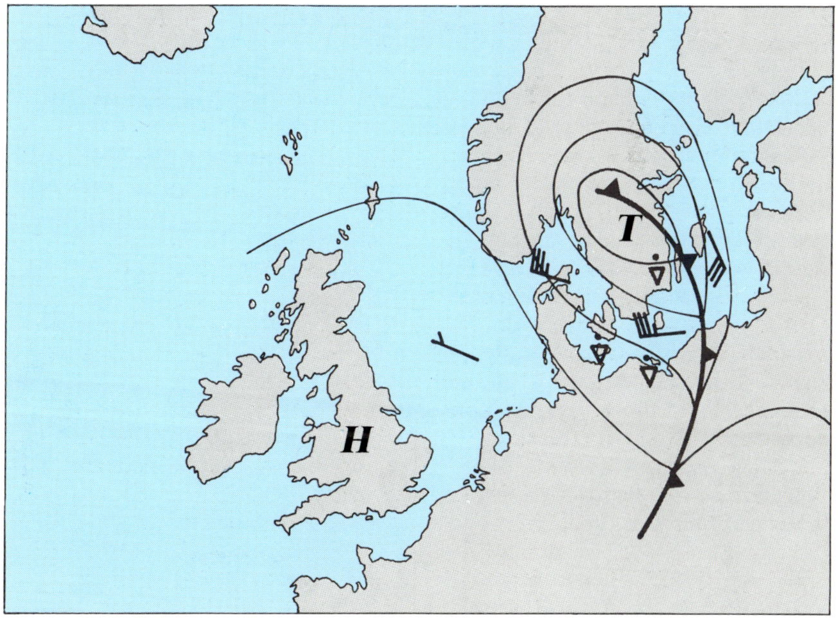

Flaches Tief mit schnell ziehender Kaltfront
Es bringt eine völlig andere Wettersituation als eine langsam ziehende Front.

Wenn beispielsweise eine Kaltfront die westliche Ostsee erreicht, steht die Frage im Raum, wird sie so weiterziehen wie bisher oder kann sie gar zum Stillstand kommen und sich auflösen? Dies sind für eine Vorhersage natürlich entscheidende Momente. Nun haben wir wohl große/schnelle und teure Computer, die bei der Wetterentwicklung der Zukunft vieles berechnen können, doch haben auch deren Produkte immer noch – und weiterhin – eine erst im nachhinein abschätzbare Unwägbarkeit. Auch Computer können nur wahrscheinliche Wetterentwicklungen produzieren. Das macht vielleicht dem Laien verständlich, daß bei einer konkreten Wetterlage der Meteorologe etwa in Stockholm annimmt, daß die erwähnte Kaltfront sich auf dem Weg nach Osten auflöst, woraus sich dann in seiner Vorhersage schwache südöstliche Winde mit ganz vereinzelt leichten Schauern ergeben. Ein anderer Kollege, etwa in Hamburg, geht davon aus, daß sich die Kaltfront später wieder aktiviert und nach nur kurzer Atempause rasch und aktiv verlagert. Seine Prognose könnte dann ganz logisch so lauten: Zunehmend Starkwind aus Nordwest mit schweren Schauerböen und Gewitter. Hier haben Sie schon den totalen Gegensatz – einer von beiden Berichten wird meist zutreffen, obschon auch beide Kollegen daneben liegen können, dann hat die Atmosphäre wieder einmal ganz kurzfristig in ihre Trickkiste gegriffen. Ich betone noch einmal: Beide Meteorologen haben zu der Zeit als ihre Prognosen erstellt wurden, nach bestem Wissen gehandelt. Keiner hätte dem anderen beweisen können, daß ausgerechnet er die Lage richtig eingeschätzt hatte – diesen Schlußstrich zieht erst die Zeit.

Eines sei hier zum Schluß aber angemerkt: Wenn Sie mit widersprechenden Prognosen konfrontiert sind, preschen Sie nicht forsch vor, um den entschlossenen markigen Captain zu mimen, rechnen Sie immer mit dem Schlechteren.

Das Zeichnen und Auswerten von Bordwetterkarten nach dem Seewetterbericht

Wetterberichte haben meistens für den Hörer das Problem, daß sie in zu kurzer Sendezeit zu viele Informationen enthalten. Man hilft sich hierüber ganz gut mit einem Kassettenrecorder hinweg, der den Bericht so lange wiederholen kann, bis der letzte an Bord alles verstanden hat. Dieses mehrmalige Anhören des Wetterberichtes ist ein echter Beitrag zur Sicherheit. Wohl jeder kennt die Unsicherheit an Bord, wenn es kurz nach dem Wetterbericht heißt: „Sagt mal, war der Wind bei Skagen noch aus Südwest oder hatte er schon auf Nordwest gedreht?“ –

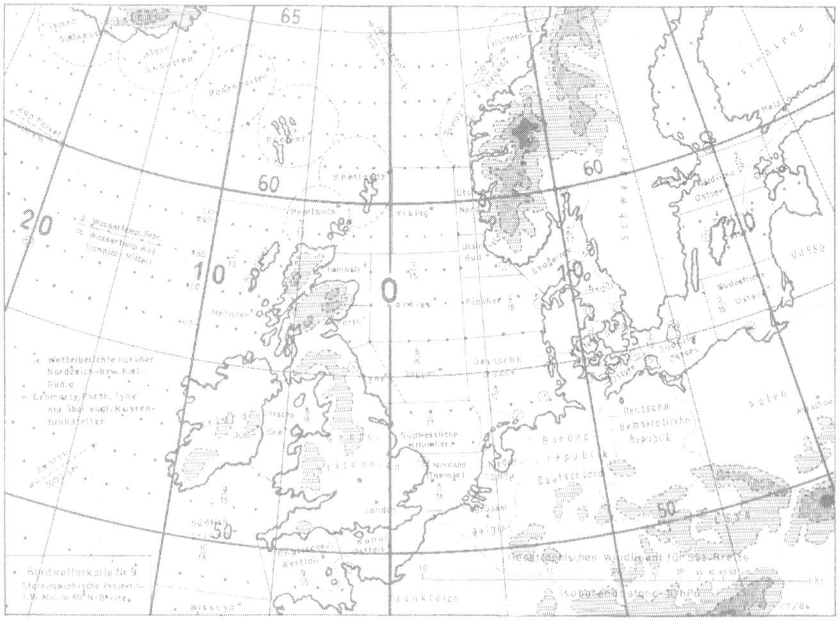

So sieht die Bordwetterkarte Nr. 9 des Seewetteramtes Hamburg aus.

„Nee, Skagen hatte doch Nordwest Stärke 5 – oder war das Fornaes?" Über solche Probleme hilft der Kassettenrecorder hinweg. Nur eines kann er nicht vermitteln: das Verständnis für die räumliche Verteilung der Druckgebilde. Sich all das zugleich vorzustellen, was in der Wetterlage angesprochen wird, und dessen Bedeutung auch noch zu erfassen, ist für viele Schipper einfach zu viel. Hinzu kommt dann noch das weitere Problem, sich bis zu 24 Wetterbeobachtungen der Stationen anschaulich zu machen.

Wenn es mit der gedanklichen Vorstellung nicht klappt, muß man sich die Sache vereinfachen und etwas nachhelfen – eine Bordwetterkarte muß gezeichnet werden. Das Seewetteramt Hamburg bietet eine vielfach verbesserte Bordwetterkarte Nummer 9 für Nord- und Ostsee an, die ausschließlich für die Belange der Sportschiffahrt gedacht ist und den Seewetterbericht veranschaulichen soll.

Auf einem Vordruck kann man den Seewetterbericht mitschreiben und dann in die zugehörige Karte einzeichnen. Mit etwas Übung schafft das jeder. Schauen Sie sich bitte den Originalbericht des Deutschlandfunk an, den wir nun auswerten wollen, so als lägen wir irgendwo im Hafen und sollten entscheiden ob es raus geht und wenn, wohin.

Deutschlandfunk (DLF) auf 1269 KHz, 0105 Uhr MESZ

Seewetterbericht vom 16. April

Wetterlage von gestern 1900 Uhr:
Hoch 1025 östliche Ostsee etwas abschwächend, südost wandernd.
Tief 990 Jan Mayen nordostziehend.
Ausläufer 1020 nördliche Nordsee See ostschwenkend.
Flaches Tief 1015 Süddeutschland wenig ändernd.
Hoch 1032 westlich der Biskaya nordausweitend.

Vorhersage bis heute 1200 Uhr:

Deutsche Bucht (N10):	Nordost 3–4, diesig
Südwestliche Nordsee (N11, 12):	schwachwindig, diesig
Dogger (N8):	Nordwest 3–4, diesig
Fisher (N9):	schwachwindig, diesig
Skagerrak (B14):	Süd 3, diesig
Kattegat (B13):	Südost 3, diesig
Westliche Ostsee (B11):	Ost 3–4, diesig
Mittlere Ostsee (B10):	Ost 3–4, mittlere Sicht.

Aussichten bis heute 2400 Uhr:

Deutsche Bucht (N10):	Nord bis Nordwest 4
Südwestliche Nordsee (N11, 12):	Nord bis Nordwest 4
Dogger (N8):	Nordwest bis West 4–5
Fisher (N9):	Nord bis Nordwest 4
Skagerrak (B14):	Nordwest bis West 4–5
Kattegat (B13):	Nordwest 4
Westliche Ostsee (B11):	Schwachwindig, später Nord 3–4
Mittlere Ostsee (B10):	Schwachwindig, später Nordwest 4–5

Wettermeldungen von gestern 2000 Uhr MESZ

	Wind	Wetter	Temp. °C	Druck hPa
1 Sklinna	S 6	diesig	6	1014
2 Svinoy	SSW 5	Schauer	6	1016
3 Lista	SE 1	diesig	10	1021
4 Aberdeen	SSE 1	diesig	9	1022
5 Tynemouth	E 1	diesig	9	1022
6 Hemsby	N 3	diesig	12	1022
7 Den Helder	N 2	diesig	14	1020
8 Borkum Riff	NE 4	diesig	8	1021
9 Helgoland	NNE 2	diesig	10	1021
10 List/Sylt	NNE 2		15	1021
11 Thyboron	N 1		11	1021
12 Skagen	SSE 1	diesig	9	1022
13 Fornaes	SE 2	diesig	9	1022
14 Kullen	SE 2		13	1023
15 Kegnaes	ESE 4	diesig	8	1021
16 Kiel-Holtenau	ESE 5		11	1021
17 Puttgarden	E 4		9	1022
18 FS Mön	SE 3		6	1024
19 Arkona	E 3		7	1024
20 Bornholm	SE 3		5	1025
21 Visby	S 3		8	1023
22 Mariehamn	SSW 3		3	1023
23 Hel	NNE 2	diesig	4	1024
24 L-Schiff	W 4		8	1029
25 Cherbourg	SW 2	diesig	14	1027

DLF-Sendung vom 16.04 ... 12.40, [01.05] 06.40 Uhr GZ

Wetterlage von Uhr

- gestern 19 Uhr

Hoch 1025 östlich Ostsee etwas abschwächend, Südost wandernd, Tief 990 Jan Mayen nordost ziehend, Ausläufer 1020 nördliche Nordsee See ostschwankend, flaches Tief 1015 Süddeutschland wenig ändernd, Hoch 1032 westlich der Biskaya nordausweitend.

SYMBOLE: , Sprühregen, • Regen, * Schnee, △ Graupel, ▲ Hagel, = diesig, ≡ Nebel, ⁅ Gewitter, Regenschauer, Schneeschauer, Wetterleuchten, Schneetreiben

Stationsmeldungen vom Uhr

1 Sklinna	S 6	diesig		1014
2 Svinöy	SSW 5	Schauer	6	1016
3 Lista	SE 1	diesig	10	1021
4 Aberdeen	SSE 1	diesig	9	1022
5 Tynemouth	E 1	diesig	9	1022
6 Hemsby	N 3	diesig	12	1022
7 Den Helder	N 2	diesig	14	1020
8 FS Borkumriff	NE 4	diesig	8	1021
9 Helgoland	NNE 2	diesig	10	1021
10 List auf Sylt	NNE 2		15	1021
11 Thyboron	N 1		11	1021
12 Skagen	SSE 1	diesig	9	1022
13 Fornaes	SE 2	diesig	9	1022
14 Kullen	SE 2		13	1023
15 Kegnaes	ESE 4	diesig	8	1021
16 Kiel-Holtenau	ESE 5		11	1021
17 Puttgarden	E 4		9	1022
18 FS Mön	SE 3		6	1024
19 Arkona	E 3		7	1024
20 Bornholm	SE 3		5	1025
21 Visby	S 3		8	1023
22 Mariehamn	SSW 3		3	1023
23 Hel	NNE 2	diesig	4	1024
24 Ozeanwetterschiff L	W 4		8	1029
25 Cherbourg	SW 6	bedeckt	15	1030

Vorhersagen bis heute 24 Uhr / - heute 12 Uhr / - heute 18 Uhr	Aussichten bis morgen 12 Uhr / - heute 24 Uhr / - morgen 06 Uhr
Deutsche Bucht: nordost 3-4 diesig	nord bis nordwest 4
Südwestliche Nordsee (Humber, Themse): schwachwindig, diesig	nord bis nordwest 4
Fischer: nordwest 3-4 diesig	nordwest bis west 4-5
Skagerrak: Süd 3 diesig	nordwest bis west 4-5
Kattegat: Südost 3 diesig	nordwest 4
Belte und Sund: Ost 3-4 diesig	schwachwindig, später nord 3-4
Westliche Ostsee: Ost 3-4 diesig	schwachwindig, später nord 3-4
Südliche Ostsee: Ost 3-4 mittlere Sicht	schwachwindig, später nordwest 4-5

Achtung: Ost wird stets mit E (engl. East) abgekürzt, damit es nicht mit der Null verwechselt wird.

Nachdem der vollständige Bericht mitgeschrieben wurde, geht gleich die Arbeit in der Karte los.

So wird die Wettermeldung einer Station in die Karte eingetragen

1. *Nachzeichnen des Stationskreises (hier: Svinoy)*

2. *Antragen des Windpfeiles für die Windrichtung, hier: SW*

3. *Antragen der Windstärke in Bft, hier Bft 5 (für je 2 Bft 1 langer Strich, für 1 Bft 1 kurzer Strich*

4. *Die Lufttemperatur wird links neben dem Stationskreis angetragen, hier 10° C*

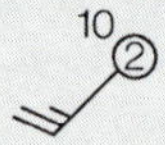

5. *Der Luftdruck wird rechts neben dem Stationskreis angetragen, hier: 1015 Hektopascal (hPa), einfacher: Tausender und Hunderter weglassen*

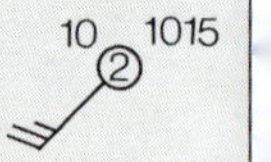

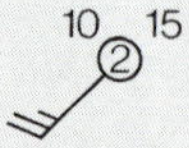

6. *Zum Schluß noch das an der Station beobachtete Wetter unten rechts antragen, hier: Schauer*

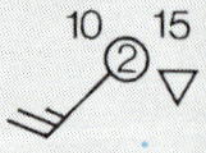

So sieht es aus, wenn Sie den Seewetterbericht auf der Rückseite der Bordwetterkarte Nr. 9 mitgeschrieben haben. Nicht vergessen, oben, im Kopf, die richtige Zeit einzusetzen.

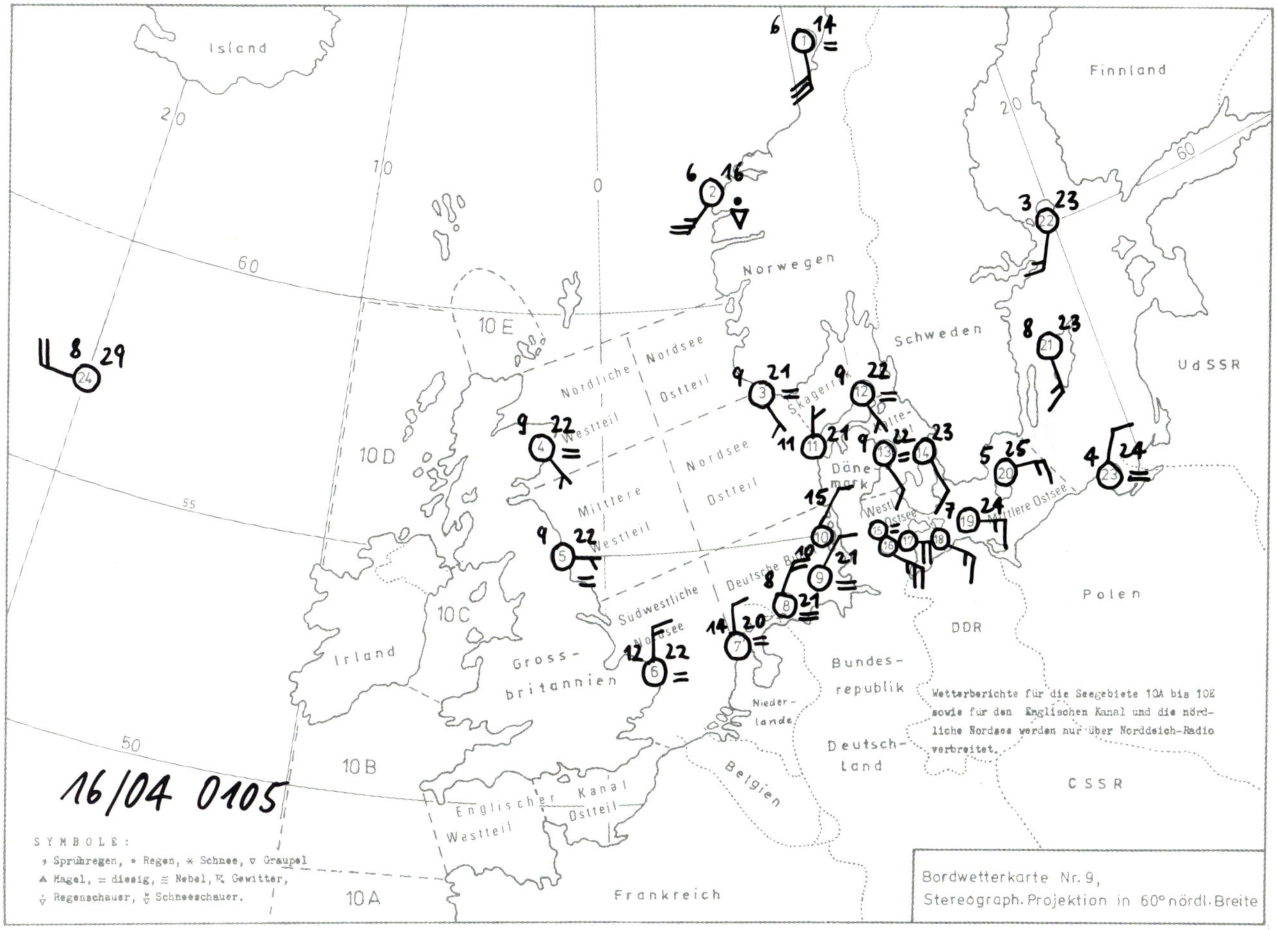

So sieht die Bordwetterkarte aus, wenn alle Stationen eingetragen worden sind.

Die wichtigsten Wettersymbole finden Sie zur Erinnerung links unten auf jeder Bordwetterkarte.

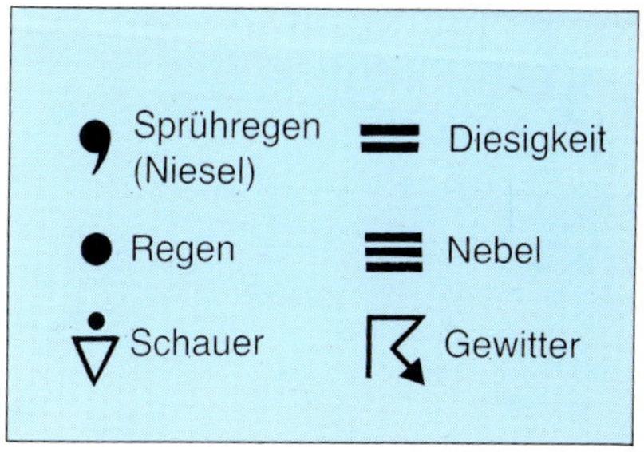

Leider kommen Sie nicht umhin, etwas Verwirrendes zu lernen.
1. In Wetterkarten finden Sie generell den Wind mit der Angabe der Geschwindigkeit (in Knoten). Einzige Ausnahme von dieser Regel sind die Wetterkarten des Seewetteramtes Hamburg. Dort wird die Windstärke in Beaufort angegeben.

2. Die Windpfeile enthalten also mit ihrer Befiederung unterschiedliche Angaben. Um nicht ins Schleudern zu kommen, sollten Sie beim Zeichnen Ihrer Bordwetterkarte ebenfalls die Windstärke (Bft) verwenden. (Umrechnung mit Tabelle oder Formel S. 82.)

So machen Sie das nun bei allen Stationen, und damit ist der erste Teil der Arbeit getan. Nehmen Sie für die Eintragung der Stationen unbedingt einen radierfesten Schreiber. Weshalb, sehen Sie bei der späteren Arbeit.

So werden Hoch und Tief eingezeichnet

Als nächstes werden die Zentren der Hoch- und Tiefdruckgebilde eingetragen. Ein großes T für jedes Tief am richtigen Ort und entsprechend ein H für jedes Hoch. Neben die Buchstaben tragen Sie die zugehörigen Druckwerte ein, die brauchen Sie gleich zum Zeichnen der Isobaren. Manchmal wird auch die Lage von markanten Fronten angegeben, die wird dann natürlich auch eingetragen. Zur Festlegung der Position werden von dem Meteorologen des Seewetteramtes gern geographisch markante Punkte angegeben.

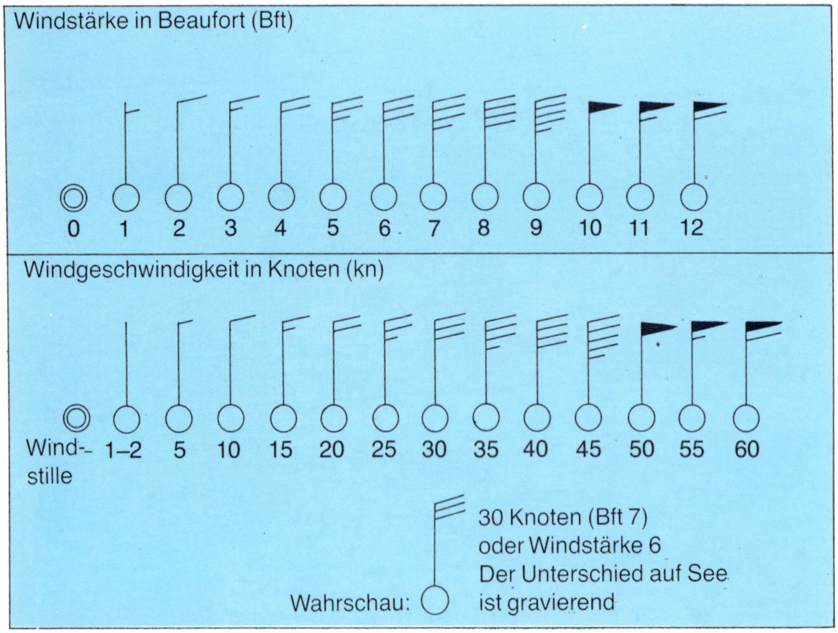

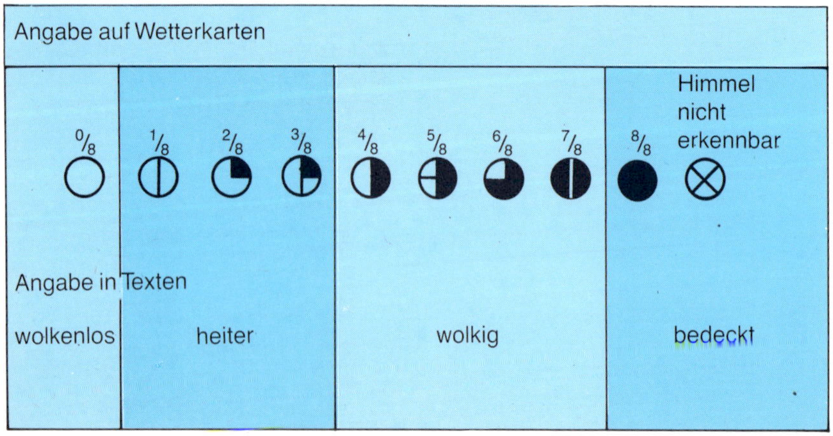

Der Bewölkungsgrad des Himmels

Der Bewölkungsgrad wird in Achteln angegeben, bezogen auf die gesamte Himmelskuppel. Bei Nebel (oder aufliegenden Wolken) wird angegeben, daß „der Himmel nicht erkennbar ist".

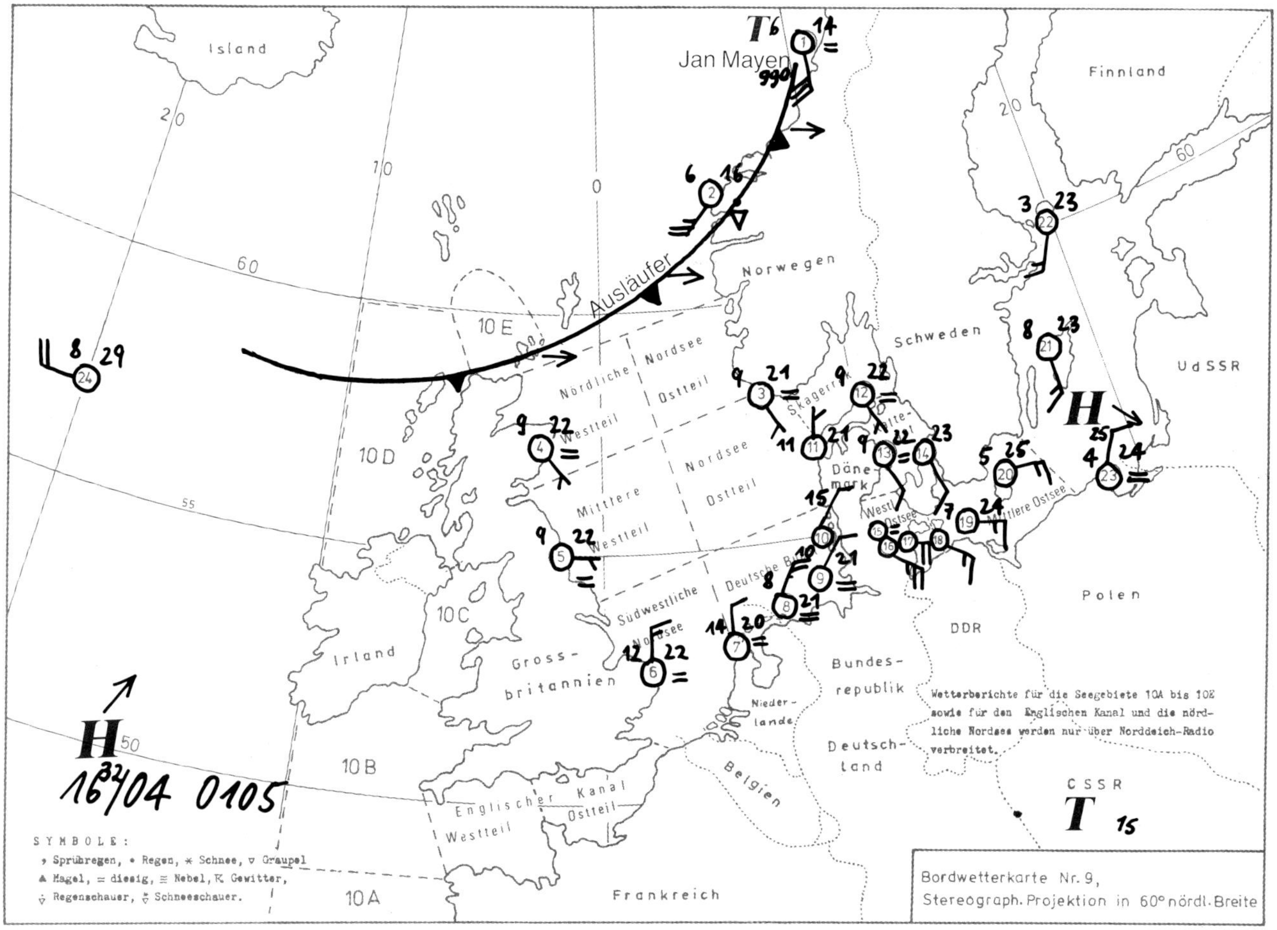

Wenn im nächsten Arbeitsgang die Lagen von Hoch und Tief ergänzt werden, sieht die Bordwetterkarte so aus.

So werden die Isobaren gezeichnet

Nun beginnt die Arbeit, bei der sich die meisten Schipper mit Recht schwer tun: Wie zeichnet man die Isobaren ein? Im *Nautischen Funkdienst Bd. III* ist diesem Thema wohl ein ganzes Kapitel gewidmet, nur ist es für die ersten Anfänge nicht geeignet.
Für jeweils ganze 5 hPa zeichnen wir eine Isobare z.B. 1000, 1005, 1010, 1015, 1020 etc. Das ist bei uns in Deutschland üblich. Im anglo-amerikanischen Sprachland und auch in einigen südeuropäischen Ländern haben die Isobaren einen Abstand von 4 hPa, dadurch sind mehr Isobaren auf der Karte, die mehr Wind vortäuschen – Vorsicht!

● Je geringer der Isobarenabstand, desto größer die Windstärke.

Um das Hoch über der Ostsee kann schon mal eine Linie mit 1025 hPa gezeichnet werden, denn Bornholm hat dort mit 1025 hPa den höchsten Druck, liegt also im Zentrum. Hel (oder Hela) hat ein Millibar weni-

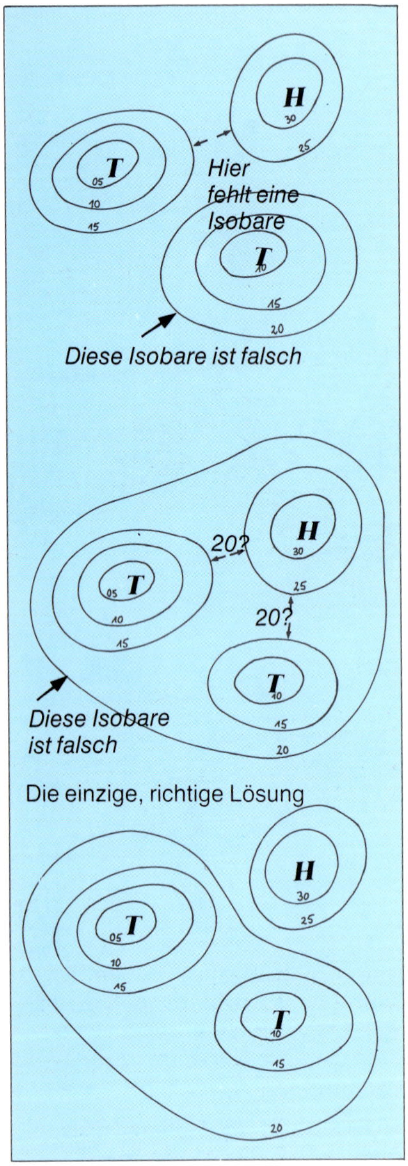

Isobaren richtig und falsch gezeichnet

ger, darf also nicht im Kreis liegen. Da aber das Zentrum des Hochs mit der östlichen Ostsee angegeben ist, weiten wir die Isobaren bis dahin aus. *Nur die letzten beiden Ziffern des Luftdrucks werden an die Isobaren angetragen,* damit es übersichtlich wird, also 25 bei der Bornholmer Isobare.

Das Tief bei Jan Mayen können wir leider nicht einzeichnen, so weit reicht die Karte nicht. Da aber die Station 1 dem Tief am nächsten liegt, können wir eine Isobare zeichnen. 1014 hPa hat Sklinna, also muß die zu zeichnende 1015-Linie südlich davon (weg vom Tief) liegen – sie kommt vom Tief und geht wieder dahin zurück. Bei dem angesprochenen Ausläufer handelt es sich, wie fast immer, um eine Kaltfront (Ausläufer deshalb, weil die Fronten aus dem Tiefkern wie eine Spirale herauslaufen). Die Kaltfront liegt in der nördlichen Nordsee, nur machen wir dort nicht nur einen Strich hin, sondern führen sie in Richtung des zugehörigen Tiefs nach Norden weiter fort. Wo geht es lang?

Nun, betrachten Sie die Stationen 1 und 2, genau dazwischen geht die Front durch. Dann liegt Sklinna ① noch vor der Front mit Südwind und Svinoy ② ist schon hinter der Front, weil hier Südwestwind mit Schauern gemeldet sind. Typisch für die Kaltfrontrückseite ist das Rechtsdrehen des Windes gegenüber der Vorderseite und die Schauertätigkeit, die erst hinter einer Kaltfront einsetzt.

Die so identifizierte Kaltfront zeichnen wir also bis in die nördliche Nordsee ein. Natürlich wissen wir nur in etwa, wo die Front hier liegt, denn das Seegebiet ist groß. Nur ist sicher, daß die Front auf jeden Fall nördlich Station 3 liegt, denn wäre die Kaltfront südlich davon, hätte der Wind dort auf Südwest bis West gedreht. Auch wäre es dann an der Station nicht diesig, denn hinter einer Kaltfront fließt kalte und klare Luft ein. Diesigkeit paßt nicht dazu. Irgendwo westlich Schottland läßt man nun die Front abreißen, hier ist es recht unwichtig, wie weit sie gezeichnet wird.

Nun zeichnen wir das Tief über Süddeutschland ein: Ein dickes T und ein enger Kreis mit 15 dabei, denn der Druck im Tiefkern soll ja 1015 hPa sein. Dann haben wir den Kerndruck gleich mit festgehalten.

Das Hoch westlich der Biskaya paßt zwar nicht in die Karte, aber um diese Information nicht ganz zu verlieren, zeichnen wir das H an den linken Kartenrand.

Wenn Verlagerungsrichtungen angegeben werden, zeichnet man dafür Pfeile ein: kurze Pfeile bedeuten langsame Verlagerung, lange Pfeile entsprechend rascheres Verlagern.

So nun wollen wir die restlichen Isobaren einzeichnen – dieses Kapitel macht erfahrungsgemäß die größten Schwierigkeiten. Zwischen dem Hoch mit 1032 hPa, und dem Wetterschiff L ㉔ mit 1029 hPa, muß ja eine Isobare mit 1030 hPa liegen, die noch zum Hoch gehört. Wir zeichnen also die „30er" knapp südlich der Station 24 in die Biskaya hinein.

Nun zum süddeutschen Tief: Da es ein flaches Tief ist (gleichbedeutend mit kleinem Tief), haben wir eine kleine 15er Isobare schon gemalt. Weil der Luftdruck rings um dieses Tief ja höher ist, können wir eine nächste Isobare, nämlich die 1020er einzeichnen. Als Hilfe dient uns dabei lediglich der Luftdruck der Kü-

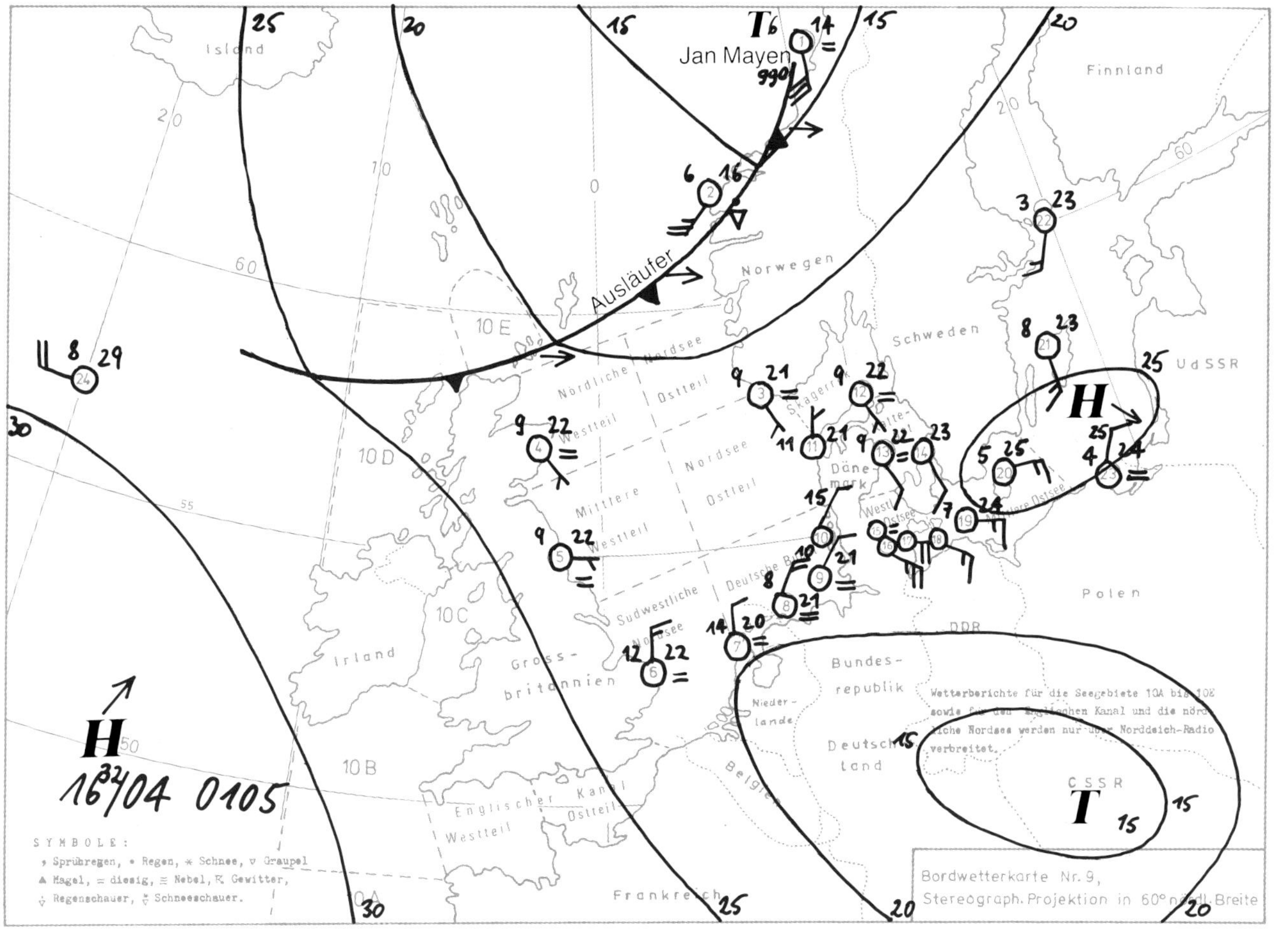

So ergibt sich die Lage der Isobaren nach den Stationsmeldungen.

stenstationen. Station 7 hat genau 1020 hPa – also fahren wir einmal um das flache Tief herum und gehen dabei genau auf Station 7. Von den anderen Stationen bleibt man entsprechend weiter entfernt, je nachdem, wieviel höher der Druck dort ist. Dies nennt man Interpolation. Ein wichtiger Hinweis für die Richtung und auch Lage der Isobaren sind die Windwerte der Stationen. Die Richtung der Windpfeile entspricht in etwa den Isobarenverläufen, allerdings gilt diese Regel erst ab Windstärke 3, da schwache Winde sehr oft nicht der Luftdruckverteilung gehorchen, sondern den örtlichen Einflüssen, wie z.B. der Land-See-Zirkulation.

Um die Isobaren zu vervollständigen, fehlen uns noch zwei im Beispiel. Zwischen dem Tief im Norden und dem Hoch über der Ostsee fehlt noch eine 20er Isobare. Natürlich liegt sie nördlich von Station 22, denn dort wurde 1023 mbar gemessen. Also geht es vom oberen Kartenrand mit kühnem Schwung an die Station 3 heran, wo wir nördlich bleiben, weiter bis zur Front und

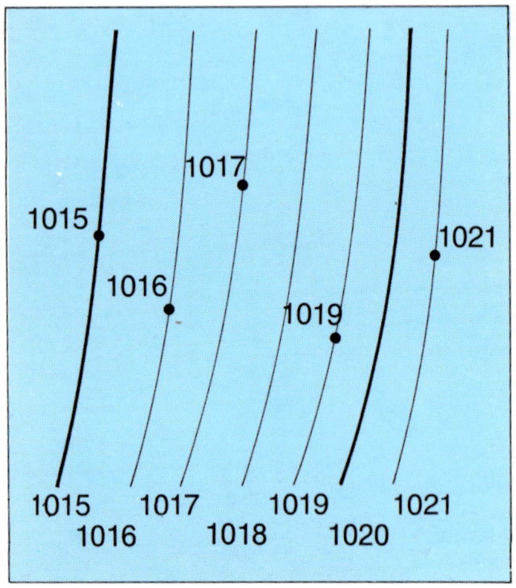

Interpolieren von Isobaren

Die Abstände der Isobaren müssen den Druckdifferenzen entsprechen. Bei genügend Meldungen kann man die Isobaren für jedes Hektopascal zeichnen.

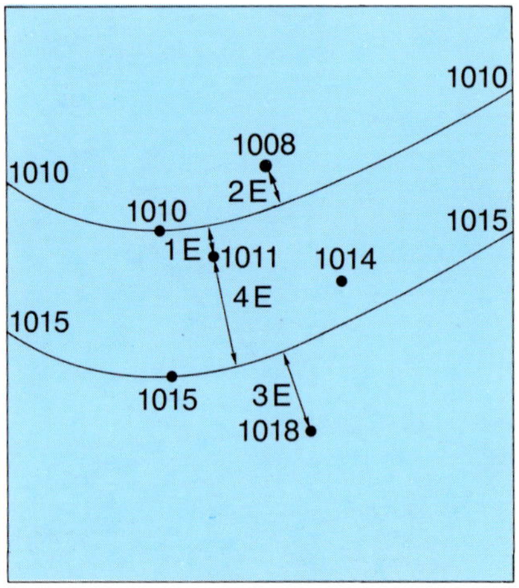

Zeichnen Sie die 1010er Isobare so, daß sie von der Station mit 1008 mbar 2 Einheiten entfernt ist und von 1011 hPa genau 1 Einheit. E = Einheit

1

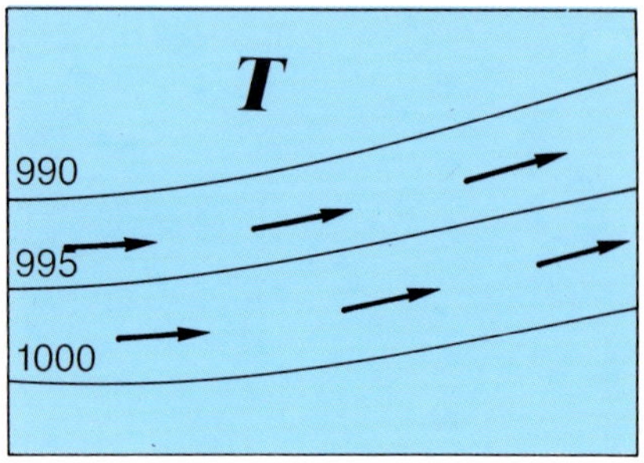

2

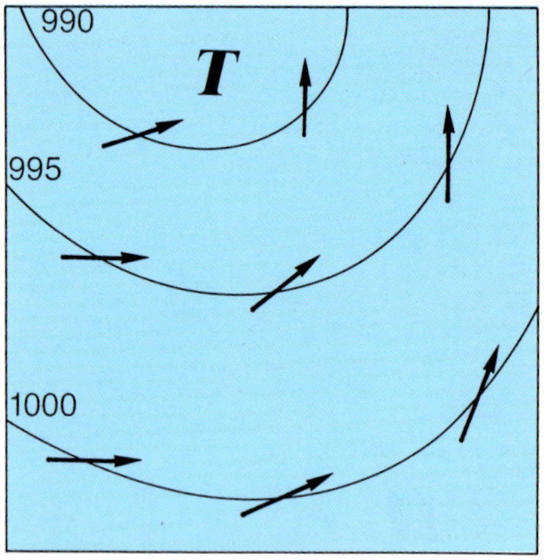

Isobaren und Windrichtung

1 Gerade Isobaren: Die Luft bewegt sich parallel zu den Isobaren.

2 Gekrümmte Isobaren: Je größer die Krümmung der Isobaren, um so stärker strömt die Luft im Winkel zu den Isobaren. – Über Land sind alle Ablenkungen größer als über See.

von dort geht es mit einem leichten Knick wieder nach Norden – zurück zum Tief. Nun fehlt noch eine 25er zwischen dem süddeutschen Tief und dem atlantischen Hoch. Wo diese Isobare genau liegt, läßt sich nicht feststellen. Machen Sie einen etwa gleichen Abstand zu den übrigen Isobaren, damit ist es dann gut. Eigentlich ist die Wetterkarte jetzt fertig – jedenfalls der erste Entwurf, denn nun wird noch etwas für das Auge getan. Sicher sehen Ihre Isobaren zu Anfang noch etwas holprig aus. Jetzt kommen Radiergummi und Buntstift an die Reihe: Die Isobaren werden ausgebessert. Beseitigen Sie unnötige Knicke und gleichen Sie die Abstände etwas aus. Die Endfassung wird dann mit einem weichen Bleistift dick nachgezogen. Während der Radiererei haben Sie auch gemerkt, warum die Stationsmeldungen mit Kugelschreiber oder Filzer gemalt wurden. Beim Isobarenzeichnen bzw. Radieren würden Sie sonst alles Wichtige wegwischen. Zum Schluß noch etwas Farbe: Alle H's werden blau gemalt und alle T's rot, Kaltfronten sind ebenfalls blau, und wenn Sie einmal eine Warmfront zeichnen, dann wird diese rot gemalt. Dort wo Niederschläge gemeldet sind, nehmen wir einen grünen Farbstift und schraffieren die Umgebung der Station etwas. Dunst und Nebel erhalten gelbe Kolorierung. Nun ist die Wetterkarte fertig.

Wenn Sie zu Anfang viel Radieren, verzagen Sie nicht, das ist normal. Nach ein paar Übungstagen geht die

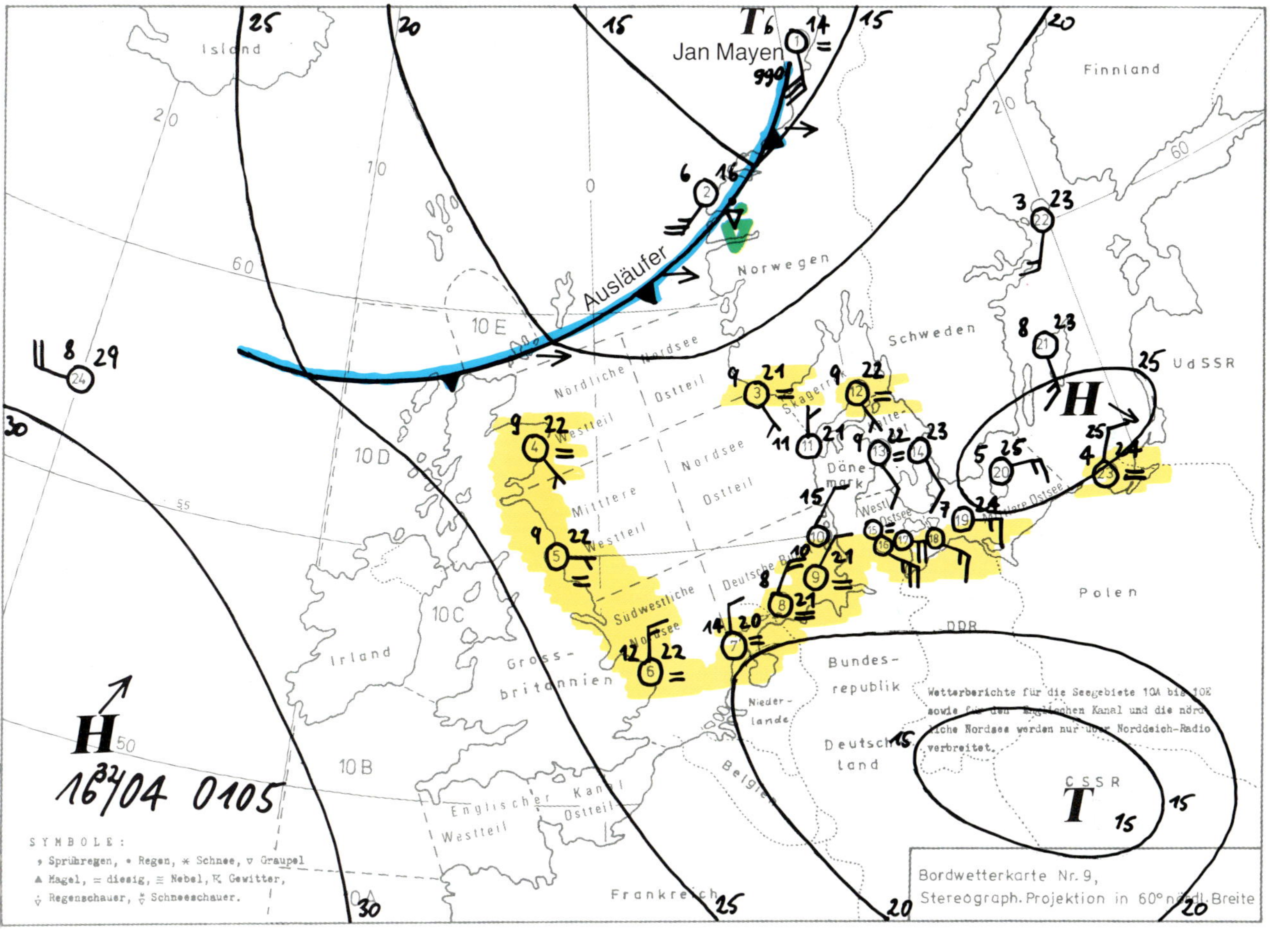

So sollte die nach dem Seewetterbericht vom 16.04. gezeichnete fertige Bordwetterkarte aussehen.

„Malerei" schon recht flott von der Hand.
Falls einmal große Druckgegensätze auf der Karte auftreten, die ja eine entsprechende Anzahl von Isobaren hervorrufen, ist es leichter, zuerst jede zweite zu zeichnen – also die 10er Isobaren zuerst, und dann zum Schluß die 5er Zwischenlinien. Spätestens wenn die Wetterkarte fertig ist, gehören groß und deutlich Datum und Uhrzeit darauf. Sie sind ganz wichtig. Rasch verliert man die Übersicht bei mehreren Karten, und schnell ist es auf einem Törn geschehen, daß man mit der falschen Wetterkarte arbeitet.

Schon veraltet, aber …

Jetzt haben Sie eifrig gezeichnet und der Kopf hat dabei sicher des öfteren geraucht. Seien Sie nun nicht erbost, wenn ich sage, daß Ihre Wetterkarte schon überholt ist.
Wenn Sie Ihre Karte fertig haben, ist sie schon etwa 4 Stunden alt, denn die eingezeichnete Wetterlage (Bodenwetteranalyse genannt) ist von 3 Uhr morgens. Auf diesen Umstand kann man gar nicht oft genug verweisen, denn wenn man diesen Faktor nicht berücksichtigt, handelt man sich viele Probleme ein. Wir werden gleich näher darüber sprechen, wenn Sie lernen, aus der Wetterlage eine Vorhersage zu formulieren.
Wir müssen damit leben, daß jede Wetterkarte bereits von historischem Wert ist, kaum daß sie gedruckt

oder gezeichnet wurde. Sie ist trotzdem von großem praktischen Nutzen, denn sie stellt eine sorgfältige Bilanz des Wetters zu einem festen Zeitpunkt dar. Nur wenn man die Ausgangslage des Wetters verstanden hat, kann man auch die Vorhersage verstehen, die sich ja direkt aus der alten Lage entwickelt.
Die meisten Entwicklungen in der Atmosphäre laufen erfreulicherweise nicht so rasch ab, daß nach 4 Stunden alles ganz anders ist. Allerdings sind es gerade die gefahrenträchtigen Wetterlagen, die rasant schnell ablaufen können. Sie sind oft auch die Hintergründe für Fehlvorhersagen, denn rasante Wetterentwicklungen gehen selbst den Wetterfröschen oft durch die Lappen.
Wenn ihre Bordwetterkarte fertig ist, haben Sie gegenüber dem Meteorologen des Seewetteramtes aber einen Vorsprung, den Sie nutzen müssen. Der Meteorologe hat in der Nacht eine Vorhersage für Sie produziert, die auf einem Wissensstand beruhte, der nun schon einige Stunden alt ist – eventuell sogar durch die Entwicklung überholt wurde. Das Wetter hat sich weiterentwikkelt, damit stehen Ihnen morgens mehr Informationen zur Verfügung als dem Profi vorher in der Nacht. Machen Sie sich die laufende Wetterbeobachtung zur Gewohnheit, auch wenn Sie kein Hobby-Wetterfrosch sind. Verständnis (und auch Gespür) für das Wetter ist ein wichtiger Beitrag zur Sicherheit von Boot und Besatzung. Allerdings können Sie ein Gespür für das Wetter erst bekommen, wenn Sie Wetterabläufe verstehen – seien Sie zurückhaltend mit inneren Eingebungen. Ergänzen Sie also in die frisch gezeichnete Wetterkarte Ihre eigene Beobachtung in Form einer Stationsmeldung. *Somit ist auch Ihre Position deutlich in der Karte vermerkt.* Das ist wichtig, denn so können Sie besser sehen, welche Wetterentwicklungen auf Sie zukommen wird.
Zur Planung für den Tagestörn ist die Vorhersage bis 1800 Uhr mit den Aussichten bis morgens 0600 Uhr gut geeignet. Bedenken Sie allerdings, daß die Aussichten erst recht daneben gehen, wenn schon die Vorhersage für den Tag in die Hose geht.

● Warnung vor einem oft gemachten Fehler: Wenn Sie Ihre Hochs und Tiefs entsprechend den Angaben des Wetterberichtes verlagern, verschwinden sie natürlich mit der Zeit am Kartenrand. Auf diese Art machen sich viele Schipper aus einer 24stündigen Vorhersage des Seewetteramtes gern eine „eigene" für zwei oder drei Tage. Das geht nicht. Es ist nur dazu geeignet, die Karte ziemlich rasch leerzufegen. Die ganze Neuentwicklung aus unserer atlantischen Wetterküche wird hier unterdrückt – keine Frage, daß dies Unsinn ist.

● Ein Trick zum Einzeichnen von Druckgebilden, der auch für das Verlagern hilfreich ist: Aus der Arbeit mit der Seekarte wissen Sie sicher, daß ein Grad Breitenunterschied genau 60 Seemeilen entspricht.
Spricht nun der Seewetterbericht z.B. von einem Tief 400 sm südlich von Island, dann können Sie das ganz leicht in die Bordwetterkarte einzeichnen, denn 400 sm entsprechen genau 6,7 Breitengraden. Also liegt das Tief auf der Karte 6,7 Breitengrade südlich von Island.

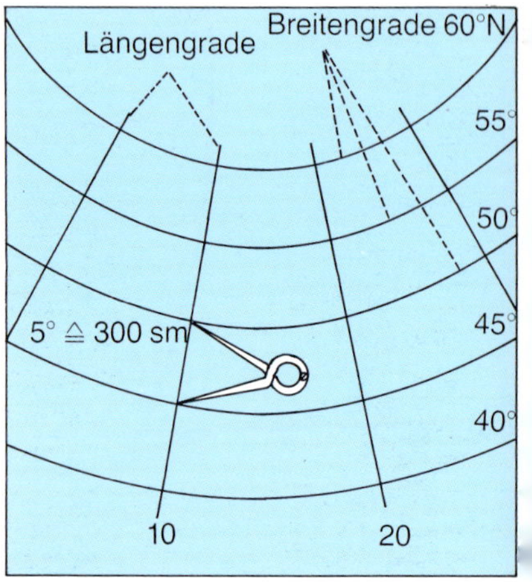

Abgriff der Seemeilen in der Wetterkarte

An beliebigem Längengrad wird der Breitenunterschied mit dem Zirkel abgegriffen.
1° Breitenunterschied ≙ 60 sm.
Formel:
Strecke in Breitengraden

$$= \frac{\text{Strecke in sm}}{60}$$

Zuggeschwindigkeit von Hoch und Tief

Generell gilt, daß Hochdruckgebiete sich langsam verlagern. Selten ziehen sie schnell, und wenn der Druck schon mal rasch ansteigt, dann wendet sich das Wetter zum Guten.
Wie schnell aber ziehen die Tiefs? Nun, von Null bis 60 Knoten ist hier alles drin. Um die tatsächliche Verlagerungsgeschwindigkeit zu erfassen, müssen Sie sich auf die An-

gaben des Seewetterberichtes voll verlassen. Mit Bordmitteln kann man selbst keine Vorhersage für die Verlagerungsgeschwindigkeit machen. Allerdings können Sie an Bord laufend überprüfen, ob sich die prognostizierte Verlagerung auch tatsächlich einstellt. Dazu vergleichen Sie die Wetterentwicklung mit dem Luftdruckverhalten – beides muß im Einklang mit der Vorhersage stehen. Hier eine Hilfe zum Sprachgebrauch des Seewetteramtes:

Langsames Ziehen = 5–10 Knoten
Normales Ziehen = um 15 Knoten
Rasches Ziehen = 20–40 Knoten

Sich schnell entwickelnde Sturmtiefs ziehen oft mit 40 bis 60 Knoten.

Bei der Auswertung der Bordwetterkarte und des Seewetterberichtes müssen Sie immer berücksichtigen, daß diese Angaben nur einer groben Darstellung der tatsächlichen Verhältnisse entsprechen. Allein die Beschränkung durch die Sendezeit erlaubt lediglich, die wichtigsten Druckgebilde anzusprechen. Manchmal ist es für den Meteorologen im Seewetteramt gar nicht einfach, zu entscheiden, was das Wichtigste ist. Dies ist ein weiterer Grund, selbst aufmerksam zu beobachten, denn Sportboote halten sich naturgemäß innerhalb eines Tages nur in einem eng begrenzten Seeraum auf, müssen also großen Wert auf die dortigen lokalen Erscheinungen des Wetters legen, die gerade im Seewetterbericht nicht berücksichtigt sind.
Mit Einführung eines Seewetterberichtes über UKW-Küstenfunkstellen ließe sich dieses Manko leicht beseitigen, nur müssen wir uns bis zu dem Zeitpunkt bescheiden und selbst behelfen. Nutzen Sie die Vorsaison, um zu Hause zu üben. Zeichnen Sie in aller Ruhe am heimischen Herd Ihre „Hauswetterkarten" und beobachten Sie tagsüber die Wetterentwicklung. Der tägliche Abschluß dieser Übungen sollte die Fernsehwetterkarte des ZDF sein, die noch am meisten von beiden Programmen hergibt.

Aufgabe:
Wo liegt die Kaltfront der Wetterlage vom 16.04. nach 3, 6, 9, 12 Stunden, wenn sie mit 15 bis 20 kn ostzieht?

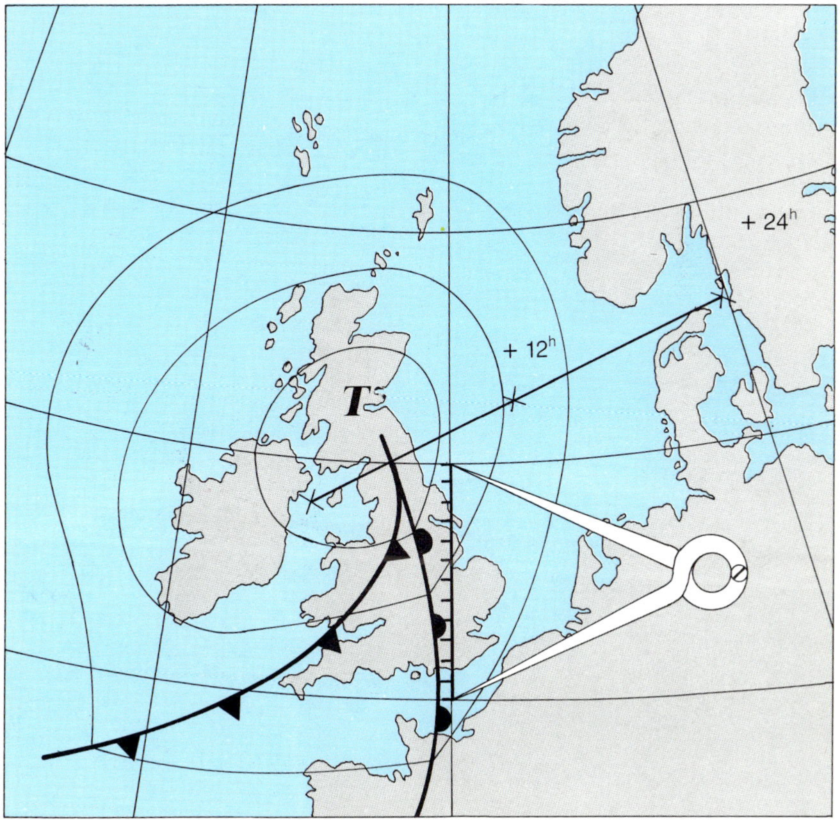

Verlagerung eines Tiefs

Ein Tief, das beispielsweise mit 25 kn ziehen soll, kann man mit dem Zirkel verlagern und sieht dann, daß es in 24 Stunden vor Göteborg im Kattegat liegen wird.

Das Auswerten der selbstgezeichneten Bordwetterkarte

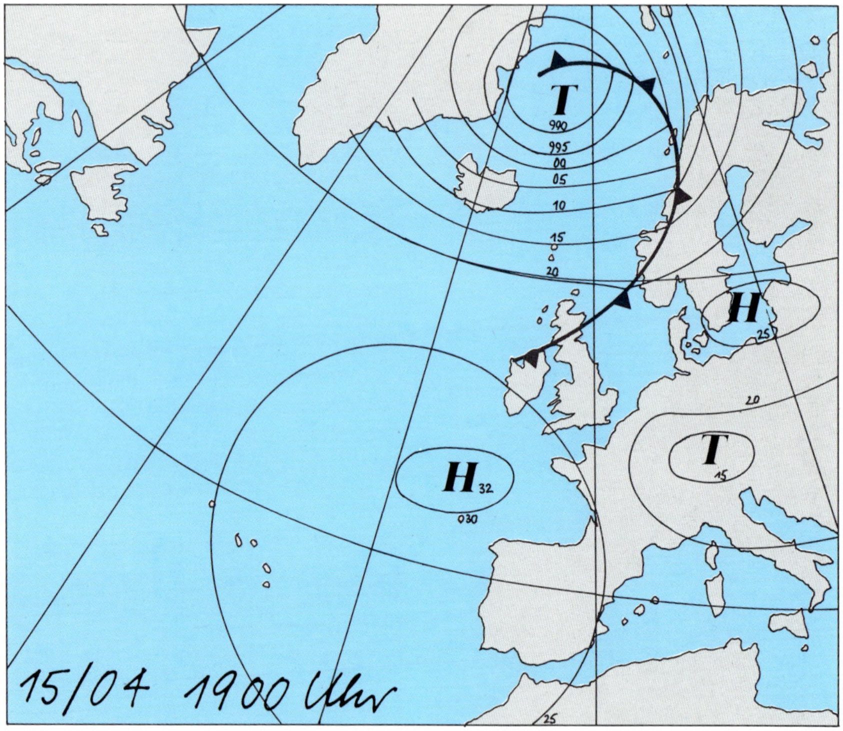

So sieht die Wetterlage vom 15.04. 1900 Uhr aus, wenn sie auf einen übersichtlichen Kartenmaßstab gebracht wird (ohne Stationen). Die Wetterlagen der Seewetterberichte umfassen meistens mehr und entfernter gelegene Druckzentren als auf der Bordwetterkarte Nr. 9 unterzubringen sind.

Beim Zeichnen der ersten Bordwetterkarten werden Sie bemerkt haben, daß leider nur ein ganz kleiner Teil der Wetterlage in die Karte eingezeichnet werden kann. Mit diesem Problem müssen wir uns wohl noch weiter plagen.
Die globale Wetterbeschreibung ist natürlich auf einer Karte mit entsprechend großem Maßstab gut darstellbar. Die alte Bordwetterkarte des Seewetteramtes enthielt den Ausschnitt, wie er in der nebenstehenden verwendet wurde. Hier ist die Anordnung der Druckgebilde wohl schön übersichtlich und man sieht auch gut, was sich auf dem Atlantik so tut, nur versagt dieser Maßstab, wenn man die vielen Stationen in Nord- und besonders Ostsee eintragen will. Aus Platzgründen müssen die meisten Beobachtungen wegfallen.
Deshalb wurde die jetzige Bordwetterkarte Nr. 9 eingeführt, die eine erhebliche Verbesserung im Platzangebot darstellt aber dafür nur wenige Druckgebilde aus der Wetterlage aufnimmt.
Um das großräumige Wettergefüge trotzdem nicht zu vernachlässigen empfehle ich, zusätzlich eine Übersichtskarte mit möglichst vielen Druckgebilden der Wetterlage zu zeichnen. Das geht rasch, und im Fachhandel gibt es bereits entsprechende Wetterberichtsvordrucke, mit einer großräumigen Wetterkarte. Das ganze ist mit wasserfester Folie überzogen, so daß mit einem Filzschreiber die Wetterlage täglich neu aufgezeichnet werden kann.
Sie werden jetzt vielleicht denken, wie eine Wetterkarte gezeichnet wird, habe ich gesehen, nur, was fängt man damit an?
Mit der folgenden Wetterlage vom 14. November möchte ich Ihnen nun Schritt für Schritt zeigen, wie eine Wetterkarte ausgewertet wird.

Seewetterbericht vom 14. November

Wetterlage von heute 0400 Uhr
Sturmtief 958 hPa Nordmeer, langsam nordost ziehend.
Weiteres Sturmtief 975 hPa, 400 Meilen südlich von Island, vertiefend, ostnordost ziehend.
Tief 980 hPa westlich von Island, festliegend.
Hoch 1037 hPa, Ungarn, wenig ändernd.
Hoch 1036 hPa, Westfrankreich, ostwandernd.

Vorhersage bis heute 1800 Uhr	
Deutsche Bucht (N10):	Südwest 7, zunehmend 8, gute Sicht.
Südwestliche Nordsee (N11, N12):	Südwest zunehmend 7–8, mittlere Sicht.
Fisher (N9):	Südwest zunehmend 8, anfangs gute Sicht, Schauer.
Skagerrak (B14):	Südwest 6, später zunehmend 7–8, Schauerböen, sonst gute Sicht.
Kattegat (B13):	Südwest zunehmend 6–7, mittlere Sicht.
Westliche Ostsee (B11):	Südwest 6–7, später etwas zunehmend, mittlere bis gute Sicht.

Aussichten bis morgen 0600 Uhr	
Deutsche Bucht (N10):	Südwest 8, rechtsdrehend.
Südwestliche Nordsee (N11, N12):	Südwest bis West 7–8, rechtsdrehend.
Fisher (N9):	Südwest–West 8, Schauerböen.
Skagerrak (B14):	Südwest 8, Schauerböen.
Kattegat (B13):	Südwest–West um 6 Schauerböen.
Westliche Ostsee (B11):	Südwest 7.

Wettermeldungen von heute morgen 0400 Uhr

	Wind	Wetter	Temp. °C	Druck hPa
1 Sklinna	W 6	Regen	8	997
2 Svinoy	W 6	Schauer	8	1009
3 Lista	WSW 6		9	1014
4 Aberdeen	S 4	Regen	7	1008
5 Tynemouth	S 3	wolkig	9	1015
6 Hemsby	SW 4	fast bedeckt	9	1027
7 Den Helder	SW 5		10	1027
8 Borkumriff	SW 5		10	1025
9 Helgoland	SW 6		10	1025
10 List/Sylt	WSW 5		11	1023
11 Thyboron	W 6		11	1016
12 Skagen	WSW 5	Schauer	8	1015
13 Fornaes	SW 4		7	1018
14 Kullen	W 6	Schauer	8	1019
15 Kegnaes	SW 5		9	1023
16 Kiel-Holtenau	WSW 6	keine Beobachtg.	8	1026
17 Puttgarden	–	–	–	–
18 FS Mön	SW 4	diesig	6	1026
19 Arkona	WSW 5	diesig	5	1026
20 Bornholm	W 7		9	1023
21 Visby	SW 5	diesig	9	1019
22 Marihamn	SSW 3	diesig	7	1015
23 Hel	SW 4	diesig	8	1025
24 L-Schiff	WSW 8	Schauer	14	987
25 Cherbourg	SW 6	bedeckt	15	1030

Am Anfang steht immer die Einarbeitung in die Wetterlage, von der man eine gute Vorstellung haben muß. Die bloße Verteilung von Hochs und Tiefs sagt Ihnen nicht viel. Mitten in einem Tief kann herrlicher Sonnenschein mit Windstille herrschen, und im benachbarten Hoch weht Starkwind oder es regnet Bindfäden. So wenig hängt das Wetter vom Luftdruck ab.
In der Tat, es kann gar nicht oft genug betont werden: Es gibt keinen physikalischen Zusammenhang zwischen dem Wert des Luftdrucks und dem Wetter. Lediglich das Maß der Druckänderung hat Einfluß auf die Wetterentwicklung.
Wenn Sie sich ein Bild von der Wetteraktivität eines Druckgebildes machen wollen, brauchen Sie die Stationsmeldungen.

Wetterlage vom 14.11. auf großer Übersichtskarte
Für eine schnelle Übersicht ist es hilfreich, die Wetterlage grob zu skizzieren und nur einige Stationsmeldungen einzutragen. Man zeichnet vereinfachend nur alle 10er Isobaren. Auch die Temperaturangaben der Stationen läßt man weg.

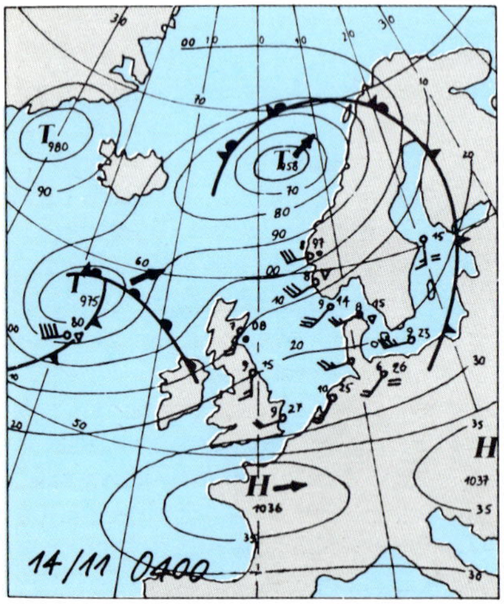

Die vollständige Bordwetterkarte (große Übersicht) für den 14.11.

Wenn die Lage von Fronten – auch Ausläufer genannt – nicht exakt angegeben ist, kann sie nur grob skizziert werden. Auf einer derart großen Übersichtskarte kann nur eine beschränkte Anzahl von Wetterinformationen untergebracht werden.

Zur Karte: Das Sturmtief über dem Nordmeer soll langsam nach Nordosten ziehen. Auf seiner Rückseite fließt natürlich frische Meeresluft ein, denn die Isobaren kommen von Atlantik und Nordsee. Das bedeutet auch, daß von dort die Luft herantransportiert wird. Die Station Skagen liegt mitten in dieser Luftmasse, denn dort schauert es bei reinem Westwind. Die Kaltfront, die nicht besonders in der Wetterlage angesprochen ist, muß schon weit im Osten liegen, denn auch Bornholm hat einen strammen Westwind.

Das Wetter in unseren Seegebieten wird bald durch das Sturmtief bestimmt, das jetzt südlich von Island liegt. Wenn dieses Tief in die norwegische See zieht, wie es vorhergesagt wurde, findet an der deutschen Küste ein „Machtkampf" zwischen dem jetzt noch vorherrschenden hohen Luftdruck und den Fronten des Sturmtiefs statt. Für Boote an den Küsten stellt sich die Frage, wie weit die Fronten nach Süden reichen – und somit, inwieweit ändert sich das Wetter durch das neue Tief?

In der Ostsee ist es vielfach diesig. Das bedeutet, dort dominiert noch der hohe Luftdruck des europäischen Festlandhochs. Auf seiner Nordwestseite wird feucht-warme Luft aus wärmeren Regionen herangeholt. Da in einem Hoch sich die ganze Luftmasse generell abwärts bewegt, kann der Wasserdampf der durch Gischt, Verdunstung oder menschliche Produktion entsteht, kaum abtransportiert werden. Im Gegenteil, alles sammelt sich in der bodennahen Luftschicht und bringt Sichtverschlechterung. Dabei kann sich aus Dunst oder Diesigkeit sogar Nebel bilden, der auch bei viel Wind nicht immer weggeblasen wird.

Wenn sich an der Küste dieser Hochdruckeinfluß abbaut, weil das Sturmtief näher rückt, merken Sie

So sieht die vollständige Wetterlage vom 14.11. in der Bordwetterkarte Nr. 9 aus

Die Karte bietet mehr, aber kleinräumigere Wetterinformationen, wie wir sie für den Bordbedarf gebrauchen. Im Vergleich beider Kartenausschnitte werden die Vor- und Nachteile der zwei unterschiedlichen Maßstäbe deutlich. Bei ausgeprägten Westlagen, bei denen Tiefs und Regenfronten in rascher Folge bei uns durchziehen, ist die große Übersichtskarte eine wertvolle Orientierungshilfe.

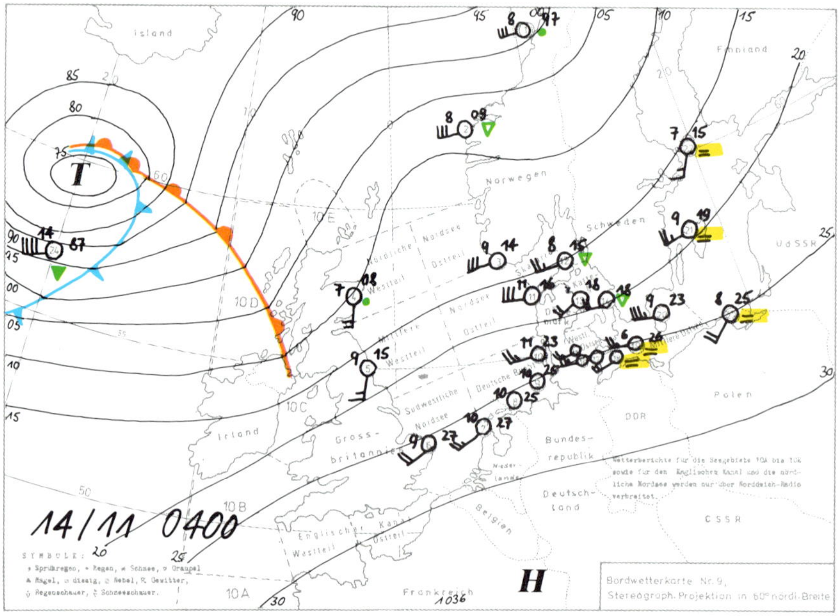

das ganz deutlich an der besser werdenden Sicht.
Zwischen dem abziehenden Tief über dem Nordmeer und dem Sturmtief südlich Islands muß ein kleiner Zwischenhochkeil sein. Wenn Sie die Windrichtungen an der englischen Ostküste betrachten, sehen Sie, daß die Isobaren dort etwas nach Süden laufen müssen, bevor sie zum Sturmtief umbiegen. Damit deutet sich ein Zwischenhochkeil an, der auch ganz typisch vor Warmfronten liegt. Je ausgeprägter das Tief mit seinen Fronten ist, desto deutlicher bildet sich im Laufe der Zeit dieses Zwischenhoch vor der Warmfront aus.
In unserem Beispiel wird sich der Hochkeil noch verstärken – das bedeutet vorübergehende, aber trügerische Wetterbesserung, denn wenn der Hochkeil bei Ihnen durchgezogen ist, kommt die Warmfront mit Regen und Wind. Noch herrscht an der ganzen deutschen Küste der Einfluß des mächtigen Hochs vor. Sie sehen aber schon jetzt die Anzeichen des trügerischen Zwischenhochwetters (siehe „Praktische Wetterregeln"). Die englischen Stationen zeigen gegenüber den anderen das typische Rückdrehen des Windes vor einer Front (verursacht durch den kleinen Hochkeil). Zugleich haben die Winde gegenüber Helgoland und Elbe 1 deutlich abgeflaut. Allerdings regnet es in Aberdeen schon, dort kann die Warmfront nicht mehr weit sein. Sie können getrost etwas westlich dieser Station eine Warmfront skizzieren.
Das Tief westlich Islands brauchen Sie gar nicht in die Karte aufzunehmen – es ist nur noch der klägliche Überrest eines vormals gewaltigen Sturmtiefs.
Jetzt haben wir eigentlich alles aus der Wetterlage herausgeholt, was der Bericht dazu hergibt. Der Meteorologe sagt dazu, er hat eine Analyse der Wetterlage gemacht. Obwohl diese Wetterlage sich im Spätherbst ereignete, ist sie doch typisch für die Monate Juli und August, bei denen die Westlagen in unseren Gebieten vorherrschen. Daher auch die wechselhaften Sommer, die allzuoft verregnen.

Die eigene Wetterbeobachtung

Im folgenden Schritt beleuchten wir die Prognosen des Meteorologen, um zu untersuchen, wie er sich die weitere Entwicklung gedacht hat. Obschon der Meteorologe erheblich mehr Informationen über die Wetterlage und deren Entwicklung zur Verfügung hat, können wir doch an Bord nachvollziehen, wie die Wetterlage sich verändert. Mit diesem Verständnis haben wir das Wetter dann voll im Griff. Sollte es anders kommen als prognostiziert, merken wir es an Bord nicht nur rechtzeitig, sondern haben dann auch eine Vorstellung, was die Veränderung hervorgerufen hat. Damit können wir uns rasch an die neuen Verhältnisse anpassen – weit vor dem nächsten Seewetterbericht, der erst viel später die veränderten Verhältnisse erfaßt.
Unser Prinzip an Bord ist, mit einigen Grundkenntnissen und sorgfältiger Beobachtung, das Wetter in den Griff zu bekommen und sich weiter zu helfen.
Nehmen wir an, Sie liegen in Helgoland und haben diesen Seewetterbericht um 0640 (MESZ) Uhr aufgenommen und Ihre Bordwetterkarte gezeichnet. So gegen 0800 Uhr machen Sie dann eine eigene Wetterbeobachtung:

Himmel: bedeckt
Sicht: gut
Druck: gleichmäßig gefallen auf 1022 hPa
Wind: Süd, Bft 5

Mit dieser Beobachtung sind Sie also schon mitten im Zwischenhochkeil – und zwar schon auf der zweiten Hälfte mit dem Trend zur Verschlechterung. Das sagt Ihnen der gleichmäßig fallende Luftdruck und der auf Süd zurückgedrehte Wind, der auch gegenüber der Nacht etwas abgeflaut ist. Wenn das Barometer in der Stunde um ein Hektopascal oder mehr fällt, muß man es genau im Auge behalten. Entweder wird das Tief sich Ihnen langsam nähern oder nördlich an Ihnen vorbeiziehen, wobei es dann aber nicht langsam zu ziehen braucht.
In diesem Fall trifft das letztere zu, denn es war von einem Sturmtief die Rede, das zieht selten langsam, wenn es noch jung und so klein an Ausmaß ist.
Wir können also festhalten:
Gegenüber der Wetterlage von 0400 Uhr ist der Druck deutlich gefallen, der Himmel hat sich bewölkt und ist jetzt ganz bedeckt. Der Wind hat sich kaum geändert. Das paßt also bis jetzt in die Vorhersage. Sie können davon ausgehen, daß dann Vorhersage und auch Aussichten eintreffen werden.
Der Wind soll auf Bft 8 zunehmen und rechtsdrehen, das bedeutet, die Warmfront wird die Nordsee überqueren. Da aber für die Deutsche Bucht kein Niederschlag angesagt ist, wird die Warmfront nördlich davon bleiben, etwa nördlich 55° N, wo die Grenze zwischen der Deutschen Bucht und der mittleren Nordsee liegt.

An dieser Stelle sollte Ihnen ein kleiner Widerspruch zwischen der Vorhersage und dem von Ihnen in Helgoland beobachteten Wetter auffallen: Wenn die Warmfront nicht bis zur Deutschen Bucht reichen soll, dann ist es verwunderlich, daß schon am Morgen so dichte Bewölkung aufzieht, die schließlich ein Hinweis auf eine herannahende Front ist. Also: rechnen Sie durchaus mit dem Herannahen der Warmfront bis an die deutsche Nordseeküste – darin ist natürlich eine Wetterverschlechterung gegenüber der Vorhersage enthalten, denn es wird Regen mit schlechter Sicht geben und eventuell noch mehr Wind. So wie ich Ihnen jetzt die Interpretation der Wetterlage und der Vorhersage demonstriert habe, können Sie es mit etwas Übung auch. Werten Sie sorgfältig den Seewetterbericht aus und beobachten Sie aufmerksam – mehr nicht. Damit Sie etwas Übung bekommen, betrachten wir in gleicher Weise wie bisher den Folgetag – dann wissen Sie auch, wie das Wetter sich wirklich entwikkelt hat.

Zeichnen Sie nach dem Seewetterbericht vom 15.11. die Bordwetterkarte. Sie sind schon etwas geübt, ich kann mich also kürzer fassen. Aus den Aussichten bis zum 16.11. 0400 Uhr können Sie ersehen, daß die Kaltfront des Sturmtiefs erst in der Nacht die Nordsee überqueren wird. Das ergibt sich daraus, wenn von Rechtsdrehen auf Nordwest bei leichtem Abflauen gesprochen wird. In der zweiten Nachthälfte müßte dann die Ostsee von der Kaltfront beeinflußt werden.

Soweit zur Wetterentwicklung wie

Seewetterbericht vom 15. November

Wetterlage 0400 Uhr

Sturmtief 975 hPa Bottnischer Meerbusen, nordostziehend.
Randtief 1000 hPa westlich Irlands, rasch ostnordostziehend, vertiefend.
Hoch 1040 hPa Ungarn, etwas südwandernd.
Keil 1030 hPa westlich Portugal, wenig ändernd.
Sturmtief 955 hPa Bäreninsel, nordostziehend.
Tief 983 hPa Irminger See, ostziehend.
Tief 985 hPa Nordostlabrador ostziehend.

Vorhersage bis 1800 Uhr

Deutsche Bucht (N10):	Südwest 7 bis 8, nachmittags zunehmend 9 bis 10, strichweise diesig.
Südwestliche Nordsee (N11, N12):	Südwest zunehmend 9 bis 10, gute Sicht.
Fisher (N9):	Südwest zunehmend 9 bis 10, rückdrehend anfangs Regen.
Skagerrak (B14):	Südwest bis Süd zunehmend 9, später rückdrehend, vorübergehend abschwächend, Schauer, später Regen.
Kattegat (B13):	Südwest bis Süd zunehmend 9, diesig.
Westliche Ostsee (B11):	Südwest 7 bis 8, später zunehmend 10, diesig.

Aussichten bis 16.11. 0600 Uhr

Deutsche Bucht (N10):	Südwest 10, West bis Nordwest drehend, abnehmend 7 bis 8.
Südwestliche Nordsee: (N11, N12):	West bis Nordwest 9 bis 10, später abnehmend 7 bis 8, Schauerböen, sonst gute Sicht.
Fisher (N9):	Südwest 9 bis 10, später rechtsdrehend, gute Sicht.
Skagerrak (B14) und Kattegat (B13):	Südwest 9 bis 10, auf West bis Nordwest drehend, später abnehmend 7 bis 8, Schauerböen, sonst gute Sicht,
Westliche Ostsee (B11):	Südwest 10, West bis Nordwest drehend, abnehmend 7 bis 8.

Wetterlage vom 15.11.

So sollte Ihre nach der Wetterlage vom 15.11. gezeichnete Wetterkarte aussehen.

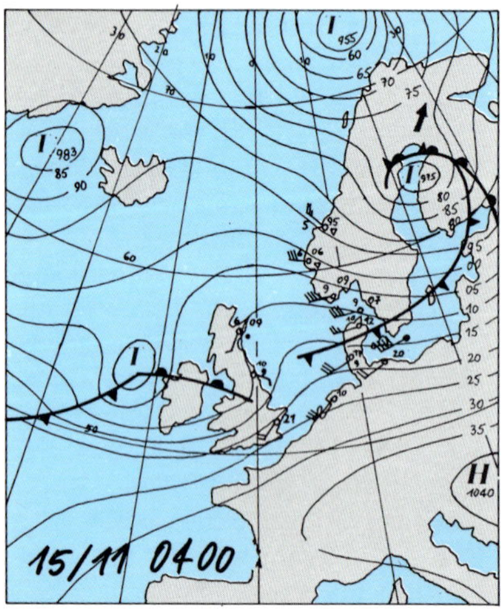

Wettermeldungen vom 15.04 0400 Uhr

	Wind	Wetter	Temp °C	Druck hPa
1 Sklinna	WNW 5	Schauer	5	999
2 Svinoy	W 6	Schauer	6	1006
3 Lista	W 7	Schauer	7	1009
4 Aberdeen	S 2	Regen	6	1009
5 Tynemouth	ESE 3	Regen	7	1010
6 Hemsby	SSW 4	–	11	1021
7 Den Helder	SSW 6	–	12	1022
8 Borkumriff	SW 7	–	12	1021
9 Helgoland	SW 6	diesig	12	1020
10 List/Sylt	WSW 6	Niesel	11	1017
11 Thyboron	SW 7	diesig	9	1008
12 Skagen	W 8	–	9	1007
13 Fornaes	W 5	–	10	1012
14 Kullen	WSW 8	Regen	11	1015
15 Kaegnes	WSW 7	diesig	11	1017
16 Kiel-Holtenau	WSW 7	–	10	1020
17 Puttgarden	WSW 6	–	10	1020
18 FS Mön	WSW 7	–	10	1020
19 Arkona	WSW 8	–	10	1018
20 Bornholm	WSW 8	–	10	1015
21 Visby	W 6	Regen	8	1004
22 Marieham	W 9	Schauer	5	992
23 Hel	WSW 7	diesig	7	1015
24 L-Schiff	SW 5	–	12	1003
25 Cherbourg	SW 6	–	13	1026

sie nach dem 15.11. eintreffen soll. Jetzt überprüfen wir, ob die Vorhersage vom 14. für den 15. November wirklich eingetroffen ist. Schauen Sie die Stationsmeldungen an:
1. Am 15.11. zum 0400-Uhr-Termin regnete es an drei Stationen – ganz im Gegensatz zur Vorhersage. Man kann selbstverständlich auch im Umfeld dieser Stationen Regen annehmen. Der Widerspruch klärt sich so einfach, wie er sich am Vortag schon andeutete: Die Warmfront reichte eben doch etwas weiter nach Süden als angenommen.
2. Die Windvorhersage für die Nordsee traf nicht zu, an Stelle von rechtsdrehen auf Nordwest blieb es bei Südwest. Woran lag dies? Schuld daran ist das Randtief bei Irland, das sich aus der Kaltfront des Sturmtiefs rasch entwickelte und dadurch vieles durcheinander brachte.
3. Für die Ostsee traf es so ein, wie es prognostiziert wurde. Die drei Stationen mit den schwächeren Winden sind durch das Land abgeschattet, sie stehen in Lee der Küste. Am Verlauf und auch Abstand der Isobaren über Skagerrak, Kattegat und der Ostsee ist eindeutig zu sehen, daß überall auf See die gleiche Windstärke herrschen muß.
Für die weitere Wetterentwicklung muß jetzt ein Auge auf das neu entstandene Randtief bei Irland geworfen werden, das der Urheber der Fehlprognose des Meteorologen war. Daß sich dieses junge Tief weiterentwickeln wird, sehen Sie schon daran, daß sich vor der Warmfront ein kräftiger Zwischenhochkeil aufgebaut hat. Es geht also alles wieder von vorn los – eine typische Westlage.

Noch einmal zusammengefaßt:

So wird mit der Bordwetterkarte gearbeitet

1. Aufschreiben des vollständigen Seewetterberichtes mit allen Stationsmeldungen.
2. Eintragen der Stationsmeldungen (radierfest).
3. Druckzentren einzeichnen.
4. Isobaren einzeichnen (zuerst im Abstand von 10 Hektopascal, dann ist es übersichtlicher).
5. Farbig auszeichnen.
6. Auswerten = Interpretieren: Verlagerungspfeile antragen und Karte mit der Vorhersage des Seewetterberichtes vergleichen.
   - Wie muß sich die gezeichnete Wetterlage verändern, damit die Prognose des Meteorologen zutreffen wird?
   - Welches Wetter wird für den Tag zu erwarten sein?

Der Bordwetterkartenschreiber

Im Kreise der Betroffenen sind sich alle einig, daß die derzeitige Versorgung mit Wetterinformationen arg verbesserungswürdig ist. Dabei hat sich in aller Stille eine revolutionäre Neuheit für Yachties auf dem Markt etabliert. Der Bordwetterkartenschreiber. Die Fortschritte in der Elektronik haben es möglich gemacht, daß heute die Wetterkartenschreiber mit dem Platz eines Kofferradios auskommen. Der Stromverbrauch, neben dem Platzbedarf das nächste praktische Problem für Segelboote, bewegt sich in der Größenordnung von 1 bis 2 Ampere. Das Gerät von Nagrafax braucht sogar im Betrieb nur 280 mA.
In der Preisklasse von 5000,– bis 11000,– DM sind auf dem deutschen Markt verschiedene Geräte zu haben. Je nach Typ werden sie entweder an den vorhandenen Funkempfänger angeschlossen, oder sie haben einen eigenen integrierten Empfänger.
Der eigene Bordwetterkartenschreiber löst alle bisherigen Probleme der Wetterversorgung. Sprachschwierigkeiten gibt es nicht mehr. Wetterkarten sind international. Verpaßt man mal einen Sendetermin, ist das kein Beinbruch – einfach einen anderen Wetterkartensender einschalten. Dort kommt die gleiche oder eine ähnliche Karte etwas später.

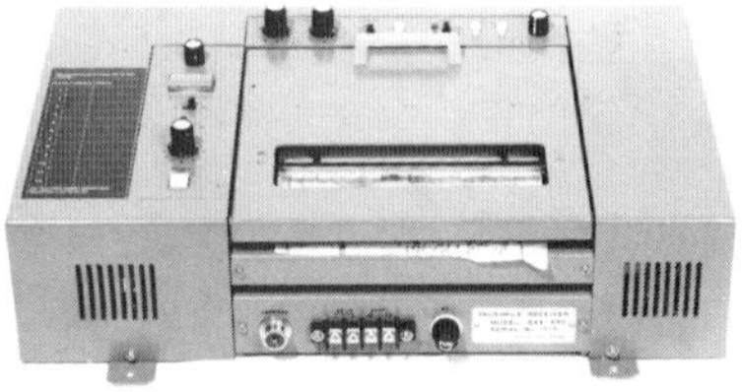

Wetterkartenschreiber W 805 von ZN-Technik
Dies ist der preiswerteste Bordfax. Er verwendet Naßpapier, das elektrochemisch beschrieben wird. Die Bildqualität ist ausreichend, aber nicht mit Metallpapier vergleichbar. Das Gerät arbeitet mit Festquarzen, Bedienung und Abstimmung sind simpel.

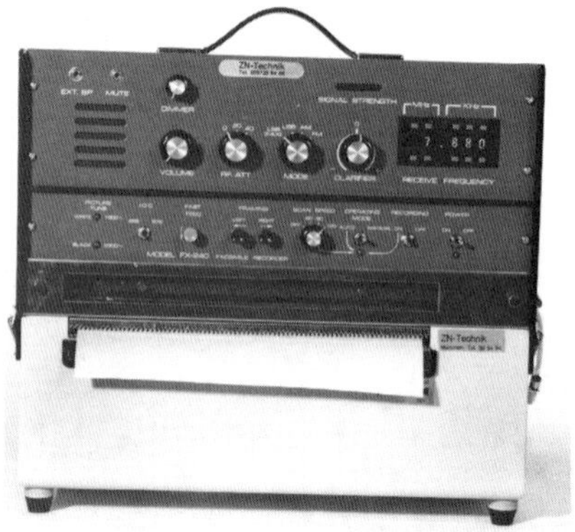

Wetterkartenschreiber W 805/2 von ZN-Technik
Das zur Zeit wohl führende Gerät im Preis/Leistungsvergleich. Einige Besonderheiten dieses Fax: Festes Metallpapier, auf dem auch gemalt werden kann, äußerst präziser Druck, der sonst nur vom Nagrafax geboten wird. Sehr guter Einseitenbandempfänger (SSB) auf Synthesizerbasis, eingebautes Netzteil, so daß man im Winterhalbjahr das Gerät zu Hause betreiben kann.

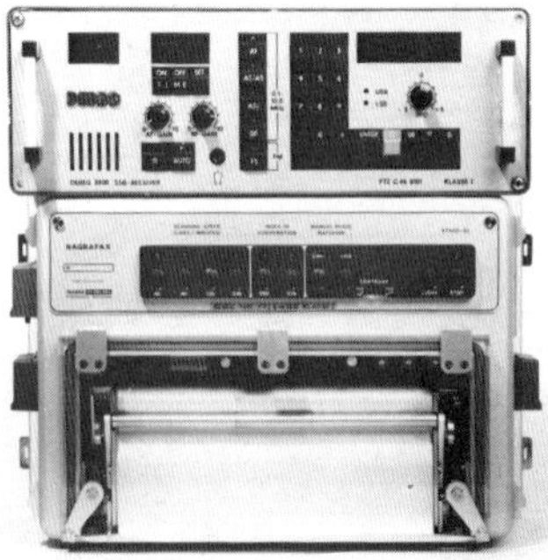

Wetterkartenschreiber Nagrafax
Das Supergerät unter den Wetterkartenschreibern. In seiner Bildqualität und Empfangsstärke ist es ebenso weltweit ungeschlagen wie in seinem Preis (ca. 11000 Mark), allerdings kommt dazu noch extra ein Empfänger. Elektronischer und mechanischer Aufbau sind von höchster Präzision. Die Abstimmung ist für Laien etwas kompliziert.

In jedem europäischen Seegebiet kann man mindestens drei verschiedene Wetterkartensender empfangen.

Die Vorteile des Wetterkartenschreibers

- Die optische Darstellung bringt einen großen Verständnis-/Nutzeffekt
- Keine Sprachprobleme
- Keine Information kann verloren gehen
- Sendetermine in großer Auswahl rund um die Uhr
- Großer Lernerfolg durch Interpretation und Vergleich von Wetterkarten
- die Möglichkeit, das Wetter später nachzuarbeiten

So funktioniert ein Wetterkartenschreiber

Alle größeren Staaten, die einen eigenen Wetterdienst haben, stellen über Funk auch ihre Produkte zur Verfügung. Die Wetterkarten werden täglich nach einem festen Sendeplan ausgestrahlt, so daß man an Bord nur seinen Empfänger auf die Frequenz der Sendestation einstellt. Alles weitere, was zur Aufnahme der Karte technisch erforderlich ist, leistet die Elektronik im Wetterkartenschreiber.

Bevor die Sendestation mit der Ausstrahlung der Karte beginnt, sendet sie ein Startsignal aus, das den Bordschreiber „aktiviert". Damit die Papierwalze des Bordfax* im gleichen „Rhythmus" wie die des Senders arbeitet, erhält der Bordempfänger noch ein Synchronsignal. Danach beginnt die automatische Aufzeichnung der Karte, die vom Sender gestoppt wird, sobald die Karte fertig gesendet worden ist.

So nutzt man den Wetterkartenschreiber

Die Haupttermine für weltweite Wetterbeobachtungen und somit für Wetterkarten sind 00, 06, 12, 18 Uhr koordinierte Weltzeit (UTC, Funkabkürzung Z).

Die in einem Wetteramt erstellte Wetterkarte basiert auf vielen hundert gleichzeitigen Wetterbeobachtungen, die fachkundig analysiert worden sind. Solch eine Wetteranalyse ist die Grundlage für das Verständnis des augenblicklichen Wetters und erst recht dessen, was vorhergesagt wurde.

Ein wesentlicher Teil der Wetteranalysenkarte sind die Isobaren und Fronten.

Natürlich bleiben Druckzentren und Fronten selten an dem Ort liegen, an dem sie zu einem Zeitpunkt analysiert worden sind. Mit dem Bordwetterkartenschreiber haben Sie die Möglichkeit, sich die vom Wetterrechenzentrum vorausberechnete Lage von Isobaren und Fronten an Bord zu holen. Die Wetterdienste verbreiten täglich Bodenvorhersagekarten für T+24, T+48, T+72, das heißt für 1 bis 3 Tage voraus. Wenn solch eine Vorhersage dann einmal daneben geht, hätte es ein einzelner mit der größten Erfahrung auch nicht besser machen können.

Der Bordwetterkartenschreiber (Bordfax) paßt in nahezu jede Navigationsecke hinein. Hier kann man in aller Ruhe in See- und Wetterkarte arbeiten – meteorologische Navigation ist dann kein Schlagwort mehr, sondern alltägliche Praxis.

* *Fax ist die übliche Kurzbezeichnung für Wetterkarten-Faksimileschreiber.*

Erklärung der wichtigsten Wettersymbole

In allen Wetteranalyse-Karten verwendet man entweder Symbole oder Zahlen, die weltweit die gleiche Bedeutung haben. Längst nicht alle brauchen Sie zu kennen, hier die gebräuchlichsten:

- Sichttrübung durch industriellen Rauch
- ∞ trockener Dunst
- = feuchter Dunst
- flacher Nebel (etwa bis 2 m hoch)
- Wetterleuchten
- Gewitter ohne Niederschlag
- starke Böe
-)(Wind/Wasserhose
- Sandsturm

Regenarten:

- Niederschlag, der nicht den Boden erreicht (verdunstet wieder)
-)•(Niederschlag, der über 5 km von der Station entfernt ist.
- (•) Niederschlag, der weniger als 5 km von der Station entfernt ist.

leichter mäßiger starker	Sprühregen (Niesel) **mit** Unterbrechungen
leichter mäßiger starker	Niesel **ohne** Unterbrechung
leichter mäßiger bis starker	Regen mit Niesel vermischt
leichter mäßiger starker	Regen **mit** Unterbrechung
leichter mäßiger starker	Regen **ohne** Unterbrechung

- ▽ leichter Schauer
- sehr starker Schauer
- Graupelschauer
- Hagelschauer

Gewitter

- Gewitter mit Regen
- Gewitter mit Hagel/Graupel
- starkes Gewitter mit Regen
- starkes Gewitter mit Hagel/Graupel

Nebel

- ≡ Nebel
- Nebelschwaden
- ≡| Nebel der dünner geworden ist (in der letzten Stunde)
- ≡ Nebel, keine Änderung in der letzten Stunde
- |≡ Nebel, in der letzten Stunde dichter geworden

Ein besonderes Zusatzzeichen

Wenn eine Wettererscheinung in der letzten Stunde vor dem Beobachtungstermin beobachtet wurde, zum Termin selbst aber nicht mehr aktuell war, setzt man einen Kasten um das Symbol:

Die Symbole für die Luftdrucktendenz

Als Bezug werden immer die 3 Stunden vor dem Beobachtungstermin genommen. Da man weltweit alle 3 Stunden beobachtet, und eine „Bodenkarte mit Stationseintragungen“ sendet, haben Sie damit das Verhalten des Luftdrucks im Griff.

- erst steigend, zuletzt gefallen
- erst steigend, zuletzt konstant geblieben
- / stetig gestiegen
- erst gefallen, dann aber gestiegen
- — gleichbleibend
- erst gefallen, dann gestiegen
- erst gefallen, dann konstant geblieben
- \ stetig gefallen
- erst gestiegen, dann gefallen.

Der Schlüssel für die Sichtweiten

Hier müssen Sie etwas Obacht geben, es werden zugleich zwei verschiedene Schlüssel verwendet:

Schiffsschlüssel für Sicht

90 bis 50 m
91 > 50 m
92 > 200 m
93 > 500 m
94 > 1 km

95 > 2 km
96 > 4 km
97 > 10 km
98 > 20 km
99 > 50 km

Landschlüssel für Sicht

00 bis 0,1 km
01 ≥ 0,1 km
02 ≥ 0,2 km
⋮

Hilfe: von 01–49:
Bei der 2stelligen Ziffer immer ein Komma dazwischen setzen, das ist die Sicht in Kilometern.

48 = 4,8 km
49 = 4,9 km
50 = 5,0 km
56 = 6 km
57 = 7 km
58 = 8 km
59 = 9 km

Hilfe: von 56–59
Wenn Sie die 5 vorn weglassen, gibt die übriggebliebene Ziffer die Sicht in Kilometern an.

60 = 10 km
61 = 11 km
62 = 12 km
⋮

Hilfe: von 61–69:
die 6 vorn weglassen, die übriggebliebene Ziffer gibt die Sicht in Kilometern an, die zu 10 km dazuzuzählen ist.

69 = 19 km
70 = 20 km
71 = 21 km
⋮

Wie bei 50er und 60er Ziffern

78 = 28 km
80 = 30 km

Der Schlüssel über 80 ist für Sportschipper unwichtig. Merken Sie sich nur, daß alle Zahlen über 80 Sichtweiten von mehr als 30 km angeben.

Hinweis:

Einige Landstationen verwenden auch den einfacheren Schiffsschlüssel.

Die Symbole für Wolkenarten

Ganz entsprechend den drei schon bekannten Wolkenstockwerken finden Sie Symbole für Wolken in diesem Niveau auf den Stationskarten. Unterhalb des Stationskreises sind die tiefen Wolken angeordnet, oberhalb die mittelhohen Wolken. Genau darüber finden Sie die Symbole für das oberste Wolkenstockwerk – die Cirren.

Die tiefen Wolken:

kleine Cumulus **(Schönwetter)**

mittelgroße Cumulus

große Cumulus **(Schauertyp)**

Stratocumulus (der Stracu)

Cumulus und Stratocumulus gemischt

Cumulonimbus (der Cb), **Gewitterwolke**

Stratus und Cumulusfetzen **Schlechtwettertyp**

reiner Stratus

Cumulus und Stratocumulus in verschiedenen Höhen

Die mittelhohen Wolken:

Altostratus, die Sonne scheint noch durch

Altostratus und/oder Nimbostratus, keine Sonne mehr zu sehen, **Schlechtwettertyp.**

Altocumulus

Sonderformen des Altocumulus

Altocumulus mit Altostratus und/oder Nimbostratus, **Schlechtwettertyp**

Altocumulus, **Gewittertyp**

Altocumulus „chaotischer Himmel“, drohendes **Schlechtwetter**

Die hohen Wolken:

Cirrus

Cirrus im Aufzug, **Schlechtwettertyp**

Cirrostratus im Aufzug, **Schlechtwettertyp**

Cirrostratus, Sonne scheint durch, Halo

Cirrocumulus, Schönwettertyp.

Diese Wolken bringen schlechtes Wetter:

hohes Stockwerk

mittleres Stockwerk

unteres Stockwerk

Die einfachste Art, dem Wetter auf die Spur zu kommen geht also so:

1. Die Aufnahme einer **Bodenwetteranalyse.** Die Bodenwetteranalyse ist eine Auswertung des tatsächlich angetroffenen Wetters.
2. Die Aufnahme einer **Bodenwettervorhersage.** Die Bodenwettervorhersage ist eine Prognose für die wahrscheinliche Weiterentwicklung.

Schon mit diesen beiden Karten ist man jedem Seewetterbericht haushoch überlegen, wenn man sie richtig interpretieren kann. In allen Einzelheiten sieht man, wie Fronten sich verlagern, Druckgebilde sich verschieben und das Wetter verändern – man braucht nur die beiden Karten nebeneinander zu betrachten.

Die Bodenwetteranalyse erkennt man sofort, auch wenn einmal die Legende am Kartenrand auf dem Funkweg verloren gegangen ist: Eine Vielzahl von „Stationsmeldungen" durchsetzt die Karte, die mit Hochs, Tiefs und Fronten gefüllt ist. So kann man im Detail lesen, welche Wetterbedingungen die Stationen in der Nähe festgehalten haben.

Hier ein ganz wichtiger Hinweis: Stellen Sie in jedem Falle eindeutig fest, von welchem Tag/Uhrzeit die Karte ist. Karten ohne Termin sind völlig wertlos.

Die Wetterschlüsselsymbole

Die gesamte Wetterbeobachtung an einer Wetterstation wird in Zahlen und Symbolen verschlüsselt und dann in die Wetteranalyse-Karte eingedruckt. Dies geschieht im Rechenzentrum des Wetterdienstes durch den Computer.

Es gehört nur wenig Übung dazu, sich durch das scheinbare Gewirr von Daten hindurchzuwühlen. Konzentrieren Sie sich anfangs nur auf wenige Teile der Stationsmeldung.

Die Wetterschlüsselsymbole am Beispiel erklärt

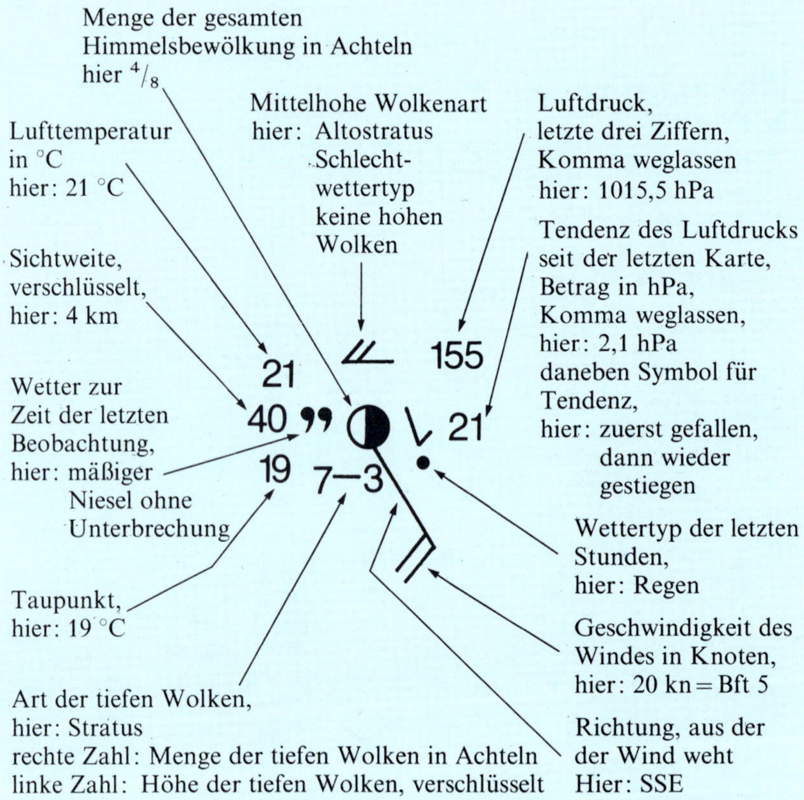

Hinweise: Fehlt ein Wert des Stationsmodells, wurde er nicht beobachtet oder gemessen.

Abweichungen:
- Das Symbol für die Drucktendenz steht bei deutschen Karten über dem Tendenzwert.
- Die Schlüsselzahl für die Sichtweite steht bei deutschen Karten oberhalb des Wettersymbols.
- Der Windpfeil wird oft auch tangential an den Stationskreis angetragen.

Eine echte Wettermeldung aus der Karte

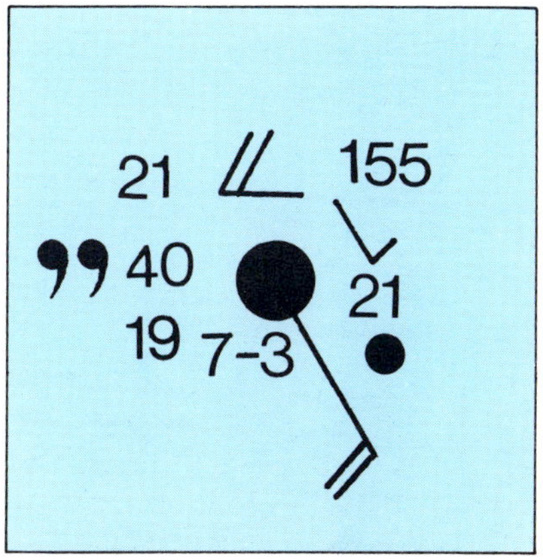

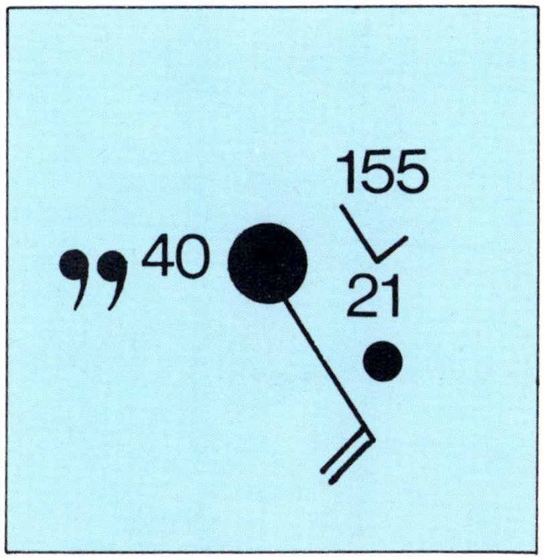

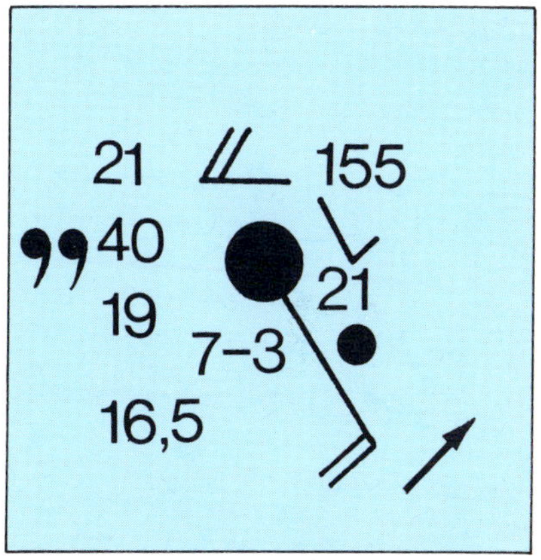

Solche Stationsmeldungen erscheinen recht kompliziert, in der Tat.
Der Yachtskipper sollte sich ausschließlich auf die für ihn wichtigen Informationen beschränken.

So lesen Sie diese Meldung:

Der Himmel ist bedeckt (8/8), als tiefe Wolken sind Stratus und Cumulusfetzen (Symbol: – –) vom Schlechtwettertyp zu sehen.
Die beiden Ziffern 7 und 3 am Wolkensymbol sind für Yachties ohne Belang. Als mittelhohe Wolken werden Nimbostratus gemeldet – aus denen fällt Niederschlag. Hohe Wolken wurden keine beobachtet.

Der Wind weht aus Südosten mit 20 kn, das entspricht nach der Umrechnungstabelle Bft 5.
Die Lufttemperatur beträgt 21° C.
Der Punkt der Luft ist 19° C.
Die Sichtweite beträgt 4 km, entsprechend der Schlüsselzahl 40.
Der Luftdruck hat den Wert 1015,5 hPa, und er ist in den letzten Stunden erst kräftig gefallen (um 2,1 hPa), dann aber wieder ansteigend.
Während der letzten Stunden vor der Beobachtung hat es geregnet, jetzt nieselt es noch.

Selektieren Sie aus den vielen Daten die für Yachties bedeutsamen:

Dann reduziert sich die Datenfülle auf wenige wichtige Informationen, die leicht zu lesen sind:
- Windrichtung und -stärke
- Wetterereignis
- Sichtweite
- Luftdruck und Tendenz

Stationsmeldung eines Schiffes

Schiffsmeldungen sind noch aufwendiger als solche von Landstationen. Zusätzlich melden Schiffe noch die Wassertemperatur, sie steht unten links an der Station und ist daran zu erkennen, daß der Wert immer mit einer Kommastelle angegeben wird. Unten rechts von der Station sehen Sie einen Pfeil, der die Fahrtrichtung des Schiffes angibt.
Achtung: Als Sichtweitenschlüssel wird von Schiffen der besondere 90er Schlüssel verwendet (90 bis 99).

Bodenwetteranalyse Europa und Nordatlantik

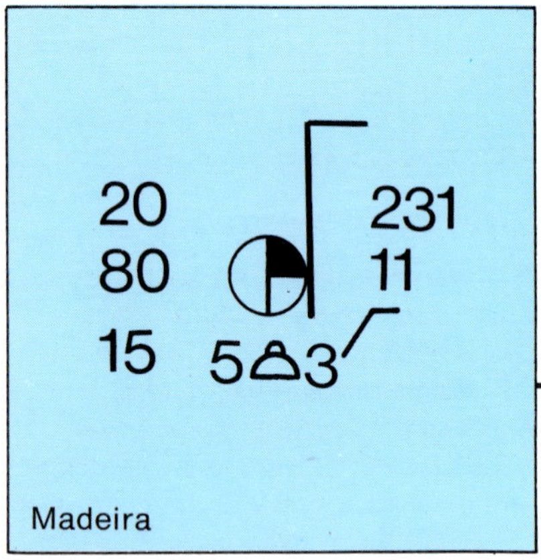

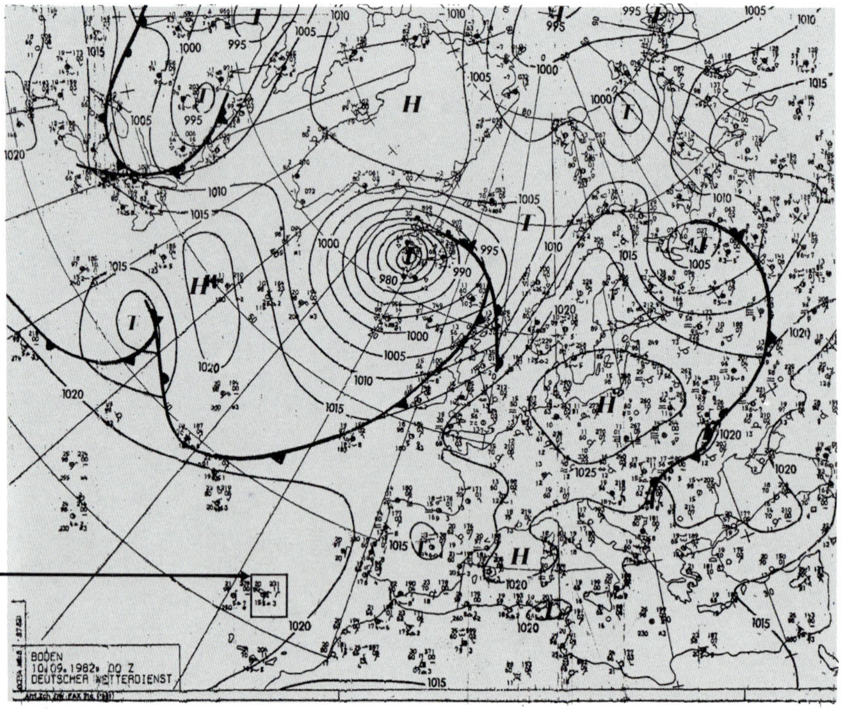

Dies ist das verkleinerte Original einer Wetterkarte, wie sie vom Bordwetterkartenschreiber produziert wird. Es handelt sich um eine Bodenwetteranalyse vom 10. September 1982 von 0000 UTC (= Z). Der Produzent ist der Deutsche Wetterdienst. Neben den Isobaren und Fronten enthält die Karte eine Vielzahl von Stationsmeldungen, die alle nach dem bereits erläuterten Prinzip eine vollständige, teils verschlüsselte Wetterbeobachtung enthalten. Die Landkonturen sind lediglich angedeutet, um die Wettermeldungen deutlich sichtbar und im Vordergrund zu halten.
Das Einlesen in die Wetterkarten erfordert weniger Übung als es den Anschein hat. Schauen wir uns an, welches Wetter Madeira gemeldet hat (Kasten).
Nordwind mit 10 kn (= Bft 3), der Himmel ist etwa halb bedeckt (= 3/8), die Lufttemperatur beträgt 20° C, der Taupunkt (mit dem wir uns nicht befassen wollen) hat 15° C. Die Sicht (80) beträgt 30 km. Der Luftdruck steht auf 1023,1 hPa und ist um 1,1 hPa seit dem letzten Kartentermin gestiegen. Aber zuletzt ist er konstant geblieben. Die Wolken: Cumulus (Schönwettertyp) mit 3/8 Menge in der Höhe 5 (Höhe ist für uns unwichtig).
Wenn die Wetterkarten vom Computer gezeichnet werden, wird aus technischen Gründen der Windrichtungspfeil tangential an die Station gelegt.

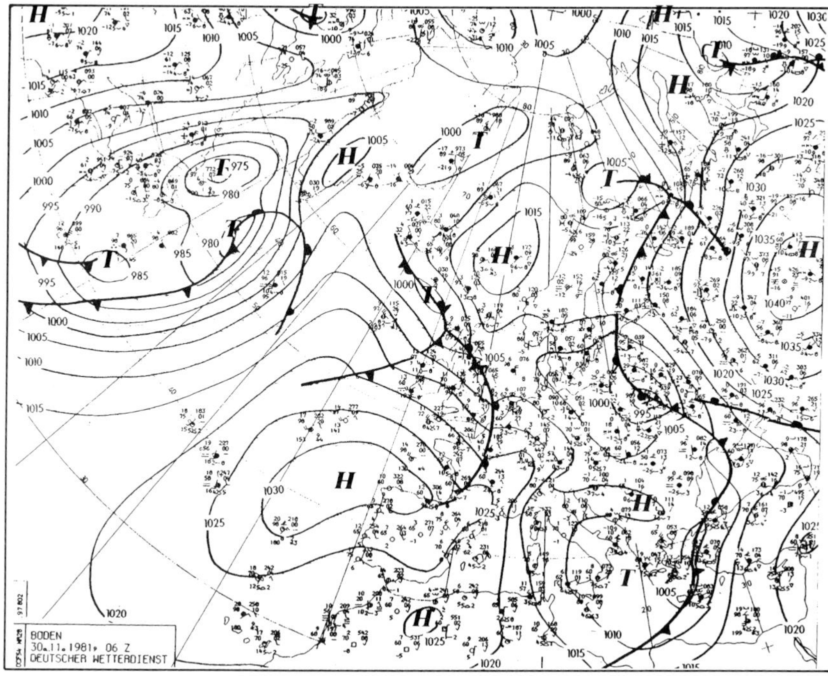

Bodenwetteranalyse vom 30.11.81 0600 Uhr
Diese Wetterkarte hat der Bordwetterkartenschreiber ausgedruckt. Sie enthält eine komplette Analyse der europäischen und antlantischen Wetterlage, erstellt nach Millionen Wetterdaten aus aller Welt.

Die Grundlagen für das Verständnis des Wetters, egal ob gegenwärtig oder zukünftig, ist eine sorgfältige Analyse der vorhandenen Daten und Erkenntnisse, wie sie alle 6 Stunden vom Deutschen Wetterdienst (DWD) verbreitet werden.
Beginnen wir also, mit dem Bordfax zu arbeiten. Zuerst wird die Wetterlage interpretiert, wie sie uns als Analyse vom 30.11.1981 06 Z (Z=UTC) vorliegt.

So wird die Wetterkarte gelesen
Zwei umfangreiche Tiefdruckgebiete mit ausgedehnten Fronten bestimmen in weiten Teilen das Wetter. Das Tief über Polen mit Kerndruck 995 hPa beeinflußt die Seegebiete der Ostsee, und ein kleiner Isobarensack (Trog) reicht sogar noch bis in das Kattegat. Sie erinnern sich sicher noch, daß diese beulenförmigen Isobaren beim Tief schlechtes Wetter bringen.
Ein weiteres Tief mit Kerndruck 1000 hPa liegt zwischen Schottland

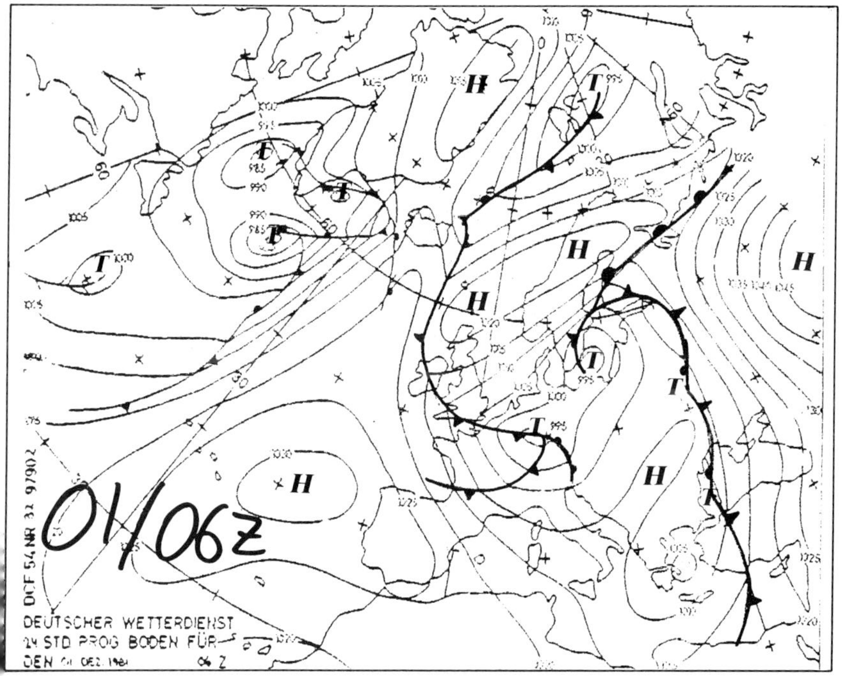

Bodenvorhersage für den 1.12.81 0600 Uhr
So sieht eine Wettervorhersagekarte aus, die über den Bordwetterkartenschreiber läuft. Sie wird direkt vom Rechenzentrum des Deutschen Wetterdienstes ausgestrahlt. Die Vorhersagekarte zeigt in allen Details, wie sich Hoch und Tief verlagern sollen.

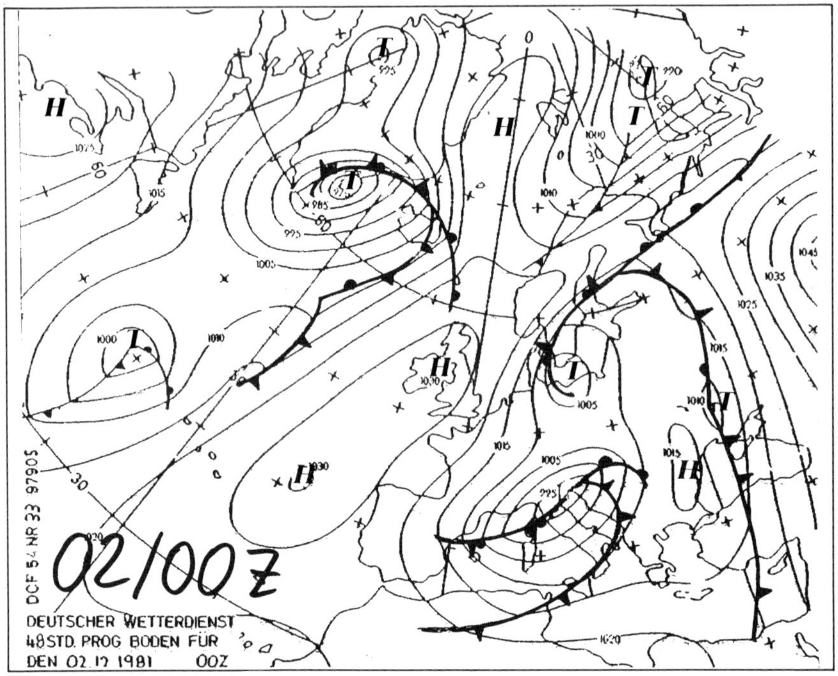

Bodenvorhersage für den 2.12.81 0000 Uhr

und Island. Sein weit aufgespannter Warmsektor bedeckt die ganzen britischen Inseln. Ganz typisch finden wir vor der Warmfront einen Zwischenhochkeil, der vorübergehend also eine Wetterverbesserung für Teile von Frankreich und Westdeutschland bringt.
Das Mittelmeer liegt wohl unter dem typischen Hochdruckeinfluß doch ist es dort ungewohnt kalt. Die nördlichen Winde bringen auf Mallorca 4° C und Rom sogar nur 1° C.
Maßgeblich für die weitere Entwicklung der Wetterlage sind komplizierte physikalische Prozesse, die weder mit unseren Sinnesorganen, noch mit Meßgeräten am Erdboden erfaßt werden können. Wir brauchen also in jedem Fall die Unterstützung der Wettercomputer in den großen Rechenzentren der Wetterdienste. Deren Endprodukte sind wieder für uns verständlich, denn sie werden in Form von Karten ausgedruckt und über den Äther gesendet.
Über den Bordfax erhalten Sie so eine Vorhersagekarte für den nächsten Tag, den 01.12.1981 06 Z.

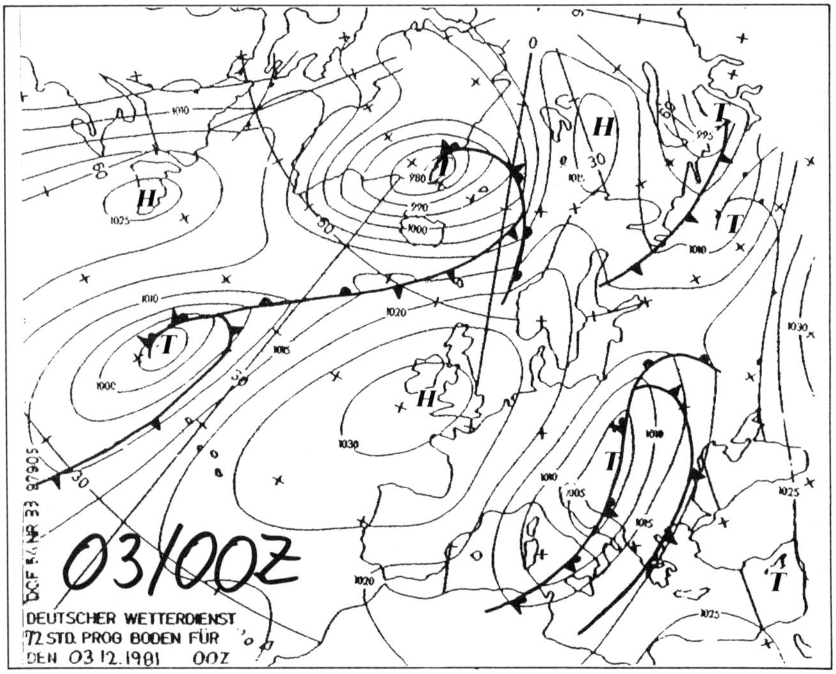

Bodenvorhersage für den 3.12.81 0000 Uhr
Eine bessere Planungsgrundlage für Törns kann man sich nicht vorstellen als die Vorhersagekarten der Bodenwetterlage für drei Tage voraus. Die Qualität der Vorhersage läßt sich jeweils am nächsten Tag gut überprüfen, indem man die vorhergesagte Wetterlage mit der tatsächlich eingetroffenen vergleicht.

Welche Schlüsse lassen sich aus der Vorhersage ziehen?
Das polnische Tief soll sich in die Ostsee verlagern – also ganz entgegengesetzt zur laienhaften Vorstellung, daß Tiefs in unseren Breiten nach Osten ziehen. Für die Ostsee ergibt das eine Verengung der Isobaren, also mehr Wind.
Das atlantische Tief soll sich als echter Schnelläufer entwickeln. Sein Kern soll nach 24 Stunden schon über Hessen liegen und mit seinen Regenfronten Süddeutschland beherrschen.
Für Mittelmeer-Schipper wird sich damit eine Wetterbesserung einstellen, doch Vorsicht! Wohl wird es nach der Vorhersage am 01. Dez. im Mittelmeer milder werden, weil der Wind auf West zurückdreht und somit relativ warme Luft aus dem Biskayaraum für Erwärmung sorgt, doch die Gefahr zeigt sich hier jetzt schon: Mistral. Zu dem Tief gehören zwei Kaltfronten, die in Staffeln von Nord nach Süd (in Richtung der Pfeile an der Front) ziehen. Wenn diese Fronten bis in das Mittelmeer vorstoßen, bläst ein Mistral. Bei solch einer ruhigen Ausgangslage ist man also mit der Vorhersagekarte schon gehörig vorgewarnt, um möglichst keine langen Seeschläge zu machen, wenn man nicht gebeutelt werden will.
Wer wenig später die Bodenvorhersage für den 2. und 3. Tag aufzeichnet, findet diese bereits angedeuteten Warnung eindrucksvoll bestätigt.

So wird eine Bodenanalysenkarte ausgearbeitet

1. Prüfen Sie, ob Datum und Uhrzeit **deutlich** lesbar sind – sonst dick aufschreiben.
2. Schattieren Sie die Landmassen, um die Lesbarkeit zu verbessern.
3. Zeichnen Sie die Druckzentren nach:
   ein großes rotes T für jedes Tiefzentrum und ein großes blaues H für die Hochs.
4. Zeichnen Sie die Fronten farbig nach:
   Warmfronten rot, Kaltfronten blau.
   Die Okklusionsfronten sind violett auszumalen, doch hat man diesen Stift selten. Malen Sie einfach blau über rot.
5. Markieren von Gewittern:
   Suchen Sie die Stationen ab (wenigstens die in der Umgebung), ob Gewitter auftraten. Diese Stationen werden dann deutlich mit einem roten Gewittersymbol übermalt.
6. Ausmalen der Regen/Schauergebiete:
   Alle Stationen, die Schauer gemeldet haben, werden mit einem grünen Schauersymbol übermalt. Dort, wo man Regen angibt, wird die Station (mit der ganzen Meldung) grün übermalt. So sieht man zum Schluß deutlich die wichtigen Schlechtwetterzonen.
7. Nebel an der Station wird mit gelb übermalt.

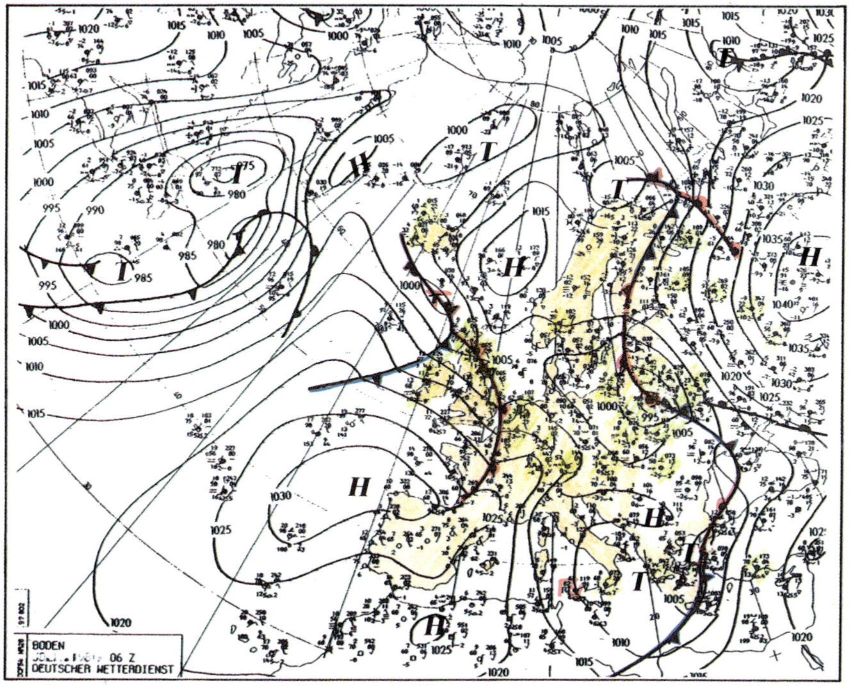

Noch einmal die Wetterlage vom 30.11., aber diesmal farblich „verschönt" und dadurch für den Bordgebrauch übersichtlicher und besser lesbar gemacht.

Über Norditalien hat sich aus der 2. Kaltfront ein echtes Sturmtief entwickelt, das für eine klassische Mistrallage sorgt. In den übrigen Seegebieten des westlichen Mittelmeeres sieht es allerdings nicht besser aus – der Sturm tobt überall, obwohl er sich scheinbar aus dem Nichts entwickelt hat.
Zum Schluß noch eine Anmerkung, die nicht oft genug gemacht werden kann. Skipper wundern sich immer wieder, wenn nach einem Vorhersagetermin die nächste Vorhersagekarte etwas ganz anderes darstellt – es also „plötzlich ganz anders" kommen soll als vor 12 Stunden noch vorhergesagt.
Die Lösung ist ganz einfach: Richtig, das heißt, die beste Vorhersagekarte ist immer die zuletzt erschienene – ältere Karten werden damit automatisch ungültig. Daß sich tatsächlich in wenigen Stunden erhebliche Veränderungen in der vorhergesagten Wetterlage ergeben können, erklärt sich ganz einfach daraus, daß sowohl die Meteorologen als auch deren Computer inzwischen mehr und neuere Daten und Erkenntnisse über die physikalischen Prozesse der Atmosphäre erfahren haben. Die letzteren Werte, die man revidieren mußte, waren einfach nicht repräsentativ genug, um die wahre Entwicklung der Atmosphäre angemessen zu beschreiben. – Ein Umstand, mit dem wir zu leben haben, auch im Zeitalter der Superelektronik.

Welche Wetterkarten braucht man an Bord?

Aus dem umfangreichen Programm, das jeder Wetterdienst für die Fax-Empfänger anbietet, ist nur ein bestimmter Teil für den Amateur brauchbar. Der Rest sind Spezialkarten für die Fliegerei, und Karten, die lediglich von Meteorologen für Meteorologen gedacht sind.

Mit diesen Karten sollten Sie arbeiten

Bodenanalyse Europa/Nordatlantik
Bodenkarte mit Stationseintragungen
Bodenvorhersage für 24, 48, 72 Stunden.

Diese Karten sind informativ und hilfreich

Wassertemperaturkarte
Seegangsanalyse und -vorhersage
Maximum- und Minimumtemperaturen von europäischen Stationen

Welche Sendestationen für das Seegebiet?

Keinesfalls ist es ratsam, so weit wie möglich die vertraute Sendestation aufzunehmen. Für Wetterkarten gilt das gleiche, wie für gesprochene Seewetterberichte: die nächstgelegene Sendestation ist fast immer am besten. Allerdings ist es für den Anfang etwas gewöhnungsbedürftig, mal diesen und mal jenen Sender zu empfangen, denn alle haben unterschiedliche Kartenformate.

Einige Tips zu den europäischen Fax-Sendern aus der Praxis

Offenbach

Sendet rund um die Uhr, nahezu ohne Pause, gute Kartenformate, gute Lesbarkeit, sehr pünktlich, Empfangsschwierigkeiten oft im Englischen Kanal und im Küstenbereich von Südfrankreich/Norditalien. Sendet nur im Langwellenbereich,

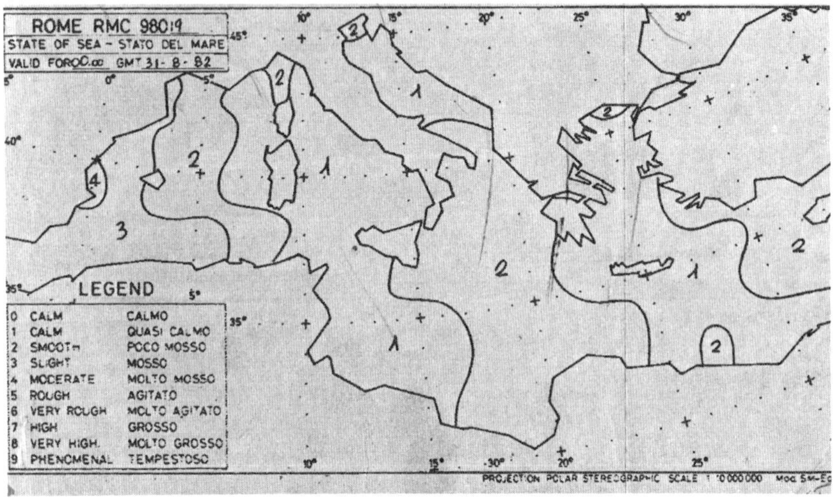

Seegangsanalysekarte vom Sender Rom

Auch eine solche Karte kann recht nützlich für die Törnplanung sein. Die Zahl gibt die Seegangsstärke an. Während es in weiten Teilen des Mittelmeers fast ruhig ist (1), nimmt der Seegang im westlichen Zipfel zu. Recht unangenehm ist es vor der spanischen Ostküste, nördlich Denia/Alicante (4).

lange Empfangsantenne ist wichtig. Isobarenstand 5 hPa.

Bracknell
Sendet mit großer Leistung in einem günstigen Frequenzbereich, beste Frequenz 8040 kHz. Ist meistens in Nord- und Ostsee auch dann noch gut zu empfangen, wenn im Funk alles andere „zu“ ist, pünktlich. Gute Vorhersagequalität für Seegebiete um die britischen Inseln und besonders auch den Atlantik. Sendet Analysen und Vorhersage für Seegang, getrennt nach sea und swell. Isobarenabstand 4 hPa.

Rota
Der Sender Rota gehört der amerikanischen Flotte und steht bei Cadiz (Südspanien). Große Reichweite, Bodenkarten enthalten keine Fronten, Isobarenabstand 4 hPa.
Der Sender ist auf den Atlantik gerichtet, eine geringe Sendeleistung geht in das Mittelmeer.

Paris
Sendet auf Kurzwelle, beide Bänder haben große Reichweite. Gute Vorhersage für den Atlantik. Bester Sender für das westliche Mittelmeer. Wichtigste Karte Bodenkarte mit Stationen, Maßstab 1:5 Mio.; enthält alle Stationsmeldungen der ganzen Mittelmeer-Küste. Erscheint alle drei Stunden.
Vorhersagekarten im Format etwas gewöhnungsbedürftig.
Vorsicht. Hoch = A, Tief = D.

Monsanto (Lissabon)
Bringt gute Vorhersagen für die Westküste der iberischen Halbinsel, ist allerdings schon als rechter Exot zu bezeichnen: Mit den Sendezeiten geht man großzügig um.

Madrid
Für die Küstengewässer sehr gut, im westlichen Mittelmeer deutlich verbessert.
A = Hoch, B = Tief

Rom
Qualität der Vorhersage lobenswert, besonders, was das westliche Mittelmeer angeht. Pünktlich, gute Seegangskarten.

Belgrad
Für die Adria und das Ligurische Meer ungeschlagener Spitzenreiter. Es gibt keine besseren Vorhersagen für dieses Revier als von Belgrad. Guter Empfang, ausreichende Reichweite. Nicht für andere Seegebiete des Mittelmeeres zu gebrauchen. Sendezeiten werden eingehalten, Funkstörungen dicht unter der Küste, dann auf Rom ausweichen.

Quickborn
Der Sender Quickborn ist sozusagen ein Spezialsender des Deutschen Wetterdienstes. Seine Aufgabe ist es, die deutschen Schiffe auf hoher See mit brauchbaren Wetterkarten zu versorgen. Die gesendeten Karten sind eine Auswahl für Normalverbraucher, teilweise direkt von anderen Wetterdiensten übernommen (z.B. Moskau, Bracknell).
Vorteile: Nur Karten im Programm, die jedermann versteht, wichtige Karten werden wiederholt. Nautische Warnnachrichten werden im Klartext zu festen Terminen gesendet, guter Empfang auch im Mittelmeer.
Nachteile: Oft schlechter Empfang auf Nord- und Ostsee, wenn man zu dicht am Sender steht.

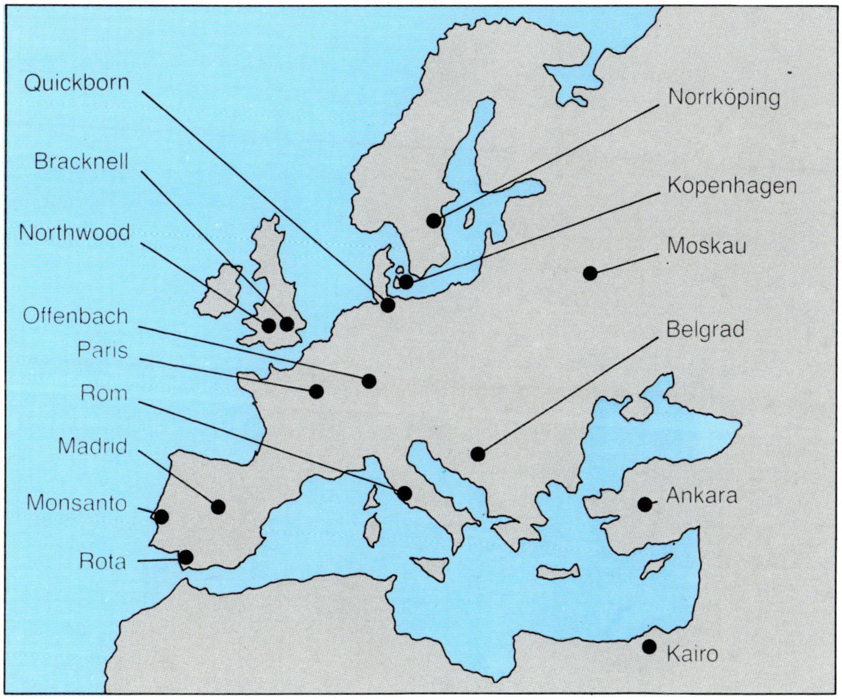

Sendestationen von Wetterkarten.

Das Wetter in der Nordsee

Windverhältnisse und Sturmtage im Sommer

Obwohl die Nordsee ein relativ kleines Küstenmeer ist und in der veränderlichen Westwindzone liegt, muß man doch Unterscheidungen in verschiedene Gebiete machen, denn die mittlere Windstärke nimmt von Südost nach Nordwest deutlich zu. Lediglich die englische Ostküste fällt hier aus dem Rahmen, denn das englisch/schottische Bergland schirmt die vorherrschenden Westwinde gut ab. Mittlere Windstärke im Sommer 3 bis 4 Bft. Der windschwächste Monat in der Deutschen Bucht ist der Mai.

Während des Sommers haben etwa $^2/_3$ aller Winde im küstennahen Bereich die Stärke 1 bis 3 Bft. Auf der freien Nordsee verringert sich der Anteil von Bft 1 bis Bft 3 auf etwa 50%. Auffällig ist, daß die Windstärke an der Küste starken Variationen unterliegt. Die Ursache ist die ausgeprägte Küstenform. Wäh-

Anzahl der Sturmtage in der Nordsee (März–Oktober)

Stärke Bft 8 und mehr

Stationen	FS Borkum Riff	FS Elbe 1	FS Horns Rev (DK)
März	2,5	2	1
April	1	1	1,5
Mai	0–0,5	0–0,5	0
Juni	0–0,5	0–0,5	0–0,5
Juli	1	1	0–0,5
August	1	1,5	1
September	2,5	1,5	2,5
Oktober	4	3	4

Anzahl der Tage mit Starkwind in der Nordsee (März–Oktober)

Stärke Bft 6 und mehr, wobei die Stärke Bft 6 mindestens einmal für 10 Minuten oder länger erreicht wurde. Der tatsächliche Starkwindanteil beträgt im Mai lediglich 5% aller Stunden des Monats.

Stationen	FS Borkum Riff	FS Deutsche Bucht	FS Elbe 1
März	12,5	16	14
April	9,5	10,5	11
Mai	8	9	8,5
Juni	8,5	9	8
Juli	9	9,5	9,5
August	10,5	12	12
September	12,5	11,5	11
Oktober	16	18	16,5

rend des Hochsommers ist der Seewind gut ausgeprägt und erreicht bis Bft 4.
In der Tabelle der Sturmtage sehen Sie deutlich, daß die Monate Mai und Juni in dieser Hinsicht am sichersten sind. Leider sind die Wassertemperaturen noch recht niedrig.
Der August ist der Monat, in dem Sie nach der Statistik den ersten Sommersturm erwarten dürfen.
Die Tabelle der Starkwindtage bringt die gleiche Aussage: Mai und Juni sind am ruhigsten, der Juli stellt schon einen Übergang dar. Die meisten Stürme dauern nach der Erfahrung etwa einen halben Tag an. Selten bläst ein Sturm länger als einen vollen Tag.
Wenn Sie im Seewetterbericht die Windmeldungen der Stationen auswerten, sollten Sie einige Besonderheiten berücksichtigen:

List (Sylt)
Bei W bis NW liegt die Windstärke oft deutlich über den Werten der anderen Stationen. Die Ursache ist die exponierte Lage des Windmessers, der auf einer Düne steht. Die Windwerte von List können Sie in etwa als repräsentativ für die freie See ansehen. In der inneren Deutschen Bucht kann man eine Windstärke abziehen.

Helgoland
Leider steht der Windmast der Helgoländer Wetterwarte nicht besonders günstig. Bei W bis N wird hier viel zu wenig angezeigt, denn das Meßgerät wird abgedeckt. Besonders bei Rückseitenwetterlagen werden die Böen erheblich gedämpft – also Vorsicht.

Feuerschiff Elbe 1
Ein sehr guter „Ratgeber", dessen Werte für die innere Deutsche Bucht unbedingt wichtig sind.

Feuerschiff Borkum-Riff
Bei W bis NW zeigt es meistens eine Windstärke mehr als Elbe 1, denn es liegt in einem Bereich, wo der lange Windweg sich deutlich auswirken kann.
Wenn Sie entscheiden sollen, ob Sie auslaufen oder nicht, nehmen Sie folgende Stationen als repräsentative Entscheidungshilfe:

W- bis NW-Winde:
  FS Deutsche Bucht
  FS Borkum-Riff
  FS Elbe 1
  List (Sylt)

SW- bis S-Winde:
  FS Elbe 1
  FS Borkum-Riff (nur bei SW)

SE- bis NE-Winde:
  Helgoland
  FS Elbe 1
  FS Borkum-Riff (nicht bei SE)
  FS Deutsche Bucht

N-Winde:
  List (Sylt)
  FS Deutsche Bucht
  FS Borkum Riff
  FS Elbe 1

Der persönliche Gang zur Wetterstation ist in jedem Falle ein empfehlenswerter Weg. Auch wenn dort keine Meteorologen sitzen, die Ihnen eine amtliche Wetterberatung geben könnten, haben diese Mitarbeiter doch einige Erfahrung – und viel mehr Informationen als der Schipper.

Wetterstationen an der deutschen Nordseeküste

Emden, Nesserlander Schleuse, Tel. 04921/21458
Bremerhaven, An der neuen Schleuse, Tel. 0471/72220
Cuxhaven, Bei der alten Liebe, Tel. 04721/36400
Helgoland, Hafenmeisterei, Tel. 04725/606

Wetterstationen machen amtliche Wetterbeobachtung. Der Seewetterbericht liegt hier zur Einsicht aus.

Anzahl der Nebeltage in den Häfen der Nordsee

	Emden	Wilhelmshaven	Bremerhaven	Hamburg
März	5	5	9,5	5,5
April	1,5	3	4	2,5
Mai	0,5–1	1–2	1–2	1,0
Juni	0–0,5	1	1	0–0,5
Juli	1,5	1	1	1
August	2	1	3	1,5
September	3	2–3	4–5	4–5
Oktober	5	5	7	7

Nebeltage auf See

Gebiet	April	Mai	Juni	Juli	Aug.	Sept.	Okt.
Borkum Riff FS	5	3,5	2,5	1	1	1,5	2,5
Weser FS	5	4,5	2,0	1,5	1,5	2	4
Elbe 1 FS	5	4,5	1,5	1,5	0,7	1,5	2,5
Horns Rev FS	5	6,5	4,0	2,0	1	1	1

Nebellagen im Sommerhalbjahr

Nebel tritt in der Nordsee zu allen Jahreszeiten auf. Die häufigsten Windrichtungen, die Nebel verursachen sind:

Frühjahr	SW – NW
Sommer	W – N
Herbst	SW – SE

Keinesfalls tritt Nebel nur bei Windstille auf, bis zu Bft 6 ist er beobachtet worden. Im statistischen Mittel wird die Beobachtung belegt, daß Nebel an der Nordsee meist in den Nachtstunden entsteht und sich nach Sonnenaufgang auflöst. Die mittlere Andauer von Nebel beträgt nur 3 Stunden. Auch auf der freien See bleibt Nebel nicht lange bestehen, hier tritt er häufig in der Form von driftenden Nebelbänken auf.

1

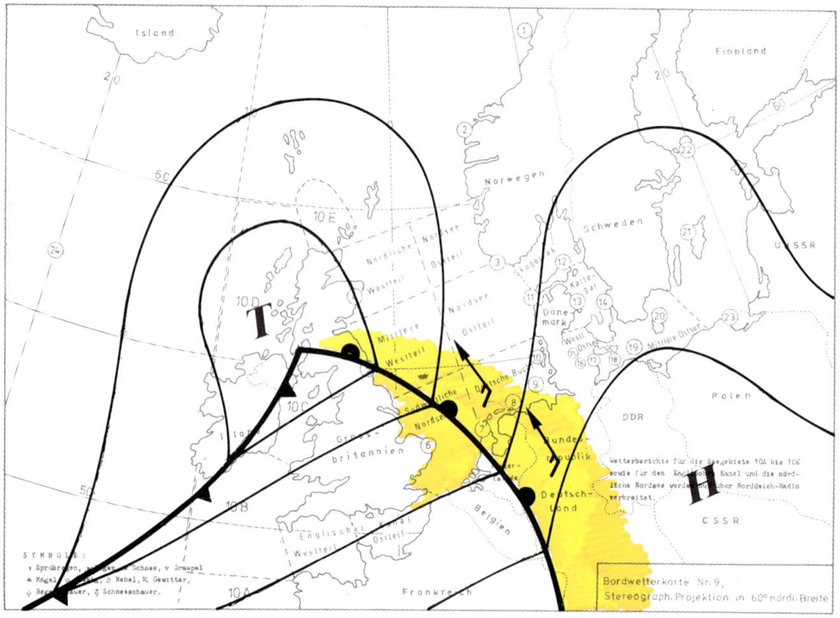

2

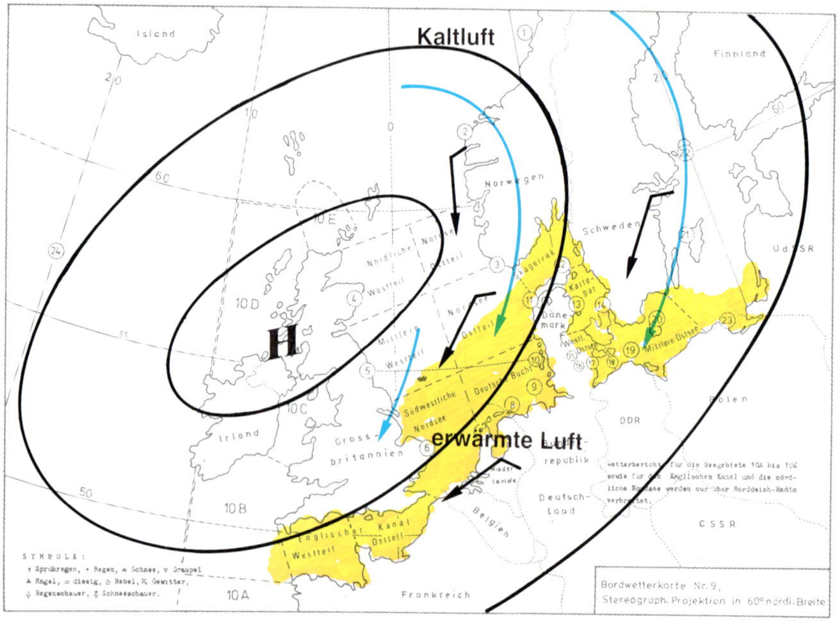

1 Typische Nebellage für Frühjahr und Frühsommer

Wenn das Wasser noch deutlich kälter als die Luft ist, bringen Warmfronten den Nebel. Vor der Front wird warme und feuchte Luft auf das kalte Wasser geführt. Das Ergebnis ist Nebel, der erst hinter der Front langsam verschwindet. Deshalb auch die Bezeichnung Warmfrontnebel.

2 Typische Nebellage für Spätsommer und Herbst

Wird Polarluft langsam südwärts transportiert, erwärmt sie sich über dem noch relativ warmen Wasser von Nord- und Ostsee in einer flachen Schicht und reichert sich mit Feuchtigkeit an. Bei stabilem Hochdruckeinfluß kann diese Feuchte nicht wegtransportiert werden. So entsteht anhaltender Nebel, der erst in Auflösung geht, wenn der Hochdruckeinfluß abgebaut wird.

Typische Wetterlagen für Nebel

Im Frühjahr entsteht Nebel auf See, wenn sehr warme (d.h. auch feuchte) Luft aus südlichen Breiten über das noch erheblich kühle Nordseewasser geführt wird. Über dem Festland herrscht entweder nur Morgennebel oder die Sicht ist gänzlich ungetrübt. Doch kaum wirkt das kalte Wasser auf die subtropische Luftmasse, zieht sich diese zusammen und die Feuchtigkeit kondensiert – Nebel. Ohne eine Veränderung der Wetterlage bleibt der Nebel erhalten.
Im Sommer wird Nebel relativ selten beobachtet. Wenn kalte und trockene Arktikluft vom warmen Meerwasser langsam und beständig auf dem Weg gen Süden erwärmt wird, reichert sie sich erheblich mit Feuchtigkeit an, die aus der Wasseroberfläche verdunstet. Wegen der hohen Temperaturen von Luft und Wasser kann die Luft aber sehr viel Feuchtigkeit aufnehmen. Nebel kann nur durch drastische Abkühlung der Luft unter die Wassertemperatur auftreten. Dies ist an der Küste möglich.
Windschwache Nordlagen sind potentielle Nebelbringer, denn nachts kühlt bei klarem Himmel das Land so stark aus, daß die Wassertemperatur unterschritten wird. Das Ergebnis ist dicker Küstennebel, der nach See hin oft hart hinter dem Deich endet. Auf See herrscht beste Sicht.
Herbstliche Nebel auf See sind selten, da das Meerwasser noch warm ist. Für den Herbst ist zunehmend mit Küstennebel und Nebel in den Binnenrevieren zu rechnen.

Dichter Nebel im Hafen, der die Sonne vollständig „verschluckt" hat.

Sobald die Nebeldecke etwas aufreißt und die Sonne deutlich zu sehen ist, geht es mit der Sicht schnell aufwärts. Jetzt dauert es keine Stunde mehr, bis der Nebel weg ist.

Häufig wird es Ihnen passieren, daß im Hafen dicker Nebel herrscht, und beim Abhören der Stationsmeldungen im Seewetterbericht geht es dann mit den Sichtweiten rauf und runter. Eine Station ist „dicht", die andere hat gute Sicht. Ursache sind die stark schwankenden Wassertemperaturen in der Deutschen Bucht. Sprünge in der Oberflächenwasser-Temperatur von 2 bis 3° C auf kürzeste Distanz sind hier üblich. Bekannt sind auch sogenannte „Kalte Eier", das sind eng begrenzte Kaltwasser-Inseln, die driftende Nebelbänke erzeugen.
Gerade wegen der stark schwankenden Wassertemperaturen – sowohl örtlich als auch zeitlich – sind die Sichtverhältnisse sehr uneinheitlich im Seegebiet um Helgoland. Natürlich sind Vorhersagen entsprechend schwierig und mit Vorsicht anzugehen.

Helgoländer Nebel
Im Spätsommer und Frühherbst beobachtet man häufig, daß sich zum Sonnenuntergang hin die Insel in starken Dunst oder auch Nebel hüllt. Bei ausgeprägten Hochdruck-

Helgoländer Nebel

Zunächst hüllt sich die Insel fast unbemerkt in eine Dunsthülle. Bis sie vollständig im Nebel verschwindet, braucht es nicht mehr lange.

lagen wird es zuerst diesig. Wer die Insel ansteuert, muß schon auf 2 bis 3 sm herankommen, um etwas zu sehen. Und schlagartig ist plötzlich alles zu. In wenigen Minuten hüllt sich die Insel in dichten Nebel, nur die Türme auf dem Oberland sind noch zu ahnen. In einigen Stunden ist der Spuk dann wieder vorbei.
Die Ursache für diesen plötzlichen Nebel ist Kaltwasser, das bei Flut einströmt. Ein einziges Grad weniger Wassertemperatur löst den Nebel spontan aus, der kaum eine Seemeile weit reicht.
Wer kein Radar oder keinen Funkpeiler besitzt, schleicht sich am besten von Osten (Südosten) an die Düne heran, die letzte halbe Seemeile schafft man dann gut mit dem Nebelschallsender auf der Mole des Südhafens. Wem das zu brenzlig ist, der ankere auf gutem Grund östlich von der Düne, bis der Strom kentert und die Sicht wieder besser wird.

Plötzlich kommt dichter Nebel auf
Wenn man mitten in einem stark befahrenen Schiffahrtsweg von plötzlich einbrechendem Nebel überrascht wird, möchte man sich gern mit einem Zaubertrick irgend woanders hinwünschen – es sei denn, die Yacht ist mit Radar ausgerüstet.
Dieser ganz überraschend einbrechende Nebel heißt **Advektionsnebel** in der Fachsprache. Es handelt sich hierbei um die bereits besprochene Heranführung (Advektion) von sehr feucht-warmer Subtropikluft, die über kälterem Wasser abkühlt, das heißt zusammenschrumpft, und das gespeicherte Wasser auskondensieren läßt. In wenigen Minuten sind Sie in der dichtesten Suppe, die Sie sich vorstellen können.
An dieser Stelle gleich noch einen Hinweis auf etwas, das nicht allen

1

2

Optische Täuschung im Nebel

1 Der hier auftauchende Tanker scheint noch recht weit weg zu sein, weil er gerade erst ausgemacht wurde. Man ist leicht geneigt, vor dem Dickschiff noch das Fahrwasser zu queren und wähnt sich dabei absolut sicher. Maschinengeräusche, die im Nebel stark gedämpft werden, sind nicht zu hören – ein weiterer Grund, das Schiff weit entfernt, bzw. langsam fahrend zu schätzen. Bugwellen werden von der vorherrschenden Nebelluft überdeckt.
2 Das Ergebnis sehen Sie in diesem Bild, das ganz kurz danach aufgenommen wurde – die Kollision droht, und sie ist nur noch mit Mühe abzuwenden.

bekannt ist: Nicht nur die Sehfähigkeit wird drastisch eingeschränkt, sondern auch die Fähigkeit zur Entfernungsschätzung. Sichtbare Erscheinungen sind in Wirklichkeit wesentlich näher dran als man glaubt. Unser Auge begeht diesen Trugschluß, ohne uns darüber zu informieren.

So hilft man sich mit UKW-Radio im Nebel
Ganz gleich, ob Sie auf der Nordsee, im Mittelmeer, in der Biskaya oder auf der Ostsee vom Nebel überrascht werden, hilflos sind Sie keinesfalls dem Zufall ausgeliefert, wenn Sie UKW-Telefon an Bord haben. Setzen Sie einen Spruch über Kanal 16 ab, etwa*: „An alle Schiffe, an alle Schiffe, hier ist Segelyacht (Name, Rufzeichen), meine Position ist 20 sm westlich der Forschungsplattform Nordsee, mein Kurs ist 350 Grad. Wir segeln ohne Radar, alle Schiffe in unserer Nähe werden gebeten, scharf Ausguck zu gehen.“ Wenn Sie hierauf keine Antwort erhalten, können Sie schon einmal aufatmen. Wiederholen Sie die Meldung allerdings alle halbe Stunde. Werden Sie von einem Dampfer aufgefaßt, kann dieser Ihnen nicht nur über sein Bordradar Auskunft über Schiffsverkehr in der Nähe geben, sondern ganz nebenbei gibt er Ihnen gern den exakten Standort.

Gewitterlagen und Wasserhosen

Gewitter treten in Nordwesteuropa fast immer im Sommerhalbjahr auf. Von Mai bis September haben wir nach der Statistik pro Monat 2 bis 3 Tage mit Gewittern. Draußen auf See sind Gewitter deutlich seltener als im Küstenbereich und über

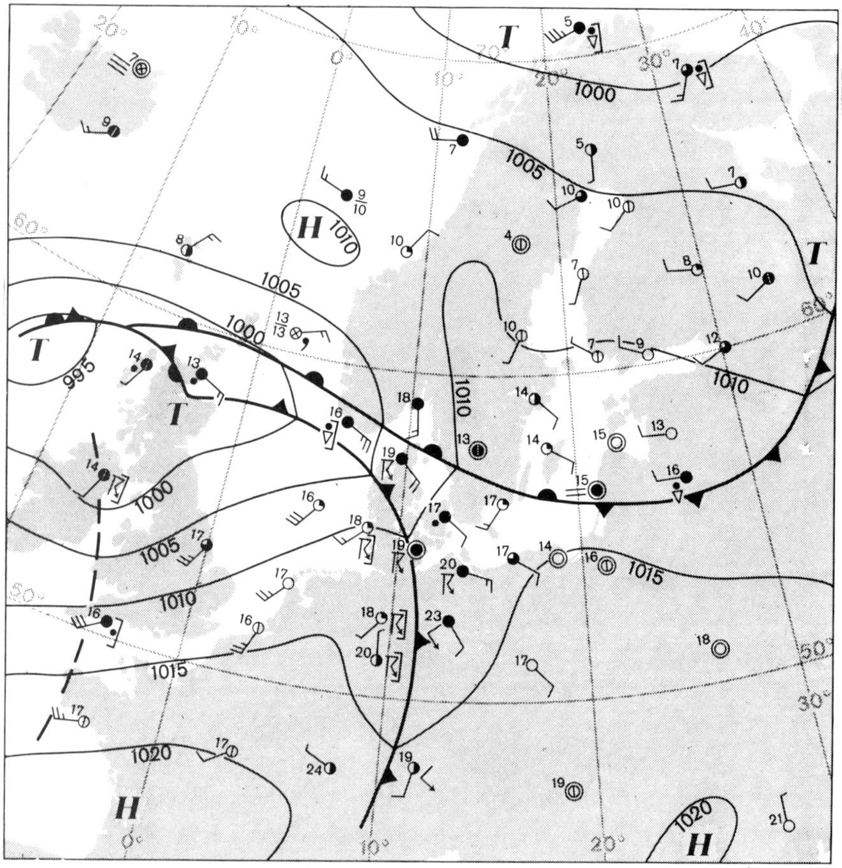

Typische sommerliche Südlage mit Gewittern an der Kaltfront.

---

* *Komplette Meldung in englischer Sprache:*
"Sécuritée, sécuritée, sécuritée
all ships, all ships, all ships,
this is (Schiffsname 3 ×, Rufzeichen)
Sécuritée (Schiffsname, Rufzeichen),
approximate position ... degrees ... minutes North, ... degrees ... minutes East (West)
proceeding under sail in dense fog,
heading ... degrees, speed ... knots,
no radar equipment on board
all ships are requested to keep sharp outlook and indicate
this is (Schiffsname, Rufzeichen),
over."

Land. Die sommerlichen Wärmegewitter treten über See – wenn überhaupt – erst in der zweiten Nachthälfte auf. Sie sind von kurzer Dauer. Vorsicht ist geboten, wenn Frontgewitter auftreten sollen. Hierfür gibt es zwei typische Wetterlagen:

Sommer
Wenn über den britischen Inseln und der nördlichen Nordsee ein Tief liegt, dann wird oft im Frontbereich ein großer Luftmassengegensatz entstehen. Im Warmsektor holt das Tief feuchtwarme Subtropikluft aus dem Süden. Hinter der Kaltfront strömt recht kühle und trockene Polarluft ein. Dies sind die besten Voraussetzungen für heftige Frontgewitter, die mit ausgeprägten Böenwalzen einhergehen.

Herbst
Das Nordseewasser ist noch recht warm und fungiert als Heizplatte für die darüberliegende Luftmasse. Bei Nordlagen, die hochreichende Kaltluft auf den Kontinent bringen, wird die Atmosphäre sehr instabil. In der Höhe ist es sehr kalt und die bodennahe Schicht wird vom Wasser erwärmt – das Ergebnis sind zahlreiche kräftige Schauer mit eingelagerten Gewittern.

Wasserhosen kommen fast ausschließlich im Spätsommer vor, immer in Verbindung mit Kaltlufteinbrüchen.

Seewetterberichte für die Nordsee

Eine jährliche Übersicht über alle Sendestationen mit Seewetterberichten gibt das Deutsche Hydrographische Institut als Faltblatt heraus (*Wetter- und Warnfunk*, DHI).
Der „Reed's Nautical Almanac", der jährlich neu erscheint (Bade & Hornig, Eckardt & Messtorff), enthält alle Sendestationen mit Frequenzen und Sendezeiten, ebenso wie „The MacMillan & Silk Cut Nautical Almanac".

Seewetterbericht in deutscher Sprache

Sendestationen	**Frequenz** kHz	**Sendezeiten** (UTC)	**Sendezeit in Landeszeit, während der Sommerzeit** (MESZ)
Norddeich Radio Gebiete: Übersicht 1	2614	0810 2010	1010 2210
Deutschlandfunk (DLF) Gebiete: Übersicht 1	1269 1539	0005 0540 1140 0005	0105 0640 1240 0105
Radio Bremen Gebiete: Übersicht 1	936	2205	2305
Radio Bremen Gebiet: Deutsche Bucht	diverse UKW-Frequenzen	stündlich nach den Nachrichten	
Stimme der DDR Gebiete: B7 bis B14	179	0450 1150* 1750 2350	0550 1150* 1750 2350
NDR I Gebiet: Deutsche Bucht	702 828 972	2305 * außer sonnabends	0005

Fernsprechansagedienst der Post

Telefon (0) 11509:	Seewetterbericht für die Küsten- und Sportschifffahrt vom 15.04. bis 31.10. in fast allen nord- und westdeutschen Ortsnetzen verbreitet.
Telefon (040) 1164:	Wetterlage und Windvorhersage für Deutsche Bucht und Westliche Ostsee.
Telefon (0) 1164:	Wetterlage und Vorhersage für das entsprechende Bundesland des örtlichen Wetteramtes

Revierfunk in deutscher Sprache (UKW)			
Revier	**Sendestation und Kanal**		**Sendezeit**
Ems	Borkum Radar	18	Jede ungerade Stunde H+00
	Knock Radar	20	
	Wybelsum Radar	21	
Jade	Jade Revier	20	Jede ungerade Stunde H+15
Weser	Alte Weser Radar	22	Jede Stunde H+00
	Hohe Weg Radar	02	
	Robbenplate Radar	02, 04	
	Blexen Radar	07	
	Bremen Weser Revier	19	Jede Stunde H+30
Elbe	Neuwerk Radar	18, 05	Cuxhaven jede ungerade Stunde H+00
	Cuxhaven Radar	21	
	Belum Radar	03	
	Brunsbüttel Radar	04	Jede ungerade Stunde H+05
	Freiburg Radar	18, 22	
	Steindeich Radar	05	
	Hetlingen Radar	21	

Vorhersagegebiete für Nord- und Ostsee, Atlantik und Mittelmeer

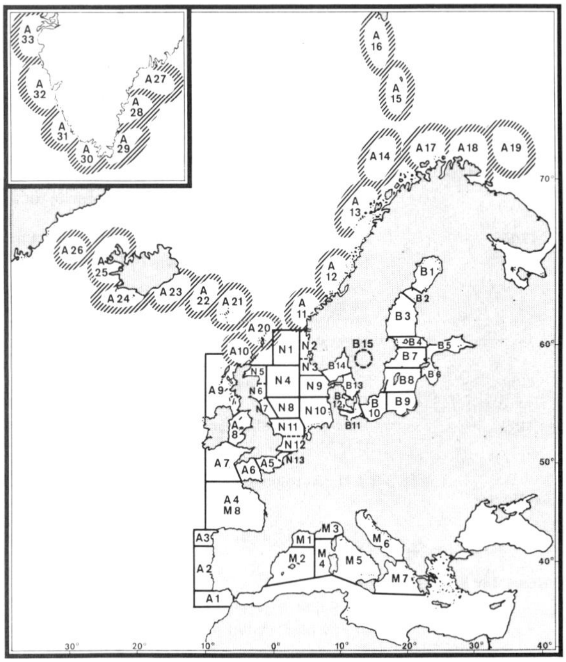

Karte auf B-1-4b

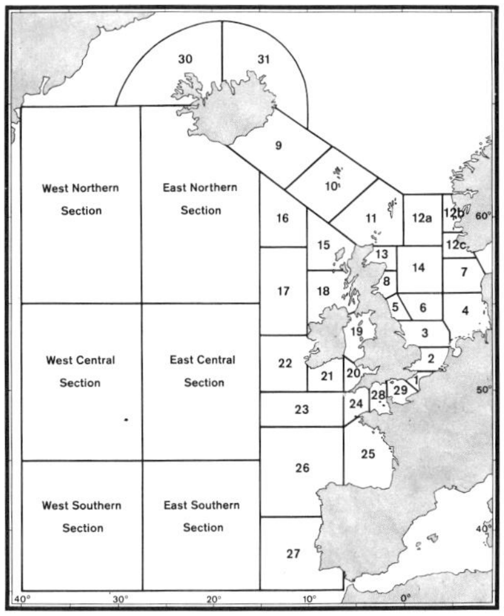

Karte auf B-5-5 Übersicht 2

1 Dover
2 Thames
3 Humber
4 German Bight
5 Tyne
6 Dogger
7 Fisher
8 Forth
9 Southeast Iceland
10 Faeröes
11 Fair Isle
12a Viking
12b N Utsire
12c S Utsire
13 Cromarty
14 Forties
15 Hebrides
16 Bailey
17 Rockall
18 Malin
19 Irish Sea
20 Lundy
21 Fastnet
22 Shannon
23 Sole
24 Plymouth
25 Biscay
26 Finisterre
27 Trafalgar
28 Portland
29 Wight
30 Denmark Strait
31 North Iceland

Seewetterbericht in englischer Sprache		
Sendestation	**Frequenz** kHz	**Sendezeiten** (UTC)
Scheveningen Radio (NL) Gebiete: Übersicht 3	1862 1890 1939 2824 2600	0333 0733 1133 1533 1933 2333
Rönne-Radio (DK) Gebiete: Nordsee Skagerrak, Kattegat	2586	1340
Ostende Radio Gebiet: Ostausgang Kanal	2761	0820 1720
BBC Radio 4 Gebiete: Übersicht 2	200	0033 und im Sommer 0055 eine Stunde 1355 früher 1750
BBC Radio 3 Gebiet: Britische Küsten-gewässer	1215	0655 0555 (Sommerzeit)
Britische Küstenfunkstellen (UKW)	Arbeitskanäle, Ankündigung auf Kanal 16	0803 2003 0833 2033

Übersicht 3
Vorhersagegebiet Scheveningen Radio
1. ***Niederl. Küstengebiet***
2. ***Dover***
3. ***Thames***
4. ***Humber***
5. ***Duitse Bocht***
6. ***Doggersbank***
7. ***Vissersbank***
8. ***Fladengronden***
9. ***Vikingbank***
10. ***Kanaal Oost****
11. ***Kanaal West****
12. ***Zuid Ierland****

** bei Bedarf*

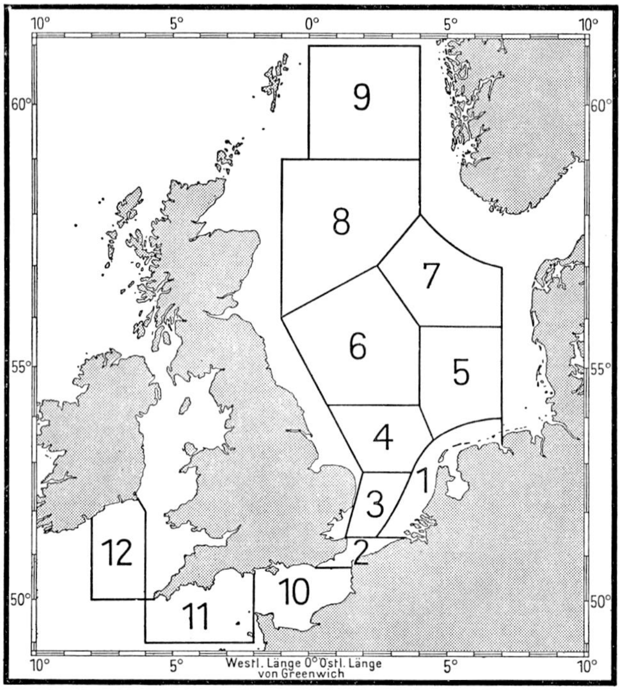

Wetter im holländischen Revier

Hollands Wetter ist nur wenig anders als in Norddeutschland – im Mittel immer etwas besser. Die Anzahl der Flautentage ist immerhin dreimal so groß wie bei Helgoland. Zwischen der Küste und den vorgelagerten Inseln finden Sie die größte Sonnenscheindauer der Nordsee. Typisch für den Sommer sind die Gewitter, die im Mittel einmal pro Woche auftreten, hierbei handelt es sich um Wärmegewitter von kurzer Dauer.

Nebel verteilt sich über das ganze Jahr. Während im Winterhalbjahr jeder zweite Tag in Hollands Gewässern Nebel oder schlechte Sicht (Diesigkeit) bringt, schafft der Sommer immerhin noch an rund 10% der Tage Nebel.

Der **Seewind** ist an der holländischen Küste gut ausgeprägt, er erreicht Bft 3 bis 4. In den Seegaten weht er meistens stärker, wogegen die Inseln seltener Seewind haben. Ideal für kleine flachgehende Boote ist daher das Revier zwischen der Inselkette und der Küste. Die besten Küstenzonen zur Ausnutzung des Seewindes sind der Streifen von Den Helder bis Europoort, die Schelde und die Küste um Ostende.
Das Ijsselmeer hat fast am gesamten Küstenstreifen gute Seewindzirkulation. Die einzige Ausnahme ist die westliche Küstenseite, wo sich wegen der unmittelbaren Nähe der Nordsee keine Tageszirkulation ausbildet.

Wetter im englischen Revier

Das Wetter im Bereich der britischen Inseln ist besser als sein Ruf. Die Ursache ist zweierlei:
1. Das Azorenhoch
2. Der Ausläufer des Golfstromes
Das riesige Azorenhoch, daß im Sommer weite Bereiche des Nordatlantiks beherrscht, verschiebt sich nicht nur nach Norden, sondern breitet sich auch keilförmig in den Biskaya-Raum aus, und bestimmt häufig den Wetterverlauf für die britischen Inseln.
Schließlich trägt der Golfstrom einen erheblichen Teil dazu bei, daß die britischen Inseln und die Küstenreviere ein gemäßigtes und ausgeglichenes Sommerhalbjahr haben. Der von Nordamerika kommende Golfstrom teilt sich auf dem Nordatlantik in zwei Äste, die die britischen Inseln wärmend umströmen. Der nördliche Ast reicht um die Hebriden, Shetlands und Orkney-Inseln und bringt dort sehr milde Winter und auch ausgeglichene Sommer. Der südliche Ast des Golfstromes begünstigt das „grüne Paradies" Irland, den Südwesten von England und die Kanalküste. An diesen Küsten, den wärmsten von ganz Nordwesteuropa, gedeihen ganzjährig tropische Pflanzen. Ganz so schön ist die britische Nordseeküste nicht bedient. Obwohl vor den häufigen Südwest- bis Westwinden gut geschützt, ist es hier doch längst nicht so warm. Die Temperaturen sind mit denen von Dänemark vergleichbar.
Das schottische Revier hat im Sommer eine wechselhafte Witterung. Ursache sind die rasch durchziehenden atlantischen Wetterfronten, die

den Norden meistens streifen. Die Starkwindgefahr ist deutlich höher als im südlichen Teil des Reviers, nur ist es beruhigend, daß durch die Landabdeckung des schottischen Hochlandes zum einen kein großer Seegang entsteht, und zum anderen reichlich sichere Buchten vorhanden sind, in die man sich verdrücken kann.

Wer in englischen Revieren segelt, hat eine sonst nirgendwo gebotene Vielzahl an Informations- und Beratungsmöglichkeiten über das Wetter.

Etwa 90 verschiedene Küsten-Wetterstationen kann man direkt anrufen und nach dem Wetter fragen. Nahezu alle UKW-Küstenfunkstellen bringen routinemäßig zu festen Zeiten das Wetter für ihr Revier und die angrenzenden Bereiche.

17 lokale Rundfunkstationen bringen Wetterberichte für die Küste und das küstennahe Seerevier. Nicht zuletzt sorgt die Britisch Coast Guard (Anruf Kanal 16) mit einem bemerkenswerten Service für die Sicherheit der Yachties. Von jeder Coast-Guard-Station erhalten Sie kostenlos (wie jede andere Hilfe) Wetterinformationen für Ihr Revier, eingeschlossen Seegangsverhältnisse oder andere örtliche Besonderheiten.

Näheres hierzu sollten Sie den schon erwähnten beiden englischen Jahrbüchern entnehmen:

Reed's Nautical Almanac

MacMillan and Silk-Cut Almanac

Englische UKW-Küstenfunkstellen

Station	**Kanäle**	**Sendezeit** (in UTC)
Niton	4, 28, 81	0833 2033
Jersey	25, 82	0645 1245 1845 2245
Start Point	26	0803 2003
Lands End	27, 88	0803 2003
Severn	25	0833 2033
Anglesey	26	0803 2003
Celtic Radio	24	0833 2033
Portpatrick	27	0833 2033
Clyde	26	0833 2033
Shetland	27	0803 2003
Wick	26	0803 2003
Collafirth	24	0803 2003
Orkney	26	0803 2003
Cromarty	28	0803 2003
Stonehaven	26	0833 2033
Forth	24	0833 2033
Cullercoats	26	0803 2003
Humber	26	0833 2033
Bacton	7	0833 2033
Thames	2	0803 2003
North Foreland	26, 5	0803 2003
Hastings	7	0803 2003

Das Wetter in der Ostsee

Windverhältnisse und Sturmtage

Der Frühsommer ist in der Ostsee durch Unbeständigkeit der Windrichtung gekennzeichnet. Erst zum Hochsommer stabilisiert sich eine Vorzugsrichtung deutlich heraus, westliche Richtungen dominieren dann.
Die niedrigste Windstärke (Monatsmittel) tritt im Mai und Juni auf, die Richtung ist dabei unbeständig. Die mittlere Windstärke für das Sommerhalbjahr beträgt Bft 3. Die Sommermonate haben 6 bis 9 Flautentage.
Im Herbst werden bevorzugt Südwinde angetroffen.

Starkwind tritt im Sommer nach der Statistik selten auf. Lediglich 7 bis 11% aller Windbeobachtungen ergaben für diesen Zeitraum Windstärke 6 oder mehr. Dagegen nimmt sich die **Sturmhäufigkeit** mit 1,0 bis 1,6% sehr bescheiden aus. Im Vergleich mit der Sturmhäufigkeit der Nordsee zeigt sich, daß beide Seegebiete

Sturmhäufigkeit (Ostsee)

	Mittlere Sturmhäufigkeit in % (Bft 8 und mehr)	Häufigkeit von Starkwind in % (Bft 6 und mehr)
März	2,8	10,8
April	1,6	9,9
Mai	0,3	6,8
Juni	1,5	9,4
Juli	1,0	7,2
August	1,2	10,7
September	1,4	10,6
Oktober	3,1	15,9

etwa gleichermaßen betroffen sind. Aus naheliegendem Grund: Die ersten Spätsommerstürme entstehen meist bei ausgeprägten Westlagen. Die Tiefs ziehen dann rasch über beide Seegebiete ostwärts.

Lokale Windsysteme prägen sich in der Sommerzeit in vielen Küstenbereichen aus. Der Seewind erreicht die Stärke 3, den nächtlichen Landwind trifft man selten an. Wenn, dann ist er doch recht schwach. Im Frühsommer wird nur eine schmale Küstenzone vom Seewind beeinflußt. 2 bis 3 sm weitab herrscht glatte See und Flaute. Die Ursache ist das langsame Erwärmen des Ostseewassers, das dem der Nordsee häufig hinterhereilt.
Segler werden um diese Zeit immer wieder feststellen, daß der Seewetterbericht von irgendwelchen Windstärken spricht, aber auf See herrscht anhaltende Flaute. Die Erklärung ist einfach. Auf den unteren Metern der Atmosphäre sorgt das kalte Wasser für eine Stabilisierung der Luftschicht. Ergebnis: Flaute. Schon in Salinghöhe kann ein spürbares Lüftchen wehen, und der Windmesser im Masttop dreht sich munter. In dieser Höhe weht genau der vorhergesagte Wind.

Wenn Sie im Seewetterbericht die Meldungen der Stationen auswerten, sollten Sie einige Besonderheiten beachten:

Fornaes
Bei allen westlichen Winden deutliche Leewirkung, das heißt ein bis zwei Windstärken weniger als auf See. Diese Meldung ist dann nicht repräsentativ für das Kattegat. Bei östlichen Winden dagegen ist diese Stationsmeldung sehr gut.

Kullen
Bei westlichen Winden sind die Werte hier etwas höher als auf See, weil die hohe Steilküste einen Windstau erzeugt. Bei Ostwind deutliche Leewirkung (geringere Werte).

Leuchtturm Kiel
Dies ist eine automatische Wetterstation, daher auch die obligatorische (und überflüssige) Meldung: „... keine Beobachtung", im Seewetterbericht von Kiel Radio.

Fehmarn Belt
Ein sehr zuverlässiger Indikator für die Windverhältnisse auf der freien Ostsee.

Arkona, Bornholm, Hel
Bei Wetterlagen bis Windstärke 4 paßt die gemeldete Windrichtung oft nicht zum Isobarenverlauf der Bordwetterkarte. Ursache: lokale Veränderungen der Richtung durch die Küstenform und auch durch Land-/Seewind.

Ristna
Oft hören Sie im Seewetterbericht von Kiel Radio statt des Wetterschiffs „L" eine Meldung der Station Ristna. Nun, Ristna liegt auf der Insel Dagö im Golf von Riga.

Wasserstands-schwankungen in der Ostsee

Ursache für große Wasserstandsschwankungen in der Ostsee ist die Schubkraft des Windes. Bei anhaltenden Südwestwinden wird das Wasser der Ostsee förmlich von der Küste weggedrückt. Besonders in den Förden von Schleswig-Holstein kommt es dabei zu erheblichen Verringerungen der Wassertiefe. Werte von 1 m und mehr werden mehrfach im Jahre erreicht. So manche Yacht sitzt dann auf Schiet, und wenn sich niemand um das Boot kümmert kann es böse Folgen haben. Machen Sie Ihr Boot nicht allzu kurz fest. Wenn Sie so viel Leine stecken, daß ±0,5 m Schwankungen des Wasserstandes möglich sind, haben Sie für den Sommer ganz gut vorgesorgt. Die großen Schwankungen mit extremen Wasserständen sind erst für Spätsommer und Herbst einzuplanen. Anhaltende NE-Winde erhöhen den Wasserstand beträchtlich. Travemünde ist hier mit genau 2,0 m der Spitzenreiter, aber die anderen Förden stehen kaum nach. Wohl gemerkt, hierbei handelt es sich um Erhöhungen/Erniedrigungen des mittleren Wasserstandes, die gleichmäßig entstehen und an kein Unwetter gebunden sind. Gerade hieraus entsteht die Gefahr, daß dieses Problem übersehen wird.
Richtige Sturmfluten, die zum Glück in der Ostsee selten sind, setzen mit Hochwassern von 3 m einiges an der Küste unter Wasser (treten nicht im Sommer auf). Übrigens wird über NDR und WDR eine Sturmflutwarnung herausgegeben, wenn der Wasserstand +1,5 m überschreiten könnte.
Ein interessantes und gefährliches Phänomen zugleich zeigt sich oft in der Ostsee: Schwingungen des Wassers. Die Ostsee schwappt dann hin und her, wie Wasser im angestoßenen Eimer. Wenn nach anhaltendem Südwestwind das Wasser so recht abgelaufen ist, kommt es manchmal rapide schnell zurück und schwappt in den Häfen und Förden bis über 1 m hoch über den mittleren Wasserstand. Das bringt dann an einem Tag eine Wasserstandsschwankung von total 2 bis 3 m. Besonders wenn nach Niedrigwasser der Wind auf östliche Richtungen dreht, muß mit solchen schnellen Änderungen gerechnet werden. Kaum weniger stark ausgeprägt ist dieses Hin- und Herschwappen des Ostseewassers, wenn nach südwestlichem Starkwind Flaute auftritt.

Schwankungen der Wasserstände der Ostsee
in Zentimeter

	Niedrigwasser		Hochwasser	
	Extrem	Mittel	Extrem	Mittel
Flensburg	−147	−112	+175	+120
Kiel	−132	− 99	+184	+124
Travemünde	−150	−115	+200	+130

Strömungen in der Ostsee

Obwohl die Tide der Ostsee mit Tidehüben von 10 bis 20 cm vernachlässigt werden kann, trifft man doch zum Teil erhebliche Strömungen an – allerdings haben diese andere Ursachen als die Tide.
Es gibt in der Ostsee eine eindeutige Beziehung zwischen bestimmten Wetterlagen und Strömungen des Oberflächenwassers. Durch die starke Strukturierung der Küste und Inseln setzt der Strom in vielen Teilen der Ostsee nicht mit dem verursachenden Wind. An den Engstellen der Ostsee (Belte, Sund) werden die größten Stromgeschwindigkeiten erreicht. Besonders bei westlichen und östlichen Winden setzen hier starke Strömungen. Mittelwerte von 1 bis 2 kn sind an der Tagesordnung, jedoch können diese im Einzelfall beträchtlich überschritten werden.

Strömungen bei Starkwind		
Gedser	Mittel:	1,0–1,5 kn
	Maximum:	3,0–4,0 kn
Fehmarn Belt	Mittel:	1,5–2,0 kn
	Maximum:	4,0–5,0 kn
Freie See	Mittel:	0,0–0,5 kn
	Maximum:	1,0–1,5 kn
Strömungen bei schwachen Winden		
Freier Seeraum		0,0–0,5 kn
Gedser, Fehmarn Belt		1,0–1,5 kn

1
2

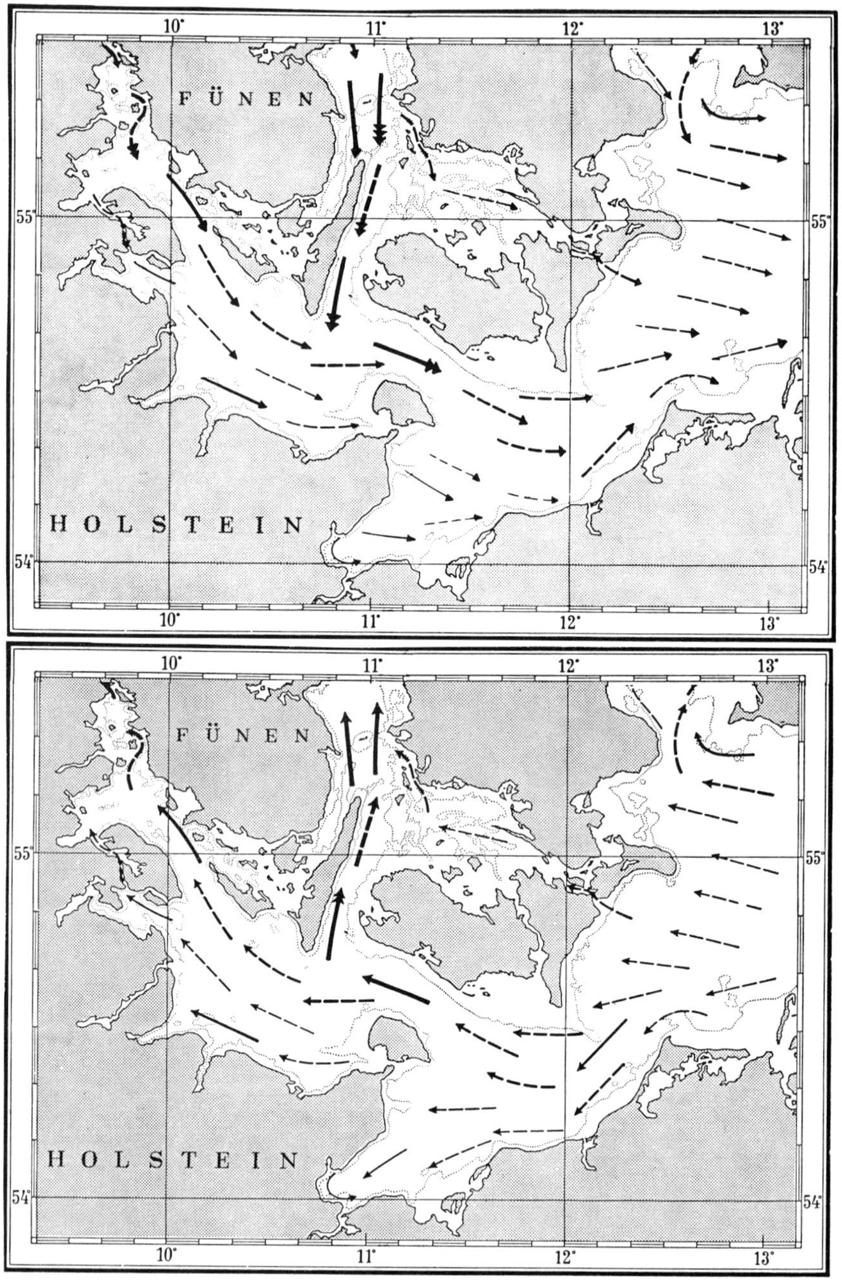

Meeresströmungen in der Ostsee, abhängig von der Windrichtung
1 Oberflächenströmung bei starken westlichen Winden.
2 Oberflächenströmung bei starken östlichen Winden.

Wetterlagen die starke Ströme verursachen

Westwindlagen
Die größten Stromgeschwindigkeiten in der Ostsee werden bei ausgeprägten Westlagen hervorgerufen. Hier wirken dann zwei Kräfte zusammen. Zum einen wird das Wasser der Ostsee durch den Wind förmlich nach Osten weggedrückt, dadurch entsteht ein Strom in der Gedser Enge und im Fehmarn Belt. Die Erniedrigung des Wasserstandes in der Kieler Bucht führt nun zu einem Nachströmen aus den Belten, was zum anderen durch den Wasserdruck des Skagerrakwassers erheblich verstärkt wird, denn diese Wassermassen werden bei Westlagen mit Macht in das Kattegat gedrückt.
Bei anhaltenden Westlagen wirken in den Gebieten der Ostsee also alle Einzelfaktoren zusammen und bewirken so ungewohnt hohe Stromgeschwindigkeiten, die manchen Sportschipper schon verwirrt haben. Besonders an den Engstellen der Belte treten hier Ströme auf, gegen die ein Aufkommen selbst bei günstigem Wind schwer möglich ist (z.B. Middelfahrt, Faeno).

Ostwindlagen
Ausgeprägte Ostwindlagen führen zu einem Stau in der Kieler Bucht, wobei dann Strom auch im freien Seegebiet setzt, bis zu 1 kn in Windrichtung. Das angestaute Wasser fließt langsam durch die Belte ab, die einen Nord-setzenden Strom erhalten. Stromgeschwindigkeiten von 4 bis 5 kn werden an den Engstellen leicht erreicht, wenn der Ostwind mehr als einen Tag anhält. Das sind Werte, die in eine Törnplanung unbedingt einbezogen werden müssen. Eine Segelyacht, die bei halbem Wind beispielsweise durch den großen Belt gen Kiel segeln will, darf sich auf eine lange Fahrt einstellen – über Grund wird nur mühsam etwas gutgemacht. Gleiches gilt natürlich für Kurse nach Norden bei einer ausgeprägten Westlage.

Nordwindlagen/Südwindlagen
Obwohl sich die Belte bei diesen Lagen wie Flure verhalten, durch die der Wind hindurchdüst, werden hier die niedrigeren Ströme erzeugt. Starke Südwinde bewirken selten mehr als 1,0 bis 1,5 kn Strom, der mit dem Wind setzt. Bei Nordwinden ist der Strom noch etwas geringer.

Nebellagen in der Ostsee

Generell läßt sich sagen, daß die Ostsee – und besonders die westliche Ostsee – über das Jahr gemittelt gute Sicht hat. In den Übergangsmonaten von Frühjahr und Herbst sind lediglich die Küstengebiete in der Sicht etwas eingeschränkt. In der Sommerzeit betragen die Tage mit Nebel weniger als 1%. Sichtbehinderungen durch Dunst zählen mit etwa 5% aller Tage auch nicht zu den bedeutenden Ereignissen.

Typische Wetterlage für Ostsee-Nebel
Ein kräftiges und beständiges Hoch über Südschweden und der Ostsee erzeugt bei schwachen Winden gern in den frühen Morgenstunden Küstennebel, der sich vormittags allerdings rasch auflöst. Andauer der Nebelzeit ist im Mittel 5 bis 6 Stunden. Tagsüber ist es in allen See- und Küstengebieten heiter bei guter Sicht.

Gewitterlagen und Wasserhosen

Gewitter sind zwar keine Seltenheit auf der Ostsee aber mit 15 bis 20 Tagen im Jahr haben wir hier sozusagen das gewitterärmste Gebiet unserer heimischen Wassersportreviere. Die Sommermonate weisen nach der Statistik 2 bis 4 Tage mit Gewitter aus.
Eine typische Wetterentwicklung,

Nebeltage in der Ostsee

	Sonderburg	FS Fehmarnbelt	Bornholm
März	4	8,5	6
April	2	4,5	6
Mai	0,3	3,2	5
Juni	0,3	1,0	2
Juli	0,5	0,9	2
August	1	0,7	1
September	2	1,5	2
Oktober	3	3,2	3

Gewitterhäufigkeit in der Ostsee in Tagen		
	Deutsche Ostseeküste	Bornholm
März	0,2	0
April	0,7	0,3
Mai	2,1	0,9
Juni	3,1	1
Juli	3,9	2
August	3,2	2
September	1,2	1
Oktober	0,2	0,3

die sich leicht merken läßt, ist für die wenigen Gewitterereignisse verantwortlich. Wenn nach einer beständigen Hochdrucklage eine Kaltfront die Ostsee überquert, ist mit Gewittern zu rechnen. Allerdings kann man mit einigen Zusatzfaktoren die Wahrscheinlichkeit für Gewitteraktivität noch deutlicher fassen:

Ausgangslage

Ein stabiles Hoch über dem Kontinent und Skandinavien hat bei vorherrschend schwachen südöstlichen Winden recht trockene Warmluft über der Ostsee und dem Küstenraum erzeugt. Eine Kaltfront bringt von Westen feuchte und gemäßigt warme Luft heran (subtropische Meeresluft). Die Kaltfront muß rasch nach Osten ziehen, damit deutliche Gegensätze der Luftmassen an ihr erhalten bleiben. Dann kommt es meistens schon weit vor der Kaltfront zu Gewittern in der Warmluft. Die Gefahr von Wasserhosen ist hoch – auch schon vor der gewittrigen Front.

Sobald Sie bei solch einer Wetterentwicklung starke Cumuluswolken aufquellen sehen, besteht Gewittergefahr – auch wenn noch die Sonne freundlich durchscheint. Das Barometer gibt bei dieser Wetterlage kaum einen deutlichen Hinweis. Der Druckfall ist schwach und verwaschen. Verlassen Sie sich bei solchen Wetterlagen besser auf den „Gewitterwarndienst des Äthers“. Gemeint ist das Prasseln und Knistern des Radios auf Mittelwelle. Spätestens, wenn sich die Cumuluswolken verdichtet haben, setzt eine trügerische Flaute ein, es wird diesig, und die Wolken nehmen eine gelborange Färbung an. Treffen diese Anzeichen ein, ist allerhöchste Zeit, das Schiff „sturmsicher“ zu machen. Die Gewitter kommen wie aus heiterem Himmel mit schweren Sturmböen.
Hinter der Kaltfront lassen die Gewitter rasch nach, doch sollten Sie im Seewetterbericht darauf achten, ob ein Trog nachfolgt. Das bringt am nächsten Tag erheblichen Wind und wieder Gewitter. Meistens ist damit dann auch eine anhaltende Schönwetterlage beendet.

Typische Wetterlagen

Das Skagerrak-Tief

Hierbei handelt es sich um die sehr schnelle Entwicklung eines Tiefdruckgebietes im Skagerrak bzw. Oslo-Fjord. Voraussetzung für eine solche Entwicklung ist die nördliche Anströmung der norwegischen Küste, wie sie beispielsweise entsteht, wenn ein Tief von Schottland über die nördliche Nordsee nach Mittelskandinavien gezogen ist.
Polare Luftmassen überströmen dann das norwegische Hochland, wobei sich an der Nordküste die Luftmasse staut (Luvseite). Die Südküste von Norwegen mit dem Oslo-Fjord liegt dann im Lee der Windrichtung. Auf der Leeseite solch eines mächtigen Hochlandes bildet sich ein Unterdruck, weil die hoch über das Felsmassiv strömende Luft die Luft über dem Wasser sozusagen hochsaugt. Das Ergebnis ist die Bildung eines Tiefs auf der Leeseite.
Während der Sommermonate trifft man öfter die Voraussetzungen für eine Leetiefbildung im Skagerrak an. Da allerdings zu dieser Zeit der Wind nicht sehr stark ist, entstehen auch keine besonders großen und markanten Tiefs. Oft genug kommt es vor, daß sie auf der Wetterkarte überhaupt nicht zu finden sind. Allerdings bestimmen sie trotzdem das Wetter im Skagerrak. Wenn statt der „schwachen bis mäßigen Winde aus West bis Nordwest“ des Seewetterberichtes ein völlig anderer Wind weht – sei es schwachwindig umlaufend oder auch Starkwind –,

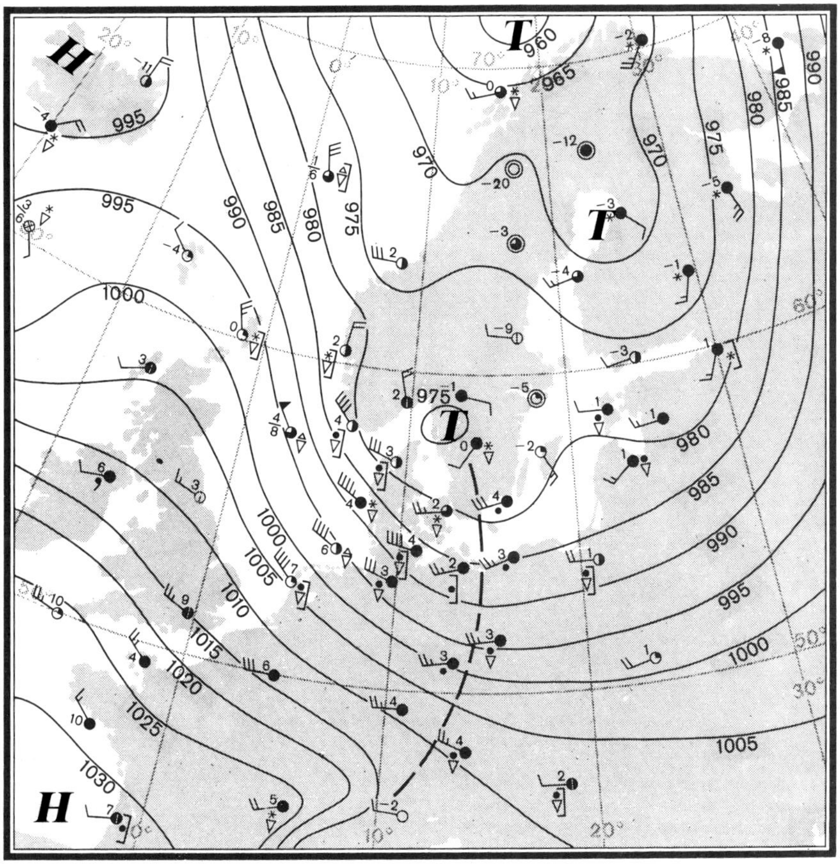

Typische Entwicklung eines Sturmtiefs im Skagerrak

Besonders im Herbst gilt es, auf das Verhalten des Luftdrucks genau zu achten. Wenn der Druck deutlich und rasch zu fallen beginnt, während der Wind abnimmt, entwickelt sich aus einem harmlosen Leetief sehr schnell ein Sturmtief (Druckfall mehr als 1 mbar pro Stunde).

dann wissen Sie, daß sich ein kleines Leetief gebildet hat, das örtlich die ganze Vorhersage auf den Kopf gestellt hat. Wenn das Barometer ab morgens fallenden Luftdruck anzeigt und die prognostizierte Windrichtung und auch -stärke ausbleibt, können Sie mit einem Leetief rechnen. Meistens brechen diese Windsysteme abends wieder zusammen und es entsteht Flaute. Eine sichere Prognose für das Skagerrak-Tief ist im Sommer leider nicht möglich. Am nächsten Tag kann es schon wieder anders aussehen – bei unveränderter Wetterlage. Vorsicht ist ab Spätherbst geboten, dann kann sich solch ein Tief rasch zu einem handfesten Sturmtief entwickeln, besonders wenn eine Kaltfront den norwegischen Rücken überquert.

Der Norwegen-Föhn

Die gleichen großräumigen Wetterbedingungen, die für eine Leetiefbildung im Skagerrak und im Oslo-Fjord verantwortlich zeichnen, sind auch die Ursache für eine völlig gegensätzliche Erscheinung im selben Seegebiet: Föhniges Aufheitern.
Die Stauwirkung an der Nordküste von Norwegen kann die ganze Feuchtigkeit der Luftmasse binden, so daß nach Überqueren des Berglandes ein wolkenfreier Himmel angetroffen wird. Bei einer gut ausgeprägten Nordströmung sind das gesamte Skagerrak, Kattegat, Jütland und Schleswig-Holstein mit seinen Küstenregionen völlig wolkenfrei. Diese wolkenfreie Zone erstreckt sich wie eine Zunge von dem norwegischen Hochland südwärts. So kann man in diesen Revieren auch im Spätherbst noch einige herrliche Tage verbringen, während es im übrigen Deutschland kalt und schauerhaft ist. Leider hält diese Lage nur ein paar Tage an.

Sommerlicher Hochdrucksturm

Beim Frühstück werfen Sie einen Blick auf das Barometer: Langsamer und beständiger Druckanstieg – also anhaltend gutes Wetter und ein gemütlicher Törn. Der prüfende Blick zum Himmel läßt auch nur Gutes erwarten, denn kein Wölkchen trübt die Runde. Unterwegs auf See scheint die Wetterlage unverändert und das Barometer bestätigt durch weiteren Druckanstieg die frohen Hoffnungen der Crew. Fast unbemerkt nimmt aber der

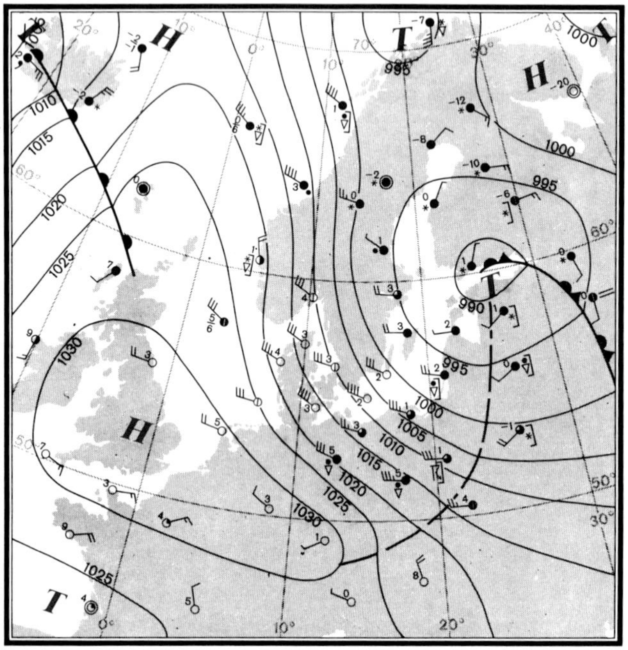

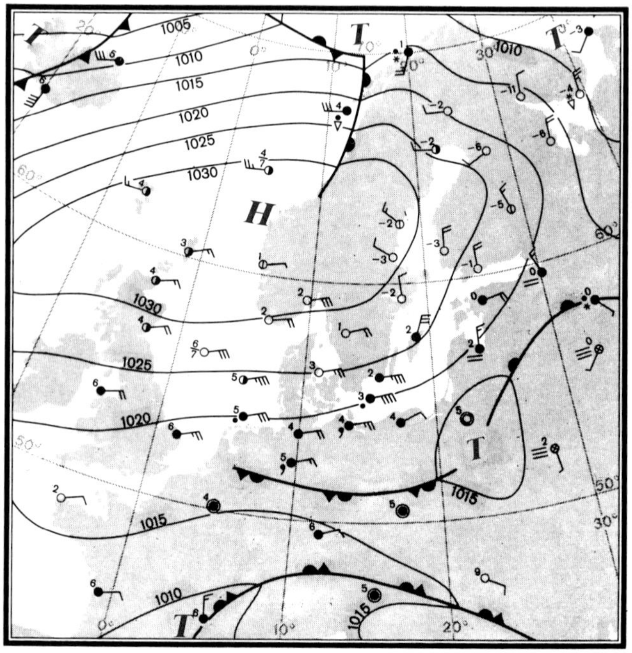

Charakteristische Wetterlage für Norwegen-Föhn

In diesem Wetterbeispiel sind ganz Jütland, Schleswig-Holstein und weite Teile der Ostsee wolkenfrei. (Zugleich auch eine Wetterlage für Hochdrucksturm aus Nordwest.)

Hochdrucksturm aus Ost

Kattegat, Belte und Sund sind völlig wolkenfrei.

Wind zu und weht schon bald als Starkwind, später erreicht er sogar Sturmstärke und hält so mehrere Tage an. Was ist passiert?
Sie sind in einen Hochdrucksturm hineingeraten, der in der Sommerzeit mehrmals vorkommt. Die Ausgangswetterlage ist immer ein umfangreiches Hoch, dessen Herrschaft nun von einem vergleichsweise kleinen Tief streitig gemacht wird. Sie befinden sich mitten in dieser atmosphärischen Auseinandersetzung, aus der das Hochdruckgebiet als Sieger hervorgehen wird.
Bei einer stabilen Hochdrucklage, mit Kern über den britischen Inseln, der Nordsee und Skandinavien bildet sich in der Sommerzeit gern über Südschweden ein flaches Tief, dem man zuweilen etwas wenig Beachtung schenkt, weil der Hochdruckeinfluß erhalten bleiben soll. Jedenfalls nach der Vorhersage.
Wenn sich ein umfangreiches Hoch verlagert, schiebt es in aller Regel derart kleine „Störungen“ beiseite oder füllt sie gar auf. Nun kann es aber passieren, daß solch kleine Tiefs für einige Tage dem Druck des großen Hochs standhalten. Das Ergebnis ist dann eine drastische Verdichtung der Isobaren zwischen den beiden Druckzentren.
Wenn Sie also einen anhaltenden Druckanstieg an Bord verzeichnen, schauen Sie auf die Wetterkarte, wo das nächste Tief liegt. Falls im Seewetterbericht von einem Tief die Rede ist, das langsam abziehen soll, darf die Windstärke nicht zunehmen, wenn das Wetter wie prognostiziert ablaufen soll. Andernfalls seien Sie besonders wachsam, ob die Wettervorhersage auch eintrifft.
Steigender Druck bei zunehmendem Wind ist ein sicherer Indikator für einen Hochdrucksturm. Wenn ein Tief über Südschweden entsteht, bekommen Sie Sturm aus Nordwest.
Eine andere typische Lage bringt Ihnen Oststurm. Dann liegt ein Tief über Mitteldeutschland und Polen. Das Hoch hat die gleiche Lage.

Seewetterbericht für die Ostsee

Eine jährliche Übersicht über alle Sendestationen mit Seewetterberichten gibt das Deutsche Hydrographische Institut, Hamburg, als Faltblatt heraus (*Wetter- und Warnfunk*). Der ‚*Reed's Nautical Almanac*' und der ‚*Mac Millan and Silk-Cut Almanac*' erscheinen jährlich neu mit allen Sendestationen, Frequenzen und Sendezeiten.

Seewetterbericht in deutscher Sprache

Sendestationen	**Frequenzen** kHz	**Sendezeiten** (UTC)	**Sendezeit in Landeszeit während der Sommerzeit** (MESZ)
Kiel Radio Gebiete: Übersicht 1	2775	0740 1940	0940 2140
Deutschlandfunk Gebiete: Übersicht 1	1269 1539	0005 0540 1140 nur 0005	0105 0640 1240 nur 0105
NDR 1 Gebiete: Übersicht 1	702, 828, 972	2305	0005
Rügen Radio Gebiete: Ostsee	1719	0810 2010	1010 2210

Seewetterbericht in englischer Sprache

Sendestation	**Frequenz** kHz	**Sendezeiten** (UTC)	**Sendezeit in Landeszeit während der Sommerzeit** (MESZ)
Stockholm Radio Gebiete: Alle Teile der Ostsee Übersicht 1	1771, 1778, 2754 UKW Kanal 3, 23, 26	Nach dem Sammelanruf und 0933 2133 Ankündigung Kanal 16	1133 2333
Göteborg Radio Gebiete: Skagerrak und Kattegat	1785, 1904	1033 2233	1233 0033
	UKW Kanal 24, 26, 82	0633 1433	0833 1633
Gdingen Radio (Polen) Gebiete: Übersicht 2	2726 UKW Kanal 26	0135 0735 1035 1335 1935	0335 0935 1235 1535 2135
Lyngby Radio (Dänemark) Gebiete: Dänische Küstengewässer	1687 UKW, Arbeitskanäle	Nach Eingang, nach der Funkstille	

Fernsprechdienst der Post

Telefon (0) 11509:	Seewetterbericht des Deutschlandfunk, in den meisten Fernsprechnetzen Nord- und Westdeutschlands zu hören.
Telefon (040) 1164:	Wetterlage mit Windvorhersage für Deutsche Bucht und Westliche Ostsee.

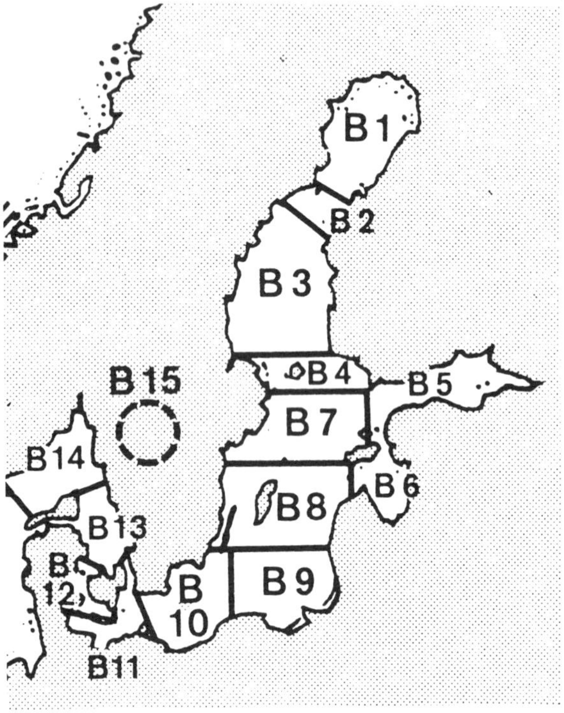

Übersicht 1
Vorhersagegebiet Stockholm Radio

- ***B1*** *Bottenwiek*
- ***B2*** *Norra Kvarken*
- ***B3*** *Bottensee*
- ***B4*** *Ålandsee und Ålandinseln*
- ***B5*** *Finnischer Meerbusen*
- ***B6*** *Rigaischer Meerbusen*
- ***B7*** *Nördliche Ostsee*
- ***B8*** *Zentrale Ostsee*
- ***B9*** *Südöstliche Ostsee*
- ***B10*** *Südliche Ostsee*
- ***B11*** *Westliche Ostsee*
- ***B12*** *Belte und Sund*
- ***B13*** *Kattegat*
- ***B14*** *Skagerrak*
- ***B15*** *Vänern-See*

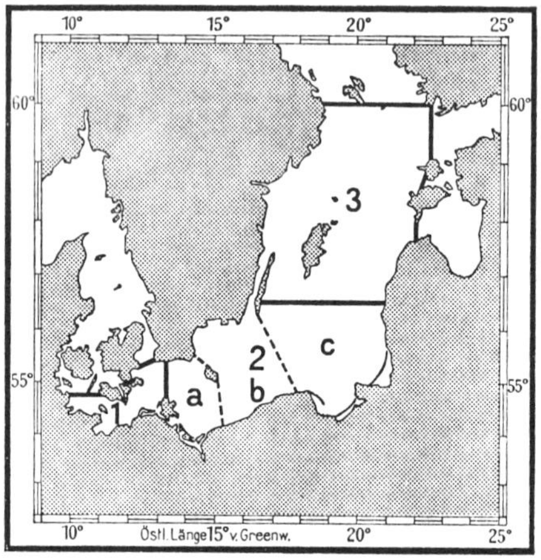

Übersicht 2
Vorhersagegebiet Gdingen Radio

1 *Western Baltic*
2 *Southern Baltic*
  a) *western part*
  b) *middle part*
  c) *eastern part*
3 *Northern Baltic*

Das Wetter im Mittelmeer

Die berühmtesten Winde mit ihren typischen Wetterlagen

Das Mittelmeer zählt zu den beliebtesten Segelrevieren Europas. Beständige leichte Winde und ein herrlicher trockener Sommer bilden den Grundstein für ein ungetrübtes Segelvergnügen. Von Stürmen durch Tiefdruckgebilde bleibt man im Sommer verschont, so daß man die Segelei wirklich genießen kann. Trotzdem ist das Mittelmeer eines der gefährlichsten Seereviere Europas. Das fängt schon damit an, daß keine Wetterschiffe stationiert sind und die Handelsschiffe recht spärlich melden. Dies macht den Meteorologen Sorge, denn sie brauchen unbedingt Informationen über das Wetter auf der freien See.

Eine weitere Besonderheit des Mittelmeerwetters ist, daß die meisten Vorgänge örtlich begrenzt und kurzzeitig ablaufen. Dadurch geht den Wetterfröschen vieles durch die Maschen ihres Beobachtungsnetzes. Damit sind allerdings noch lange nicht alle Besonderheiten aufgezählt. Vorweg: Im Mittelmeer ist alles anders – nur, woran liegt das?

Schauen Sie einmal auf die Karte: Das westliche Mittelmeer ist von allen Seiten mit recht hohen Gebirgen umschlossen. Nur wenige Lücken liegen zwischen den Felsmassiven, durch die der Wind sich hindurch zu zwängen hat. Jede dieser Lücken wirkt wie ein Trichter, durch den es hindurchdüst. Wenn es Luftmassen schaffen, die Gebirge zu überqueren,

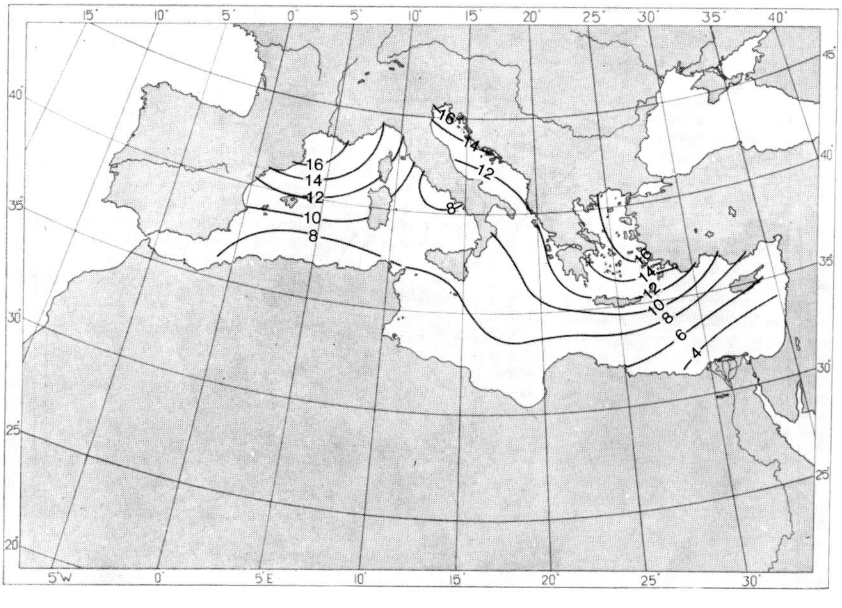

Die mittlere jährliche Häufigkeit von Windstärke 6 und mehr, angegeben in Prozent. Die windigsten Ecken sind der Golf von Lyon, die nördliche Adria und die Ägäis.

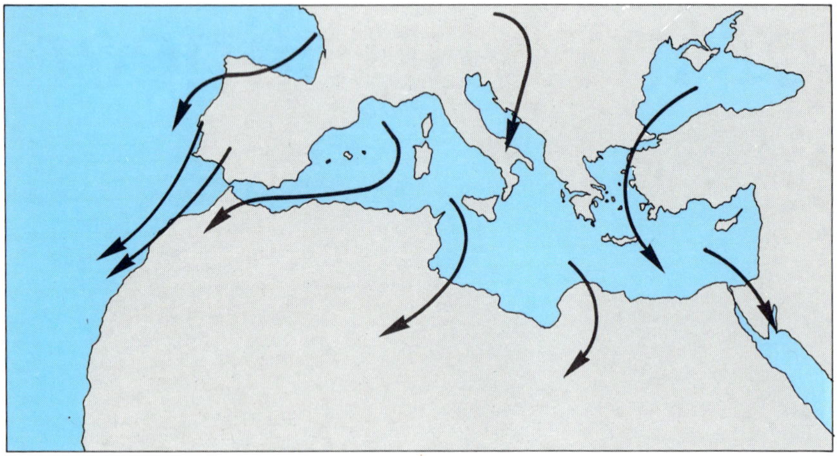

Dies sind die im Sommer im Mittelmeer vorherrschenden Windrichtungen.

fallen sie mit Urgewalt abwärts ins Mittelmeer. Diese Fallwinde sind sehr gefürchtet, weil sie plötzlich und bis zu Orkanstärke zuschlagen können.
Schon bei kleinen Bergen und Schluchten treten Fallwinde auf. Überhaupt spielen die örtlichen Wettererscheinungen im Mittelmeer eine entscheidende Rolle. Die hohe Sonnenstrahlung sorgt für heiße Landflächen, die mit relativ kühlen Wasserflächen lokale Windsysteme erzeugen. Die hoch aufragenden Inseln bilden Barrieren für den Wind und begünstigen so ein von der Wetterkarte weitgehend unabhängiges Windfeld. Etwas übertrieben kann man sagen, daß jede Bucht und jede Insel im Mittelmeer ihre eigene Wetterbesonderheit hat.
Obwohl also der Sommer im Mittelmeer durchschnittlich windschwach, heiß und trocken ist, bietet er für den Segler einige Überraschungen. Der Herbst ist nur kurz und geht rasch in den Winter über, der es in sich hat. Obwohl die Wasser- und Lufttemperaturen für einen deutschen Segler im Mittelmeerwinter durchaus angenehm sind, trifft man um diese Jahreszeit nur wenige hartgesottene Seebären an. Die Ursache: Das westliche Mittelmeer ist im Winter das sturmträchtigste Revier Europas. Es übertrifft sogar die Nordsee, und es stürmt doppelt so häufig, wie in der gefürchteten Biskaya. Nach der Wetterstatistik haben Sie um diese Jahreszeit alle sechs Tage Sturm im westlichen Mittelmeer. Die mittlere Windstärke beträgt dort im Februar Beaufort 5 bis 6. Kein Wunder also, daß nur im Sommer gesegelt wird. Im Frühjahr, wenn das Wasser im Mittelmeer seine tiefste Temperatur mit etwa 12 bis 15 Grad erreicht hat, ist es zwar noch recht windig, aber der geringe Temperaturunterschied zwischen Luft und Wasser bewirkt, daß es wenig regnet und der Himmel schon wolkenarm ist.
Zwar macht der Sommer noch einige Fehlstarts, bevor er sich durchsetzt, aber letztlich hat sich das Azorenhoch dann nach Norden verschoben und drängt die atlantischen Tiefdruckgebiete weit ins Nordmeer ab. Über Spanien hat sich eine Hochdruckbrücke zu den Alpen vorgeschoben, und das eurasische Hoch

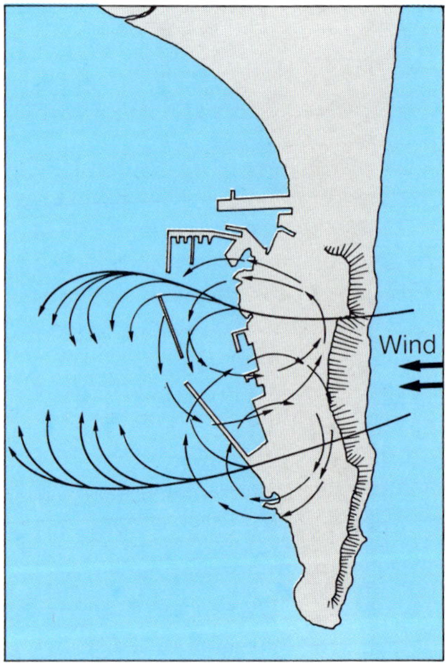

Leewirbel in Gibraltar

Sie sind typisch für Fallwinde. Je nach der Anströmrichtung gibt es recht kritische Zonen beim Anlaufen des Hafens von Gibraltar bei allen Starkwinden von Nordost bis Südost.

Die typische Sommerwetterlage des Mittelmeeres

Sie wird durch zwei Druckzentren geprägt: Das Azorenhoch erstreckt sich keilartig über Mitteleuropa und das Mittelmeer. Aus dem Persischen Golf, wo sich ein Hitzetief von riesigen Ausmaßen gebildet hat, erstreckt sich ein Trog – in diesem Fall ein „Hitzetrog" – über die gesamte Region von Nordafrika. Das westliche und das mittlere Mittelmeer stehen im Hochsommer unter Hochdruckeinfluß, während das östliche Mittelmeer vom Tief beeinflußt wird – also mehr Wind hat.

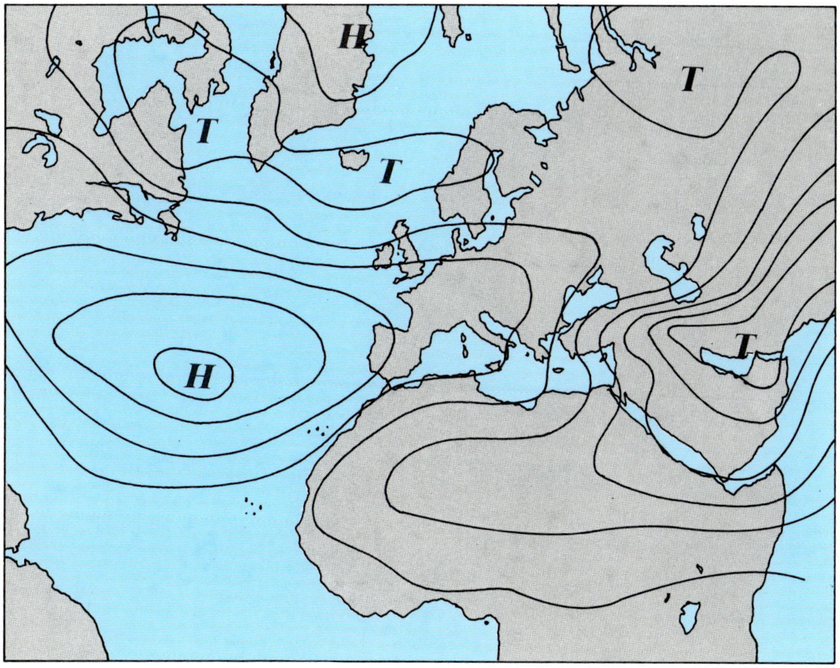

ist meist schon im April verschwunden. Das alljährliche zentrale Hitzetief ist über Asien entstanden und reicht bis zum Bosporus. Ein ähnlicher Vorgang läuft über Nordafrika ab, wo sich das beständige Saharatief aufbaut. – So entsteht das typische Sommerwetter im Mittelmeerbereich.

So schön, wie ein Barograph in anderen Gewässern auch ist, im Mittelmeer hilft er im Sommer nur wenig. Ein Barometer tut's dann natürlich noch weniger. Warum? Weil die Luftdruckunterschiede zwischen Hoch und Tief nur sehr gering sind. Ein Tief kündigt sich dort nicht mit dem kräftigen Druckfall an, den man aus Nord- und Ostsee gewohnt ist. Im Mittelmeer entwickelt sich alles schleichend und wird meist erst bemerkt, wenn es direkt über einem ist. Fallwinde künden sich durch nichts an – man bemerkt sie erst, wenn die Plünnen platt auf dem Wasser liegen. Selbst so gewaltige Ereignisse wie der Mistral kommen ohne anzuklopfen. Im März 1977 wurde ich von einem derben Mistral etwa 60 sm südlich von Toulon überrascht. Aus einer harmlosen Wetterlage mit 10 kn bis 15 kn Westwind entwickelte sich in 20 min ein schwerer Sturm Bft 10, mit heftigen Orkanböen Bft 12. Die Wellen waren 4 m bis 5 m hoch und sehr steil. Bis auf Wind und Wellen war das Wetter einfach herrlich: strahlend blauer Himmel ohne Wolken und eine faszinierende Fernsicht; die Westalpen leuchteten auf der Kimm. Während unser Schiff mächtig vom Mistral gebeutelt wurde, rührte sich das Barometer um keinen Deut. Auch vorher gab das Barometer keinen Hinweis.

Einen Tag, nachdem wir vor Hyeres festgemacht hatten, wurde am Westkap Siziliens noch eine mittlere Windgeschwindigkeit von 50 kn gemessen, das ist Bft 10 – schwerer Sturm. Man glaube also ja nicht, der Mistral sei nur eine lokale Erscheinung – Sizilien liegt immerhin rund eintausend Kilometer entfernt.

Damit sind wir eigentlich schon bei den berühmtesten oder besser berüchtigsten Winden des Mittelmeeres. Alle können hier nicht beschrieben werden, denn es sind deren rund einhundert. Hier nur die wichtigsten, und das sind auch die gefährlichsten.

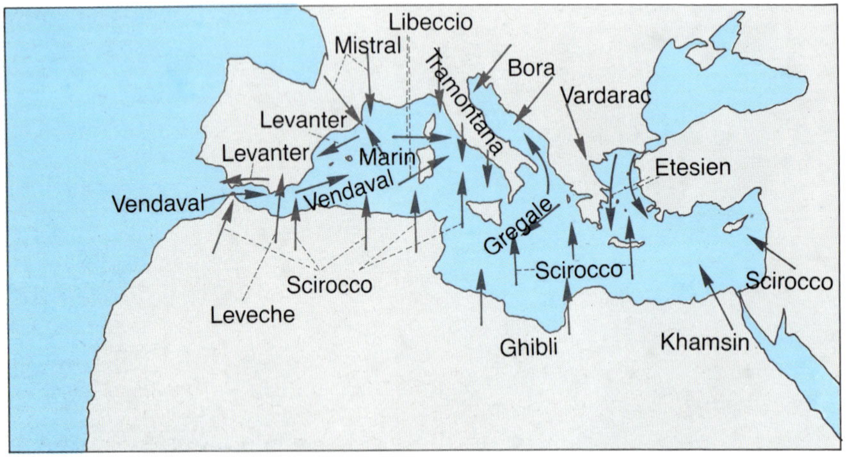

Die bekanntesten Windsysteme des Mittelmeers und ihre Hauptrichtungen.

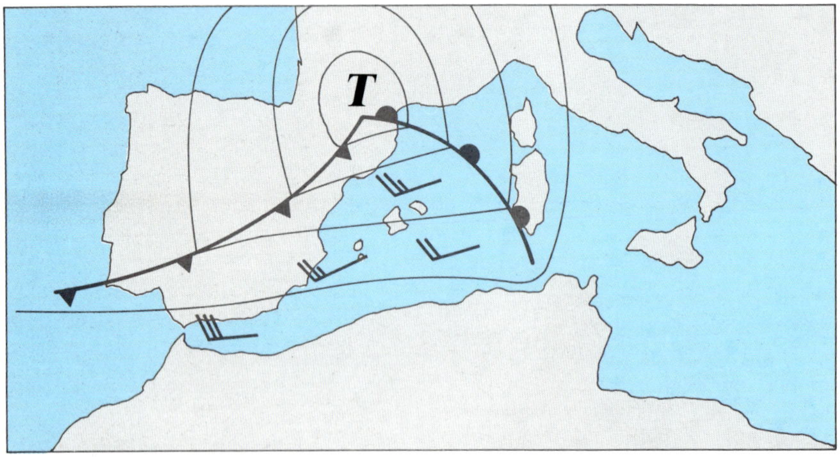

Der Vendaval

Jedes Tief über Spanien kann einen Vendaval bringen. Bei starken Niederschlägen weht ein recht stürmischer Wind, der in der Straße von Gibraltar erheblich zunimmt und äußerst böig ist.

Der Levanter

So entsteht ein stürmischer Levanter. Das nahezu ständig vorhandene Sahara-Tief liegt im Widerstreit mit dem Hochkeil des Azoren-Hochs. Die Folge ist eine Drängung der Isobaren und damit Starkwind oder Sturm.

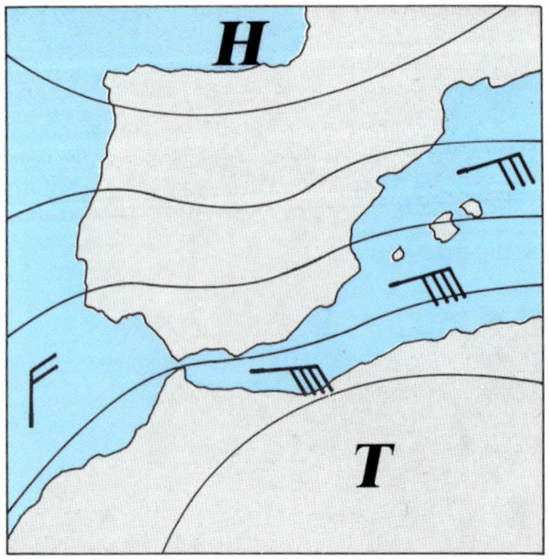

Vendaval und Levanter

Wer außen rum ins Mittelmeer gefahren ist, hat sicher schon erlebt, daß scheinbar ohne Grund der Wind bei Annäherung an die Straße von Gibraltar erheblich zunimmt und dann im Kanal von Alboran meist ebenso rasch wieder abnimmt. Dies entsteht durch die Trichterwirkung, die der Wind erfährt, wenn er zwischen dem afrikanischen Atlasgebirge und dem spanischen Hochland hindurchgezwängt wird. Wenn sich aus der Wetterkarte für die Seegebiete Nelson und Alboran ein Südwest bis West ergibt, können Sie auf die Windstärke getrost noch zwei bis drei Beaufort drauflegen, um den Wind in der Straße zu haben.
Pfeift es von West, heißt man es dort **Vendaval,** und weht es von Ost, so wird die Pusterei **Levanter** genannt. Das Glück, einem dieser Winde an der Haustür des Mittelmeeres zu begegnen, haben Sie das ganze Jahr. Besonders unangenehm sind sie aber in der Winterzeit, weil dann noch extreme Böigkeit auf der Höhe Gibraltar hinzukommt. Hier

Der Scirocco

Tiefs, die über das Mittelmeer ostwärts oder nordostwärts ziehen, bringen oft den Scirocco. In dem Maße, wie das Tief abzieht, wird der heiße Wüstenwind durch die nachfolgende Kaltluft abgelöst. Scirocco bringt „Wechselbäder“.

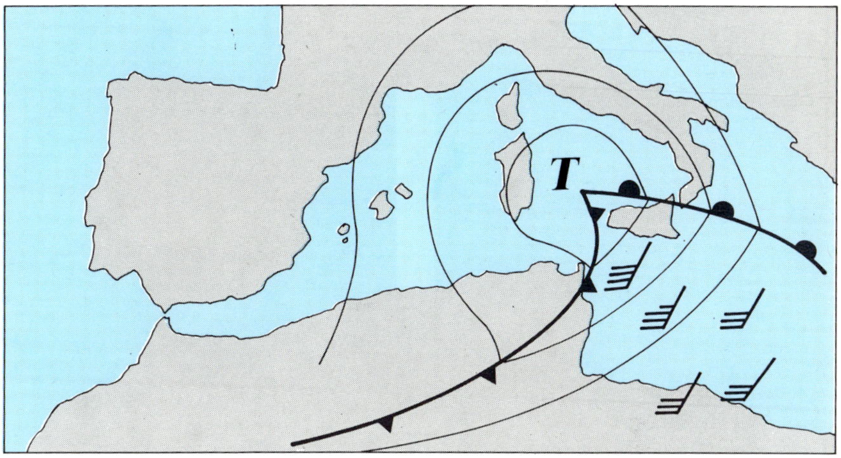

kann man durchaus einen Tag lang hart aufkreuzen und am Ende immer noch an der gleichen Stelle stehen. Die Ursache ist eine Strömung des Oberflächenwassers, die immer von West nach Ost verläuft und recht beständig angetroffen wird. Steht dann noch ein Westwind auf die Straße von Gibraltar, wird durch den Windschub der Strom natürlich noch verstärkt.
Wenn ein atlantisches Tief nach Spanien zieht, muß man im westlichen Mittelmeer immer mit Vendaval rechnen. Er ist dann oft mit heftigen Regenfällen und Gewittern verbunden. Wegen des langen Anfachweges (Fetch) baut sich rasch eine unangenehme steile und hohe See auf. Verbunden mit Windstärken von Bft 5 bis 7 hört das Segelvergnügen dann auf.

Scirocco

Der Scirocco ist ein unangenehm heißer Wind, der seinen Ursprung in Nordafrika hat und aus Südwest bis Südost weht. Je nachdem, welches Land man betrachtet, trägt er verschiedene Namen. In Marokko, Algerien und Tunesien heißt er **Chili**. Er bringt eine trocken staubige Hitze. Manchmal ist der Chili auch mit einem Sandsturm verbunden, der so stark ist, daß die Sonne verfinstert. Allerdings kommt das auf hoher See recht selten vor. Wenn Sie am südlichen Horizont einen gelben bis rötlichen Dunst- oder Wolkenstreifen sehen, ist der Chili nicht mehr fern. Er weht durchschnittlich mit Beaufort 4 bis 6 und erreicht nur selten Windstärke 7.
Unangenehm sind die Temperaturschwankungen, die mit dem Chili einhergehen. Abrupte Temperaturanstiege bis zu 20 Grad sind normal. Im Küstenbereich treten dann die üblichen Föhnsymptome auf. Herz und Kreislauf werden belastet, man fühlt sich matt und ist leicht unkonzentriert und gereizt. Auf hoher See ist es dazu unangenehm bis unverträglich schwül. Das kommt daher, daß die trockene Wüstenluft sich über dem Wasser rasch mit Feuchtigkeit anreichert. Auf den Balearen ist die Luft bei Scirocco oft derart feucht, daß die Straßen naß wie von Regen sind.
Wenn über Nordafrika ein großes Tief liegt, das sich nach Norden verlagern soll, können Sie immer mit Scirocco rechnen. Auf der Vorderseite solcher Tiefs wird dann extrem heiße Saharaluft in das Mittelmeer verfrachtet. Zieht das Tief rasch nach Osten ab, dauert die Hitzewelle nur einen halben bis einen Tag. Danach folgt dann auf der Rückseite des Tiefs recht kalte Luft nach. Bei langsam ziehenden Saharatiefs kann der Scirocco durchaus mehrere Tage anhalten; meist schläft er dann abends ein. Durchschnittlich weht der Scirocco an fünf Tagen im Monat.
An Spaniens Südostküste bis herauf nach Alicante weht der „trockene Scirocco“, den man **Leveche** nennt. Wegen des kurzen Weges über das Wasser bleibt der Leveche trocken und heiß. Er weht recht puffig und erreicht Bft 5 bis 7, manchmal auch Bft 8. Je weiter der Scirocco nach Norden über das Mittelmeer vordringt, desto feuchter wird er.
Im östlichen Mittelmeer tritt der Scirocco während der Sommerzeit eigentlich recht selten auf, monatlich nur an ein bis zwei Tagen. Die Sicht

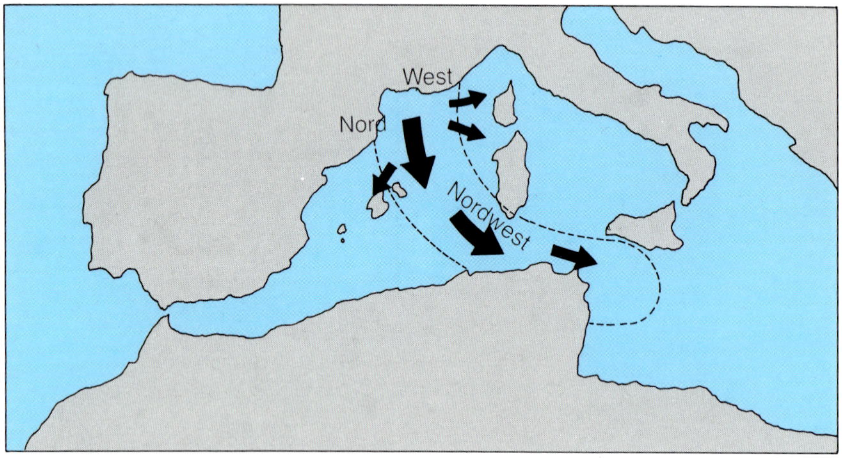

Die Mistral-Zunge

In diesem Gebiet bläst der Mistral am stärksten. Er ist meist scharf gebündelt und hat in der Mitte dieser Zunge seine größte Geschwindigkeit. Man achte auf die unterschiedlichen Richtungen des Mistral in den verschiedenen Revieren. Bei den Balearen weht der Mistral aus Nord bis Nordost. Um Korsika und im nördlichen Sardinien weht er aus West. Die Hauptrichtung auf See ist Nordwest.

geht dann drastisch zurück, wenn die Hitzewelle anrollt. Nach der darauffolgenden Abkühlung kann die Kaltluft allerdings reichlich viel Wind bescheren. Orkanartige Böen sind für einige Stunden durchaus drin. – Übrigens, den Scirocco nennt man in Arabien **Samum**, in Libyen **Ghibli** und in Ägypten **Khamsin.**

Mistral

Unter dem verbreiteten Namen Mistral ist eine Vielzahl von Kaltluftausbrüchen im westlichen Mittelmeer bekannt. Wenn Kaltluft aus der spanischen Meseta das Ebrotal herabstürzt, nennt man es dort **Maestral** oder **Mestral.** Weitaus bekannter und auch gefürchteter ist der Durchbruch arktischer Kaltluft durch die Lücke Garonne-Carcassonne, der durch eine Kaltfront eingeleitet wird, die von Norden her ins Mittelmeer vorstößt. Nicht weniger berüchtigt sind die Kaltluftausbrüche aus den Gletscherzonen der Westalpen, die das Rhonetal herabstürzen – all das nennt man Mistral. Gewöhnlich bringt die trockene Kaltluft gutes Wetter: herrliche Fernsicht bei wolkenlosem Himmel; abgesehen vom Wind, der urplötzlich zuschlägt und fast immer Sturmstärke erreicht. Orkan mit Böen bis zu 80 kn sind keine Seltenheit, wobei die allergrößte Gefahr von den urgewaltigen Böenwalzen ausgeht, die extreme Ausmaße erreichen können. Diese Böenwalzen stürzen aus dem kalten Hochland herab auf See und lassen Sportbooten keine Chance. Unerklärliche Verluste von Yachten aller Größen gehen auf das Konto dieser Naturgewalten. Die gefährdetsten Stellen liegen zwischen Tortosa und Tarragona, bei Perpignan und vor der Rhonemündung.

Das Aussehen des Mistrals ändert sich um so mehr, je weiter man sich von der Küste entfernt. Die trokkene Luft reichert sich mit Wasser an und erwärmt sich über dem warmen Mittelmeer. Das Ergebnis ist ein recht schlechtes Wetter, denn zum Sturm kommen jetzt noch heftige Schauer und Gewitter hinzu.

Der Mistral weht durchaus nicht überall aus der gleichen Richtung: Auf den Balearen kommt er aus Nord bis Nordost, im Golf von Genua bringt er Wind aus West bis Südwest. In der Straße von Bonifacio und in der Straße von Sizilien bewirkt der Trichtereffekt noch eine zusätzliche Verstärkung des Mistral, der dort aus West bis Nordwest weht. Über die Ausdauer des Mistral läßt sich keine zuverlässige Regel geben. Manchmal hält er nur für Stunden an, andererseits pustet er aber auch mal 12 Tage ohne nennenswerte Unterbrechung. Hier ist alles drin. – An der Küste östlich von Toulon läßt sich der Mistral nur wenig aus. Dort kann man meist noch gemütlich schippern, wenn es draußen kachelt (Leewirkung).

Einen knallharten Mistral überlebt man als Segler oder Motorbootfahrer meist nur einmal, wenn überhaupt. Es kommt also darauf an, ihn zu erkennen, bevor es brenzlig wird.

Wenn eine Kaltfront von Nordwesten her Frankreich überquert und bis in das Mittelmeer vorstößt, gibt es ganz sicher Mistral. Je rascher die Front zieht und je stärker der Wind hinter der Front bläst, desto kräftiger wird der Mistral ausfallen.

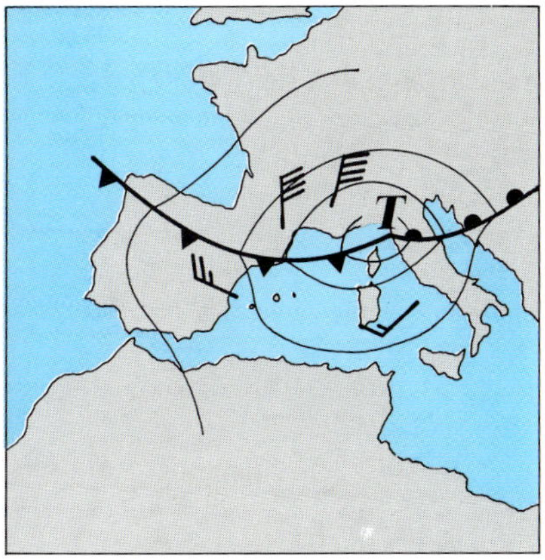

Die klassische Mistral-Lage

Im Golf von Genua hat sich rasch ein Tief gebildet. Die Kaltfront hat Frankreich überquert und die nachfolgende Kaltluft reißt die über den Gletschern ruhende Luft durch das Rhonetal abwärts ins Mittelmeer.

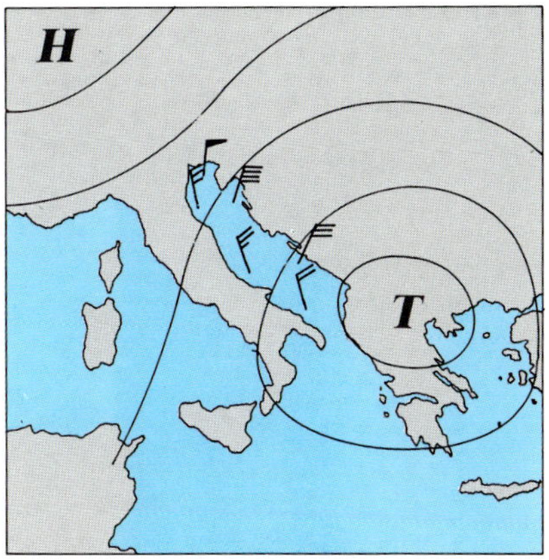

Die Bora

Wenn die Bora die Adria beherrscht, findet sich entweder ein Tief über Griechenland oder ein kräftiges Hoch über Westeuropa als die Ursache.

Kommen wird er auf jeden Fall.
Die zweite Wetterlage, die Mistral bringen kann, wird durch ein Tief über dem Golf von Genua oder auch über Norditalien bestimmt. Auf der Rückseite des Tiefs wird dann die Kaltluft der Alpengletscher bergab gedrückt, das Ergebnis ist der Mistral. Es kann nicht oft genug gesagt werden: Selbst das kleinste Tief über Norditalien, das gerade eben eine geschlossene Isobare zeigt, darf nicht übersehen werden. Solche in der Wetterkarte kaum sichtbaren Tiefs können bereits einige Stunden später das Wetter entscheidend bestimmen: Mistral.
Nun kann der Mistral aber auch kommen, ohne sich auf der Wetterkarte oder am Himmel anzukündigen. Die kalte Gletscherluft löst sich urplötzlich ab und wälzt sich rasch bergab. Dann steht man natürlich überrascht da, aber diese Situation wird selten brenzlig, weil diese spontanen Fallböen kaum länger anhalten und längst nicht so heftig sind, wie beim ausgeprägten Mistral.

Bora

Am bekanntesten ist die Bora in der nördlichen Adria, wo sie sich in Form eines Ausbruches polarer Luft durch die Gebirgslücke bei Triest präsentiert. Im Prinzip ist die Bora nichts anderes als ein Mistral. Sie bringt kalte und trockene Luft aus dem Bergland auf das Meer. Der erste Ausbruch der Bora ist oft mit heftigem Regen oder Hagel verbunden, die typische Jahreszeit dafür ist Spätsommer bis Herbst. Je feuchter und wärmer die von der Bora verdrängte Luft war, desto intensiver ist auch der Niederschlag. Typisch für die Bora sind die Cumuluswolkenbänke, die an den Bergkämmen wie Mauern stehen. Wenn Sie solch eine Wolkenmauer sehen, geht der Tanz bald los – die Bora kommt lautlos aber rasch. Über der westlichen Adria herrscht zumeist weiter strahlend blauer Himmel vor, während es schon heftig bläst.
Wenn die Bora länger als einen Tag anhält, stößt sie meist in Wellen vor. Nach heftigen Kaltluftausbrüchen folgen totale Flauten, die plötzlich von der Bora wieder abgelöst werden.
Die Bora setzt mit einer gewaltigen Böenwalze ein, die langsam in Sturm oder zumindest in eine steife Brise übergeht. Die einzige Warnung vor dieser Böenwalze ist ein ganz leichter Druckfall vorher. Zu spät, um sich in den sicheren Hafen zu begeben.
An der italienischen Adriaküste weht die Bora zwar nicht mehr ganz so stark, aber hier droht Gefahr durch Legerwall für Yachten. Durch den Weg über die Adria ist die Bora im Laufe des Tages langsam zu einem feucht-warmen Wind geworden, der heftige Schauer an der italienischen Küste bringt.
Die meisten Bora-Ereignisse dauern bis zu 12 Stunden. Längeres Andauern ist eigentlich nur aus der kalten Jahreszeit bekannt (einmal sogar über 30 Tage ohne Pause). Nach der Statistik müssen Sie im Sommer lediglich einmal pro Monat mit einer deftigen Bora rechnen. Im eng begrenzten Küstenstreifen tritt sie allerdings auch im Sommer wesentlich häufiger auf. Im Bereich jeder Schlucht treten plötzliche Fallwinde auf, die den Schipper überraschen können. Den Rekord hält eine Böe, die bei Triest mit 110 kn gemessen wurde, dies allerdings im Winter.

Foto: S. Gliewe

Wenn solcher Wolkenkamm über den Bergen droht, steht die Bora unmittelbar bevor.

Und bei welchen Wetterlagen tritt die Bora bevorzugt auf?
Immer, wenn sich eine großräumige Windrichtung aus Nord oder Nordost auf der Wetterkarte zeigt, besteht die Gefahr einer Bora. Solche Windrichtungen ergeben sich meist bei einem kräftigen Hoch über Westeuropa oder auch bei einem Tief über Griechenland.
Wenn Ihr Schiff überraschend vom Fallwind gebeutelt wird, heißt es erst einmal Ruhe bewahren – passiert ist es ja eh – wozu also Hektik. Schauen Sie zu den Bergen herauf, ob Sie die klassische Wolkenwand an den Kämmen sehen. Ist das nicht der Fall, können Sie ziemlich sicher sein, daß die Bora kaum länger als eine halbe Stunde anhält. Sie haben es nur mit einem örtlichen Fallwind zu tun. Passen Sie bei der nächsten Schlucht/Bucht einfach besser auf. Wenn Sie den kleinräumigen Fallböen der zahllosen jugoslawischen Buchten und Inseln ausweichen wollen, halten Sie 3 bis 5 sm Abstand dazu.

Die Etesien

Damit sie sich durchsetzen können, muß sich über dem Vorderen Orient das sommerliche Tief aufgebaut haben. Dies ist eine typische Sommerlage im Mittelmeer.

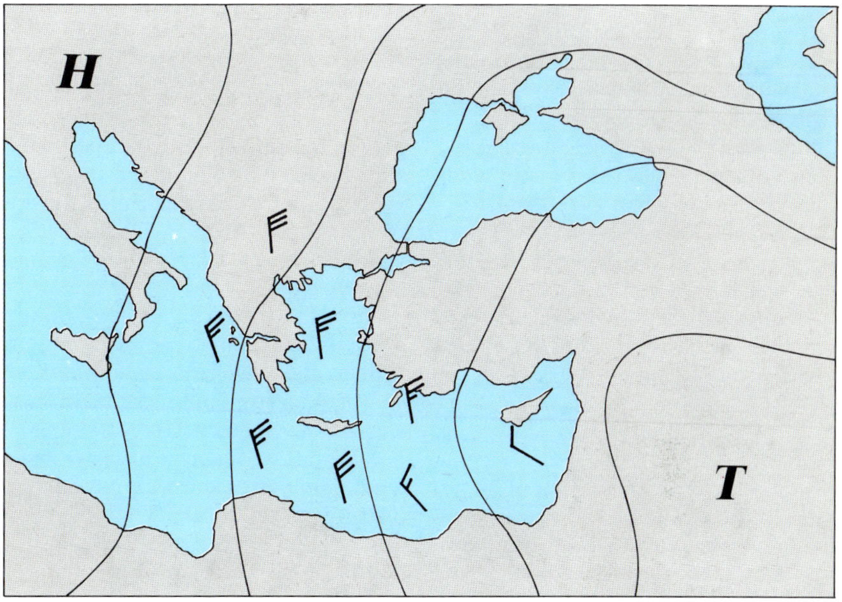

Gregale

Starke Nordostwinde im mittleren Mittelmeer und bei Malta werden Gregale genannt. Der Gregale weht hauptsächlich in der kühlen Jahreszeit und ist der Bora recht ähnlich. Der Wind kommt aus dem Bergland von Albanien und Griechenland. Nur dicht an der Küste ist die Luft kalt und trocken. Auf der freien See bleibt sie mäßig warm und wird wolkenreich und feucht.
Um Malta fürchtet man den Gregale besonders, weil er durch den langen Weg übers Wasser Wellen bis zu 7 Meter Höhe anfachen kann. Die Häfen im Nordosten der Insel sind dann besonders ungeschützt. Hat der Gregale wieder abgenommen, steht die Dünung meist noch ein bis zwei Tage. Freundlicherweise ist der Gregale im Sommer sehr selten; die Statistiker sprechen von 0,2 Tagen im Monat.

Etesien und **Meltemi**

Während des Sommers ist die vorherrschende Windrichtung in der Ägäis durch das umfangreiche Hitzetief über Südwestasien und der Türkei bestimmt. Den dadurch angeregten Wind nennt man in türkischen Gewässern Meltemi und in griechischen Gewässern Etesien.
In der nördlichen Ägäis weht der Meltemi hauptsächlich aus Nordost und in der zentralen und südlichen Ägäis aus Norden. Im südlichen Teil um Rhodos und nahe der türkischen Küste dreht der Meltemi mehr auf Nordwest.
Da Tiefdruckgebiete im Sommer in diesem Seegebiet recht selten sind, wird die großräumige Luftströmung selten gestört. Daher weht der Meltemi so überaus beständig, ja mancherorts hat er sogar den Charakter eines Passats. Des öfteren breitet sich der Meltemi bis in die südliche Adria aus und erfaßt dabei das Ionische Meer. Dort weht er ähnlich zuverlässig und steht lange durch. Die griechische Übersetzung von „etesios“ bedeutet, „jährlich wiederkehrender“ Wind. Jedes Jahr, so Ende Mai bis Anfang Juni setzen leichte Nordwinde in der Ägäis und im Ionischen Meer ein, die „prodroms“, das bedeutet „Vorläufer“, genannt werden. Nachdem diese Winde für ein bis zwei Wochen ausgesetzt haben, setzen dann die sommerlichen Nordwinde ein, die man Meltemi und Etesien nennt.
Auf See wehen diese Winde sehr beständig, nur in der Nähe von Land werden sie durch die Land/Seewind-Zirkulation gestört. In der nördlichen Ägäis bescheren die Nordwinde blauen Himmel und sehr gute Sicht. Kommt man weiter nach Süden, bilden sich mehr und mehr Cumuluswolken.
Damit die Etesien (man verwendet meist Etesien und Meltemi synonym) beständig wehen können, brauchen wir noch ein Hochdruckgebiet über dem Mittelmeer oder aber über Südeuropa. Haben wir also ein Hoch hier und ein Tief dort, wehen die Etesien genauso brav, wie man es von Ihnen erwartet. Beaufort 3 bis 5 ist dann das übliche.
Vorsicht ist an Stellen geboten, wo der Wind durch den Trichtereffekt

verstärkt werden kann. Dort erreichen die Etesien durchaus Sturmstärke, und das für viele Stunden. Die gefährdetsten Stellen sind der Doro-Kanal, die Gebiete zwischen den Dodekanes und der Türkei und das Gebiet zwischen Paros und Naxos südwärts bis Thira.
In Küstennähe zeigen auch die Etesien einen Tagesgang. Kurz vor Sonnenuntergang setzt meist Flaute ein und am nächsten Morgen beginnen die Etesien wieder zu wehen.

Libeccio

Der Libeccio ist an der gesamten Süd- und Westküste Italiens bekannt. Er weht das ganze Jahr über recht beständig aus West bis Südwest. Das Ligurische Meer und das Thyrrenische Meer werden vom Libeccio beherrscht. In der Straße von Bonifacio und auch noch östlich davon wird er erheblich verstärkt und erreicht recht häufig Sturmstärke.
An der westlichen Küste Korsikas erzeugt er meist eine unangenehm kabbelige See und ist dort auch mit heftigen Böenwalzen verbunden, die man Raggiature nennt.
Im Sommer treten in Lee von Korsika (Ostküste) nahezu täglich heiße Fallwinde auf, die recht große Windgeschwindigkeiten, bis Sturmstärke, erreichen. Um beim Segeln diesen Fallböen auszuweichen, hält man mindestens einen Abstand von 5 sm zur Küste ein. Besser ist es noch, einen 10-sm-Abstand zu halten, wenn man ganz vor Überraschungen sicher sein will.
Wer zwischen Rapallo und Livorno segelt, sollte den Libeccio immer im Auge behalten, denn er bringt an der Küste Norditaliens eine recht rauhe See.
Es könnte nun der Eindruck entstanden sein als gäbe es im Mittelmeer kaum ruhige Tage, bei all diesen Fallwinden und berüchtigten Windsystemen. Aber, an den Anfang des Kapitels erinnert: beständige leichte Winde und ein trocken heißer Sommer kennzeichnen das Wetter im Mittelmeer. Dabei bleibt es natürlich. Es sei aber noch einmal erwähnt, daß das Mittelmeer ein recht gefährliches Revier sein kann. Wegen des traumhaften Wetters schläft die Wachsamkeit ein, und man rechnet einfach nicht mehr mit den unangenehmen Überraschungen, für die das Mittelmeer an jeder Ecke und zu nahezu jeder Zeit gut ist. Darin liegt die große Gefahr. Nicht in der Häufigkeit der Ereignisse. Übrigens im „Mittelmeerhandbuch" des Deutschen Hydrographischen Instituts können Sie sich ganz gut informieren, es enthält viele Daten und Hinweise zum Wetter und zum Klima im Mittelmeer.

Das Wetter im Bereich der Mittelmeer-Inseln

Die starke Sonnenstrahlung der Sommermonate erwärmt die Inseln intensiv, so daß die bodennahe Luftschicht überhitzt wird und aufwärts steigt. Fast an jedem Tag spielt sich derselbe Gang ab: Morgens ist der Himmel wolkenlos bei absoluter Flaute. Spätestens so gegen 9 Uhr

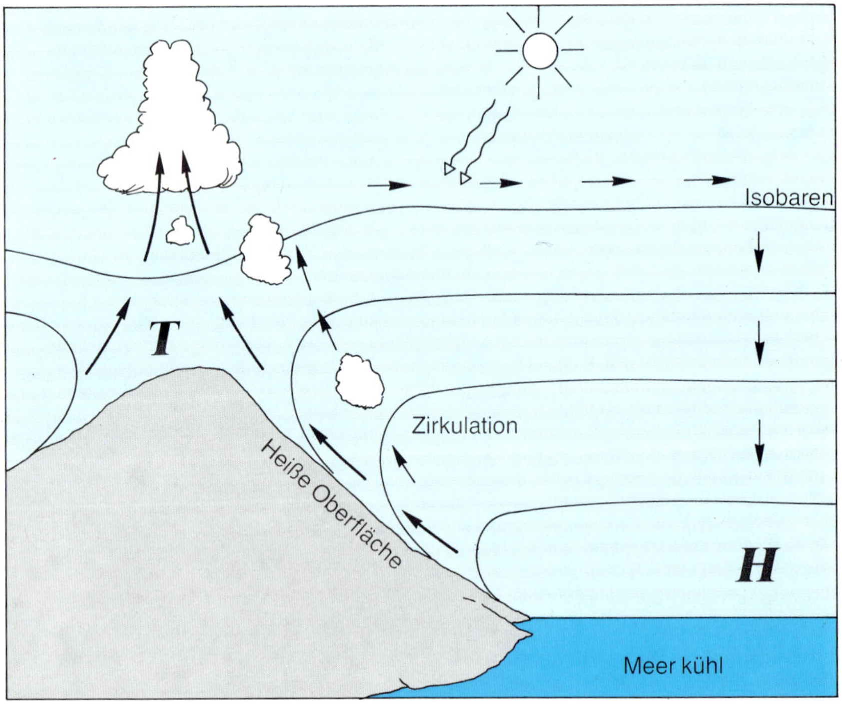

Inseln erhitzen sich übermäßig stark und bilden ihr eigenes Tageswetter.

entstehen die ersten kleinen Cumuluswolken und eine leichte Brise setzt ein. Bis Mittag entwickeln sich die Wolken über der Insel weiter und fallen am späten Nachmittag wieder zusammen. Mit der sinkenden Sonne nimmt der Seewind auch wieder ab.
Die bekannte Seebrise kommt morgens pünktlich und schläft abends ebenso pünktlich wieder ein. Für jede Insel kann man bald Erfahrungswerte aufstellen, wann der Wind morgens beginnt, wie stark er weht, und wann er wieder einschläft.

Hierzu eine Regel:
● Kleine Inseln haben entweder gar keinen Seewind oder er ist nur schwach und setzt dann spät ein.
● Große Inseln haben einen gut ausgeprägten Seewind, der früh einsetzt.

Weil der Seewind eine kleinräumige Erscheinung ist, reicht er auch nicht weit nach See hinaus. Je nach Größe der Insel erstreckt sich die Windzone 3 bis 5 sm weit. Wer im Bereich der Inseln segeln will, sollte sich also dicht an der Küste halten, wenn er Wind sucht.

Wie erkennt man eine aufkommende Wetterverschlechterung?

Über die bekannte Seebrise läßt sich indirekt sehr gut eine drohende Wetterverschlechterung erkennen. Wir gehen davon aus, daß bei einer ungestörten Wetterlage das Wetter „geregelt" abläuft, das heißt, Wind und Wolken haben den bekannten Tagesgang, der von der Sonnenstrahlung initiiert wird. Jede Abweichung des Wetters vom üblichen Tagesgang kann ein Hinweis auf eine Wetterumstellung sein und sollte sorgfältig beobachtet werden.

Die Seebrise bleibt aus

Das Ausbleiben der täglichen Seebrise ist im Sommer immer ein Hinweis auf eine Wetteränderung.
● Die Seebrise bleibt aus und der Luftdruck steigt
Die Wetterlage wird sich verbessern, denn alle Anzeichen sprechen für einen zunehmenden (und wahrscheinlich auch länger anhaltenden) Hochdruckeinfluß. Der Druckanstieg (abwärts sinkende Luft) verhindert die übliche Bildung von Quellbewölkung entweder ganz oder teilweise. Die Wolken werden nach oben hin durch eine Sperrschicht (Inversion) des Hochs begrenzt.
Sie beobachten morgens:
- keine Seebrise
- steigender Luftdruck
- Cumuluswolken bleiben flacher als sonst (über Land)

● Die Seebrise bleibt aus und der Luftdruck fällt
Das Wetter wird sich verschlechtern.
Sie beobachten morgens:
- keine Seebrise
- leicht fallender Luftdruck
- Bewölkung stärker als üblich

In der Regel können Sie bei diesen Symptomen das rasche Aufkommen von Gewittern erwarten. Besonders wenn nachmittags die Cumuluswolken nicht zusammenfallen, sondern womöglich noch weiter wachsen, sind Gewitter absolut sicher.
Das Ausbleiben der Seebrise ist immer ein warnender Hinweis, denn bei einem sonnenreichen Tag kann die ausbleibende Seebrise nur durch einen anderen Wind kompensiert sein, der dem Seewind genau entgegensteht. Dieser andere Wind wird sich spätestens bei Zusammenfallen der Seebrise durchsetzen. Die Ursache für den „Gegenwind des Seewindes" muß ein Tiefdruckgebiet sein.

Der Luftdruck verhält sich unnormal

An einem ungestörten Sommertag am Mittelmeer sehen Sie, wie der Barograph ganz saubere Sinuskurven aufzeichnet. Der Luftdruck geht beständig auf und ab, als hätte er Ebbe und Flut.
● Wenn der Luftdruck von der Sinuswelle abweicht, ändert sich das Wetter
In der Tat hat die Lufthülle der Erde Ebbe und Flut, genau wie die Meere und Ozeane.
Sie haben gelernt, daß die Lufthülle der Erde ein unvorstellbar großes Gewicht hat, daher wirken die Kräfte von Sonne und Mond auch periodisch darauf ein. Die atmosphärische Gezeit hat zweimal Ebbe und zweimal Flut pro Tag. Morgens um 10 Uhr und um 22 Uhr abends ist Ebbe. Um 16 Uhr und um 04 Uhr morgens ist Flut. Der Tidenhub ist allerdings von der geographischen Breite abhängig. Vom Pol zum Äquator hin beginnt der Hub immer größer zu werden. Er beginnt bei Null am Pol und erreicht in der Äquatorzone immerhin ± 5 hPa. Am Mittelmeer haben Sie einen Hub von etwa $\pm 1{,}5$ hPa.
Geht der Luftdruck beständig auf und ab, so bleibt das Wetter gut. Abweichungen sind eindeutige Vorboten für eine Wetterveränderung. Wahrschau! Wenn Ihr Schiff in Fahrt ist, können Sie durchaus aus einem Hoch (Tief) herausfahren. Dann verändert sich natürlich der Luftdruck an Bord – aber ohne daß sich das Wetter ändert.
Der normalen Luftdruckwelle, wie sie zu einem ungestörten Tag in Tropen und Subtropen gehört, ist nun eine Tendenz überlagert, die keine Ursache in der Atmosphäre hat.

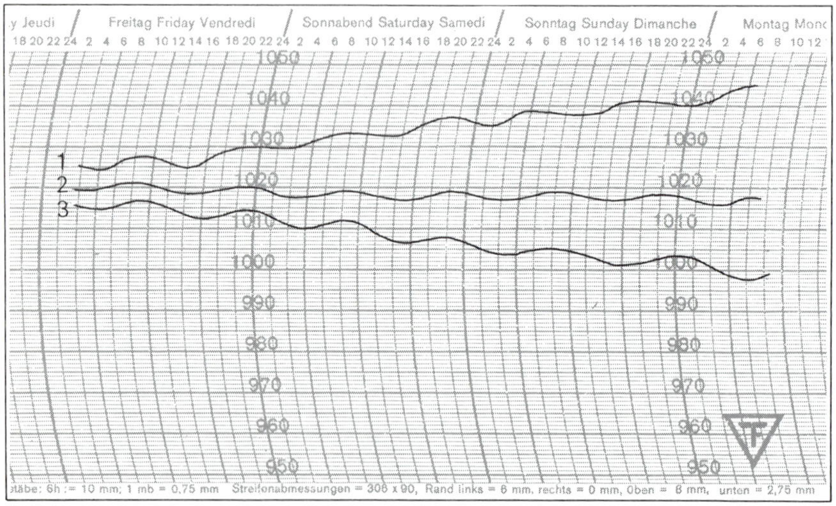

Der Tagesgang des Luftdrucks
1 Dies ist die Registrierkurve von einer Yacht, die in ein Hoch hineingefahren ist – ohne Veränderung der Wetterlage.
2 Hier sehen Sie auf dem Registrierstreifen des Barographen, wie die Tide der Atmosphäre auf und ab geht. Der Tidenhub beträgt ±1,5 hPa. Die Schönwetterlage bleibt unverändert.
3 Und hier die Registrierkurve von einer Yacht, die aus einem Hoch herausgefahren ist. Trotz erheblich gefallenen Luftdrucks ist die Wetterlage weiter beständig, denn die Tageswelle ist ungestört geblieben.

Diese Cirrusbewölkung täuscht einen Frontaufzug lediglich vor. Meist ist sie im Mittelmeer aus hohen Cumuluswolken entstanden. Wenn sich allerdings die Cirren ab mittags verdichten, heißt es vorsichtig zu sein und die kommende Wetterentwicklung sehr aufmerksam zu beobachten.

Fronten im Mittelmeer

Die aus Nord- und Ostsee bekannten Frontenerscheinungen mit den Wolkenaufzügen gibt es im Mittelmeer so gut wie gar nicht. Druckfall vor der Front ist selten ausgeprägt. Die Bewölkung beginnt im Niveau der Cirruswolken dichter zu werden und deutet einen Aufzug an. Gerade hier aber kann man bei der Beurteilung der Wetterentwicklung sehr daneben greifen: Die Cirren entstehen am Mittelmeer häufig aus zerfallenden Cumuluswolken. Diese Wolken-

reste werden vom Höhenwind zerblasen zu Cirruswolken und halten sich viele Stunden. Das so entstandene Wolkenbild sieht lediglich einem Warmfrontaufzug täuschend ähnlich aus.
Kaltfronten, die über Spanien in das Mittelmeer eindringen, sind nicht leicht zu erkennen. Wenn sie die Küste erreicht haben, zeigt sich nur leichte Bewölkung aus Cirrus und Altocumulus. Wenn die Front dann wieder über See kommt, aktiviert sie sich ungeheuer rasch. In kurzer Zeit entwickeln sie mächtige Cumulusstürme, in die auch Gewitter eingebettet sind.

- Fällt das Barometer bei aufkommender Schichtbewölkung (Stracu und Altocumulus), erwartet Sie eine Schlechtwetterfront.
- Fällt der Luftdruck nicht bei aufkommender Schichtbewölkung, wird sich Hochdruckeinfluß einstellen.

Nebel und Dunst

Der Sommer ist die Nebelzeit am Mittelmeer, dennoch gibt es nur wenige echte Nebeltage. Die Statistik weist pro Monat 2 Nebeltage aus. Starker Dunst wird schon erheblich häufiger zur Trübung der Urlaubsfreude beitragen. Sichtweiten um eine Seemeile oder auch noch darunter halten gern für Wochen an. Die typische Wetterlage dazu ist ein ausgeprägtes Hoch, das über der bodennahen Luftschicht eine Sperrschicht gebildet hat (Inversion). An Land und auf See herrscht totale Flaute und die Sicht wird täglich schlechter. Wenn sich nach einem Scirocco eine stabile Hochdrucklage einstellt, bleibt die feuchte, diesige Luft – und damit die schlechte Sicht – so lange erhalten, daß oft ein ganzer Urlaub nicht ausreicht, um die Kimm sauber zu sehen.

Gewitter und Niederschlag

Diese beiden Wettererscheinungen treten besonders im Mittelmeer häufig zusammen auf. Typische jahreszeitliche Schwankungen sind dabei ursächlich mit den Wassertemperaturen des Mittelmeeres zu sehen. Im Frühjahr treffen wir am Mittelmeer die niedrigsten Temperaturwerte mit 12 bis 15 Grad C an. Die im Frühjahr rasch zunehmende Sonneneinstrahlung bewirkt nun eine deutliche Phasenverschiebung zwischen der Erwärmung des Wassers und der Landmassen, beziehungsweise der Inseln. Nur sehr langsam steigt die Temperatur der See an, und wenn sie zum Herbst dann mit Werten um 25 Grad C ihr Maximum erreicht hat, sind die Landmassen schon längst wieder im Bereich der deutlichen Abkühlung.
Die Ursache für die unterschiedlich schnelle Erwärmung – und damit natürlich auch der Abkühlung – liegt in der großen Wärmespeicherkapazität des Wassers – dieser Effekt wird in der Wärmflasche positiv genutzt. Die jahreszeitlich gekoppelten Aktivitäten der Atmosphäre entstehen aus dieser Phasenverschiebung, weil genau dann das Meer „Hochsommer hat", wenn die Atmosphäre sich auf den Winter vorbereitet.
Wie wirkt sich das nun in den einzelnen Jahreszeiten aus?

Frühjahr

Nachdem der Winter im Mittelmeer viel Wind gebracht hat und insgesamt so etwa einem norddeutschen Sommer nahekommt, ist das Frühjahr die Zeit der Wetterberuhigung im Mittelmeer. Schon ab März wird Niederschlag zu einem immer selteneren Ereignis. Wind ist aber noch bis in den Mai hinein gut genug für eine rauschende Segelpartie – das Frühjahr des Mittelmeeres läßt sich etwa als gemäßigter Nordseesommer einstufen.
Mit steigender Wassertemperatur stellt sich rasch zum Sommer hin die typische stabile Wetterlage ein, für die dieses Revier bekannt ist: beständig warm und trocken.
Gewitter sind selten im Frühjahr, sie treten nur bei polaren Kaltluftausbrüchen auf, wenn aktive Kaltfronten bis in das Mittelmeer hineinreichen. An der Front selbst und auch im Bereich der dahinter einfließenden Kaltluft bilden sich dann die Gewitter.

Sommer

Die sommerlichen Gewitter am Mittelmeer werden durch einen recht ungewöhnlichen Prozeß ausgelöst: Bei einer Scirocco-Lage müssen Sie immer dann mit kräftigen Gewittern rechnen, wenn Sie weit von der afrikanischen Küste entfernt sind – anders gesagt, in den Seegebieten um Sardinien, Korsika, Sizilien, Malta und auch Balearen bringt ein sommerlicher Scirocco nicht nur Wind und Seegang, sondern auch noch obendrein Gewitter mit ergiebigen Niederschlägen.
Die heiße Saharaluft nimmt auf dem Weg über das Mittelmeer immer mehr Feuchtigkeit auf, je weiter sie vorankommt. In Verbindung mit der

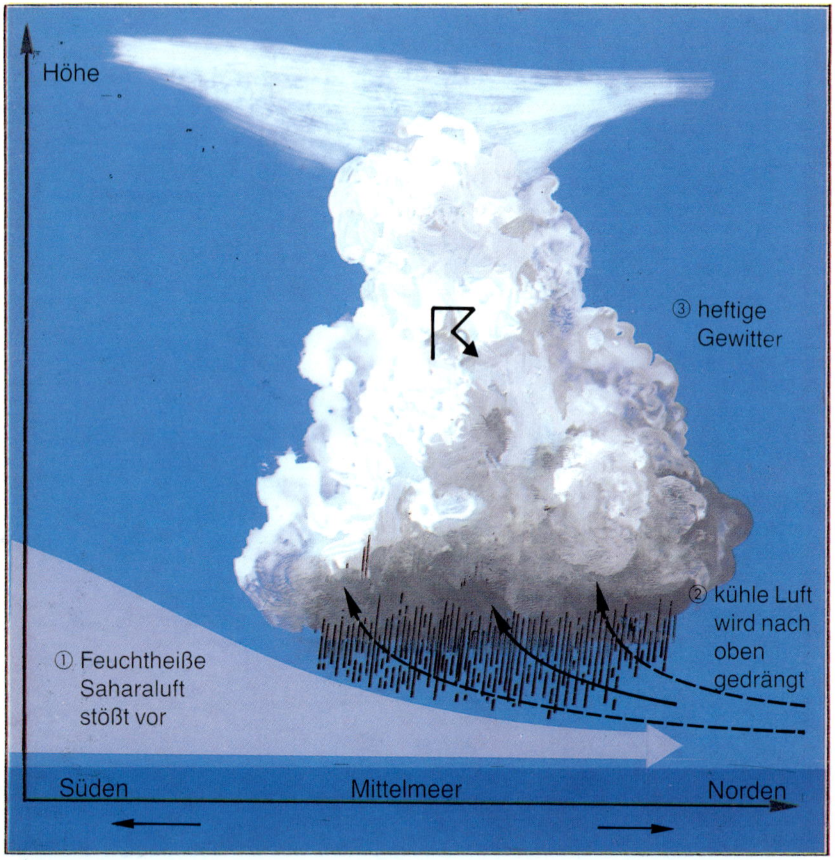

Gewitter bei Scirocco

Die nach Italien vorstoßende Sahara-Luft übersättigt sich mit Feuchtigkeit und schiebt sich unter die alte Mittelmeerluft. Dadurch entstehen heftige Gewitter mit Regenschauern.

hohen Wassertemperatur führt das zu einer Instabilität der unteren Luftschicht, die derart warm geworden ist, daß sie aufwärts schießt, sobald sich eine Gelegenheit bietet. Das Ergebnis sind Gewitter, wie sie in nordeuropäischen Ländern völlig unbekannt sind. Es fallen derartige Wassermassen vom Himmel, daß die Sicht absolut Null ist. Es mag ein kleiner Trost sein, daß dadurch der Seegang erheblich gedämpft wird.
Im Bereich der italienischen Küste sind Gewitter meistens mit Scirocco verbunden, wenn wir einmal von den abendlichen Wärmegewittern absehen, die überall zur Sommerzeit anzutreffen sind. Die Gewitter sind dann an den Bereich der Warmfront gebunden, und hier ist die größte Gewitteraktivität dort, wo diese mit der Kaltfront zusammenstößt (Okklusionspunkt). Im direkten Kernbereich eines Tiefs werden seltener Gewitter beobachtet.
Im Bereich der oberen Adria werden die Gewitter wiederum durch einen ganz anderen Mechanismus erzeugt, der nicht weniger interessant ist, weil er sich gut für die eigene Vorhersage eignet.
Der Gewittertyp der Adria ist mit Kaltluftvorstößen über die umgebenden Gebirge und Bergmassive gekoppelt. Kaltfronten, seien sie über Nord- und Mitteleuropa kaum oder gar nicht wetterwirksam, werden zu Produktionsstätten echter Unwetter, wenn sie durch atmosphärische Kräftespiele über diese Gebirgsbarrieren gehievt werden. Die obere Adria mit ihren stets hohen Wassertemperaturen erzeugt eine Glocke warmer bis heißer und stets feuchter Luft über der ganzen Region. Wird nun eine Kaltluftmasse beispielsweise über die Alpen gehievt, so plumpst sie auf der anderen Seite des Gebirges nicht einfach wieder abwärts, wie man es erwarten würde – und wie es die einfachen Regeln der Physik auch verlangen –, sondern sie gleitet über die Warmluft der Adria und bleibt so in der Höhe, auf die sie über das Berghindernis angehoben wurde. Dieser Zustand ist im höchsten Maße instabil und kann nicht lange aufrecht erhalten werden – bald lagern sich die Luftmassen um. Scheinbar aus dem Nichts und einer vermeintlich besten Hochdrucklage schießen urplötzlich und auf breiter Fläche Gewittertürme aufwärts. Das unangenehme dieses Gewittertyps ist, daß überall um einen herum Gewitter stehen, ein sicheres Ablaufen ist nicht drin. Oft ordnen sich die Gewitterwolken auch linienartig an oder entstehen hufeisenförmig entlang der ganzen inneren Küste von Grado bis Izola,

Gewitter an Kaltfronten in der Adria

Wenn eine Kaltfront über die Bergkette zieht, verläuft zuerst alles ganz harmlos. Plötzlich aber fällt die Kaltluft bis auf das Meer herab und läßt die feucht-warme Meeresluft massiv aufschießen: Überall stehen Gewitter.

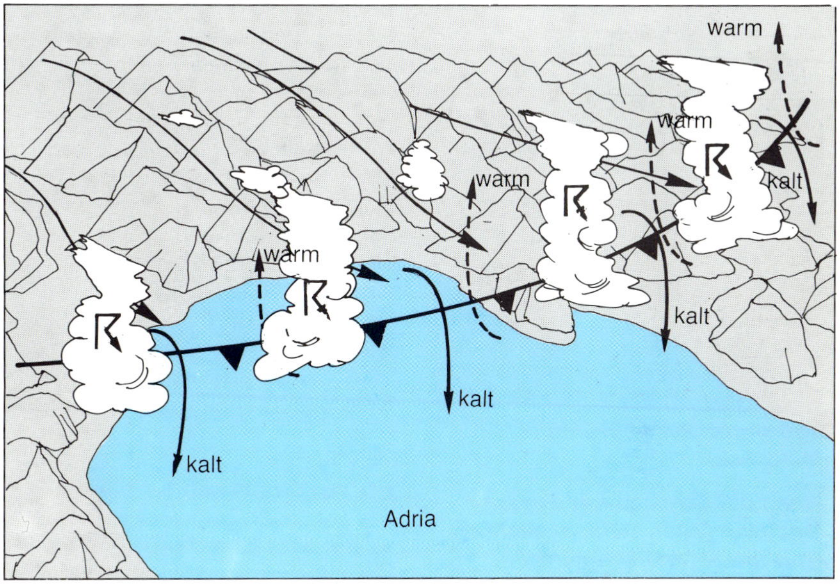

gern auch im Golf von Grado. Gewittergefahr besteht für die Adria immer, wenn eine Kaltfront herüberzieht, sei es über die Alpen, das Gebirge von Jugoslawien oder auch über die norditalienischen Bergrükken. Ein guter Hinweis für das baldige Auftreten von Gewittern ist die Bildung von Cumulusquellungen, ganz besonders, wenn die Wolken aus dem Altocumulusniveau turmartig aufwärts schießen.
Eine weitere typische Gewitterlage für die Adria tritt ein, wenn ein Tief, das entweder im Löwengolf oder im Golf von Genua entstanden ist, über Italien hinweg in die Adria zieht. Mit der Warmfront wird es erst noch wärmer als vorher, durchaus schwülwarm, abgesehen von dem häufig vorkommenden Dauerregen für ganz Oberitalien. Die nachfolgende Kaltluft räumt die feuchte und warme Luft meistens nicht weg, weil kaum frontale Aktivität vorhanden ist. Wie schon geschildert, schiebt sich die kalte Luft einfach über die darunterliegende Warmluft und schon herrscht im ganzen Gebiet gewittrige Aktivität – ausgelöst von einer unscheinbaren, kaum beachteten Kaltfront.

Herbst

Der Schwerpunkt der Gewitteraktivität im Mittelmeer ist über See eindeutig im Herbst zu finden. Dagegen hat die innere Adria und auch so manche Küstenregion die häufigsten Gewitter im Sommer. Zwei Faktoren bringen das herbstliche Maximum: Zum einen sind es die höchsten Werte der Wassertemperatur, zum anderen trifft man in dieser Jahreszeit schon wieder richtige gut ausgeprägte Fronten, die bis in das Mittelmeer vordringen. Der Herbst ist die Zeit mit hoher Erwärmung von „unten“ und schon beträchtlicher Abkühlung von „oben“.

Seegangsverhältnisse in den Seegebieten des Mittelmeeres

Grober Seegang entsteht im Mittelmeer meistens durch Starkwind, der an Fronten gebunden ist. Auslaufender Schwell hält sich dabei bis zu 24 Stunden, danach ist die See wieder ruhig. Die typische Wetterlage, die im Bereich des westlichen Mittelmeeres unangenehmen Schwell

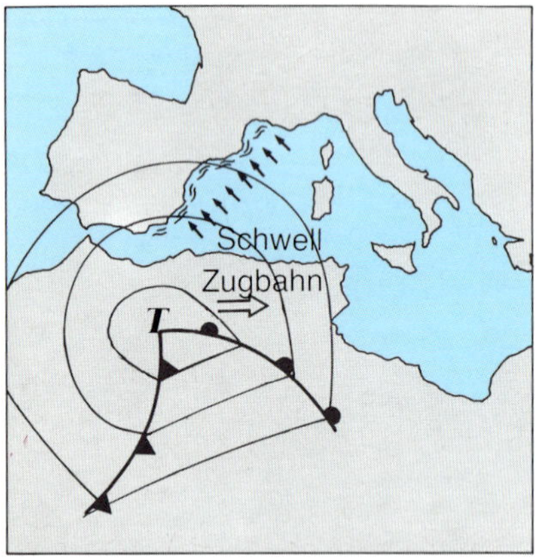

Klassische Schwellage im Mittelmeer

Wenn bei Scirocco das Sahara-Tief nach Osten zieht, entsteht die typische Schwellage an der Ostküste von Spanien.

bringt, ist der klassische Scirocco mit einem afrikanischen Tief, das sich bis in das Mittelmeer erstreckt und so langsam ostwärts zieht. Während dieses Tief abzieht, schiebt es noch tagelang den Seegang aus der gleichen Richtung nach, so daß hier eine unangenehme Verstärkung eintritt.

Das westliche Mittelmeer

Entlang der Ostküste von Spanien bis herunter nach Alicante erzeugen Nordoststürme den schwersten Seegang. Südsturm ist nur für wenige Bereiche und Häfen gefährlich, weil gegen diese Richtung genügend Schutz besteht.
Im südlichen Bereich der spanischen Küste sind es besonders die Ostwinde, die starken Schwell auf die Küste bringen. Dahinter verbirgt sich in den meisten Fällen natürlich ein Scirocco.
Nordweststurm hat wohl durch die Abdeckung der Küste einen breiten Streifen ohne nennenswerten Seegang, draußen auf See entsteht allerdings rasch schwerer Seegang, weil das Wasser schnell große Tiefen jenseits von 1000 m erreicht.
Gleiches gilt für den Löwengolf, der bei Nordwestlagen, sprich Mistral, schweren Seegang außerhalb der Küstenabdeckung aufwirft. Im Seegebiet um Menorca kann man bei allen Starkwindlagen mit Richtungen von Nordwest über Nord bis Nordost mit schwerer See und später mit Schwell rechnen. Im Seegebiet um Korsika, hier besonders an der Westküste südlich der Insel Sanguinaires, vorbei an der Straße von Bonifacio bis entlang der gesamten sardischen Küste steht bei Mistral und auch mistralähnlichen Lagen schwere See, die deutlich heftiger ist, als es der Windstärke entsprechen würde. Ähnlich ungünstig sind die Seegangsverhältnisse bei dem Libeccio.
Entlang der französischen Ostküste ist es der Marin, ein südlicher Wind, der hohe See hereinbringt. Besonders übel ist der Küstenstreifen von Sète bis Aigues-Mortes dran.
Im Golf von Genua ist es besonders der Scirocco, der starken Schwell an die Küste bringt. Bevor der Scirocco selbst die Küste erreicht, kündigt er sich oft durch ein deutliches Ansteigen des Wasserspiegels an. Wie bei einer Flut steigt der Wasserspiegel spürbar in kurzer Zeit an, dann entsteht ein langsam stärker werdender Schwell aus Ost und erst danach beginnt der Wind auf Starkwind bis gelegentlich auch Sturm zuzulegen.

Ionisches Meer

Für die gesamte Küste des Ionischen Meeres gilt, daß Starkwindlagen im Sommer recht selten auftreten.
Wenn sie eintreten, sind sie aber im ganzen Seegebiet mit schwersten Böen verbunden, die lange durchstehen und von daher auch einen entsprechenden schweren Seegang erzeugen. Dieses sonst ruhige Seegebiet des Mittelmeeres ist bei solchen Wetterlagen im höchsten Maße gefährlich und sollte dann tunlichst gemieden werden.
Egal, an welcher Küste Sie sich mit Ihrer Yacht aufhalten, oder auch wenn Sie weit draußen auf See sind, die Böen fallen mit Urgewalt ein und erzeugen in kürzester Zeit einen ungeheuren Seegang. Besonders in den Abendstunden ist die Böigkeit am heftigsten und der Seegang damit am unberechenbarsten.

Adria

Die Bora bringt besonders an den ungeschützten Inseln Jugoslawiens und an der italienischen Ostküste unangenehmen Seegang und Schwell. Die auf der Ostseite von Inseln und Buchten gelegenen Häfen und Ankerplätze sind gegen den von der Bora ausgelösten Seegang oftmals völlig ungeschützt. Wer bei einer heftigen Bora in solch einem Hafen liegt, sitzt wehrlos in der Mausefalle, der Schwell richtet häufig schwere Zerstörungen an. Rechtzeitiges Auslaufen und Abwettern auf See sind dann nicht nur geruhsamer für die Nerven, sondern auch besser erträglich für das Boot (sofern es eine seegehende Yacht ist).
Der Scirocco, der etwa küstenparallel in der Adria weht, erzeugt in der

oberen Adria schweren Seegang, der sich im Bereich der ganzen Küste zeigt. Oft kann man beobachten, daß sich ein Scirocco durch deutlichen Schwell ankündigt, der aus Osten anrollt, bevor dann der Wind aus Südost zu blasen beginnt.
Im Podelta sind die sogenannten Furiani bekannt, das sind Böenwalzen aus Südostrichtung, die völlig überraschend auftauchen und eine rauhe See erzeugen.

Ägäis

Zu allen Jahreszeiten tritt Starkwind aus Norden auf, mit dem zu rechnen ist, da er sich mit Macht und unnachgiebig in die Törnplanung einmischt. Nur wenige Stunden braucht es aus Norden zu blasen, dann steht zwischen den Inseln ruppiger, das heißt, kurzer, steiler Seegang, der gefährliche Ausmaße erreichen kann. Meiden Sie bei solchen Wetterlagen die Durchfahrt zwischen Inseln, ganz besonders die zwischen großen Inseln. Auf der Leeseite solcher Durchfahrten treffen Sie auf schwerste Fallböen. Halten Sie bei solchen Nordlagen großen Abstand von den Inseln – je weiter weg, desto ausgeglichener sind Seegang und Wind.
Im Süden, bei Kythera, sind es die Westwinde, die eine ruppige See anstehen lassen. Auch schon im Sommer kann hier der Seegang so heftig werden, daß ein Anlaufen der Häfen nicht möglich ist.

Die Küste von Nordafrika

Entlang der Küste von Algerien und Tunesien trifft man bei West- bis Nordwestwinden ähnlich unangenehmen Seegang, wie an der Küste von Sardinien. Hinzu kommt, daß besonders im Sommer der Wind an der afrikanischen Küste recht böig ist und dadurch eine ruppige See entsteht.
Mistrallagen mit Winden/Stürmen aus Nordnordwest kündigen sich oft durch den bekannten vorauslaufenden Schwell an.
Im Revier von Tripolis muß man im ganzen Sommerhalbjahr mit gelegentlichen Böenperioden rechnen, die rasch steilen Seegang erzeugen.

Typische Wellenhöhen im Mittelmeer (Sommerhalbjahr)			**Größtmögliche Welle überhaupt nur im Winter**
Gebiet	**Mittlere Höhe** (m)	**Maximale Höhe** (m)	(m)
Alboran	0,5–1,5	3	6–8
Balearen	0,0–1,0	2,0–2,5	8–10
Löwengolf	0,5–1,5	3,5	8–10
Ligurisches Meer, Riviera	0,0–1,0	3,5–4,0	5–6
Tyrrhenisches Meer	0,0–1,0	3,5–4,0	5–6
Afrikanische Küste	0,5	6–8	8–10
Adria	0,5	2,0–2,5	bis 4
Ägäis	0,5–1,5	2,5–3,0	bis 6

Seewetterberichte im Mittelmeer

Obwohl es im Mittelmeer eine Vielzahl von Sendestationen gibt, die regelmäßig Wetterberichte für Seegebiete aussenden, fühlen sich doch viele Schipper hier schlecht versorgt. Dies gilt in besonderem Maße für Neulinge des Reviers.
Die Ursachen für diesen Widerspruch sind zweierlei: Zum einen ist die Sprachbarriere unübersehbar ein großes Hindernis, zu viele verschiedene Sprachen werden am Mittelmeer gesprochen. Die Hoffnung, einen in Landessprache gesendeten Wetterbericht regelmäßig in der Weltsprache Englisch wiederholt zu hören, wird leider allzu selten erfüllt. Den meisten Schippern wäre dies schon genug. Ein anderes Manko sind die Vorhersagegebiete der lokalen Funkstationen, die meistens nicht über den eigenen Nahbereich hinausgehen. Eine Törnplanung ist so mit einem einzigen Wetterbericht kaum möglich. Die Alternative dazu ist, einen Seewetterbericht aufzunehmen, der alle Seegebiete des westlichen Mittelmeeres zum Beispiel enthält. Leider gehen dem Schipper bei diesen generalisierten Vorhersagen für riesige Areale die besonders wichtigen Detailinformationen und die örtlichen Wetterbesonderheiten verloren. Wie ist das Problem in den Griff zu bekommen?

Wetterberichte in deutscher Sprache (Sommerhalbjahr)	
Deutsche Welle	
Frequenzen (kHz)	6075 9545
Sendezeiten (UTC)	vormittags (Mo–Fr) zwischen 0835 und 0900 nachmittags (Mo–Fr) zwischen 1550 und 1600 Sonnabend zwischen 1750 und 1800
Inhalt	Wetterlage, Vorhersage für 24 Stunden, Stationsmeldungen siehe Bordwetterkarte No. 11., Seite 162
Österreichischer Rundfunk ORF	
Frequenzen (kHz)	6000 6155
Sendezeiten (UTC)	0545 1045
Inhalt	Stationsmeldungen mit Angabe von Windrichtung und -geschwindigkeit, Lufttemperatur, Luftdruck und Tendenz, Dünung und Seegang. Um 1045 auch mit Wetterlage.

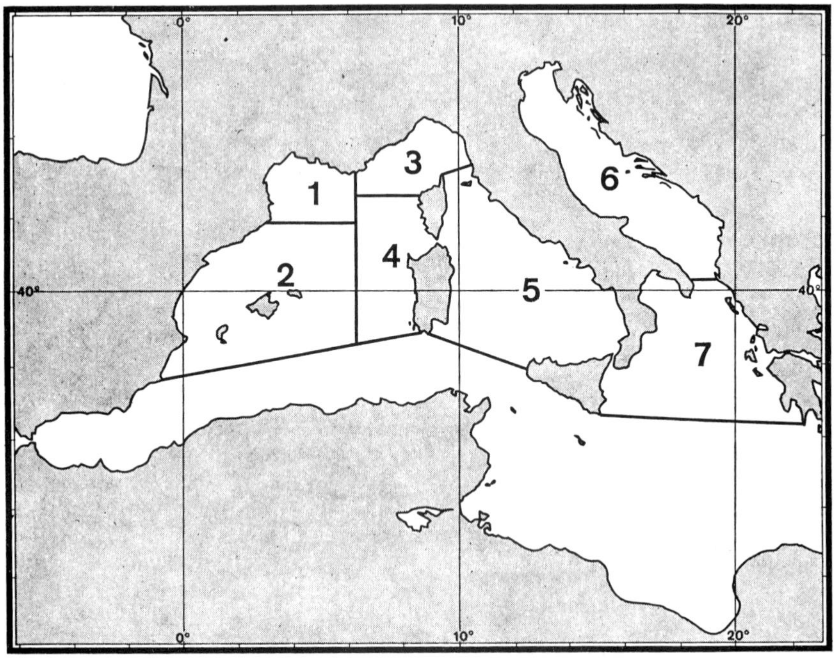

Übersicht 1
Vorhersagegebiete der Deutschen Welle

1 Golfe du Lion
2 Balearen
3 Ligurisches Meer
4 westlich Korsika – Sardinien
5 Tyrrhenisches Meer
6 Adria
7 Ionisches Meer

Die einzige und echte Lösung dieses Dilemmas ist auf absehbare Zeit der Bordwetterkartenschreiber. Unabhängig von allen Sprachen und lückenhaften Wetterberichten holt man sich in verständlicher Form genau das an Bord, was benötigt wird.
Eine Auflistung aller Frequenzen, Sendezeiten und Stationen am Mittelmeer, die Wetterberichte ausstrahlen, halte ich hier für wenig sinnvoll, da gerade in diesem Gebiet vieles in Veränderung begriffen ist. Ich möchte Sie lieber auf bewährte Quellen verweisen, die in ihrer Zuverlässigkeit und Aktualität nicht zu überbieten sind:
„Jachtfunkdienst Mittelmeer" des DHI, zu beziehen über alle Seekartenauslieferungsstellen und über den Buchhandel, wird jährlich neu aufgelegt.
Informationsstelle Mittelmeer, Vorhoelzerstr. 3a, 8000 München 71.
Eine bewährte deutschsprachige Quelle für umfassende Seewetterberichte ist die Deutsche Welle, die regelmäßig einen Seewetterbericht des Seewetteramtes in Hamburg ausstrahlt. Ergänzt wird dieser Bericht durch eine Anzahl von Stationsmel-

dungen. Einen ähnlichen Service bietet der Österreichische Rundfunk auch an. Nach beiden Berichten und Stationsmeldungen kann man eine Bordwetterkarte zeichnen. Allerdings wird sich im Mittelmeer das Zeichen einer Bordwetterkarte in den weitaus meisten Fällen auf das Eintragen und Interpretieren von den Stationsmeldungen beschränken – Fronten und Isobaren sind seltene Gäste.

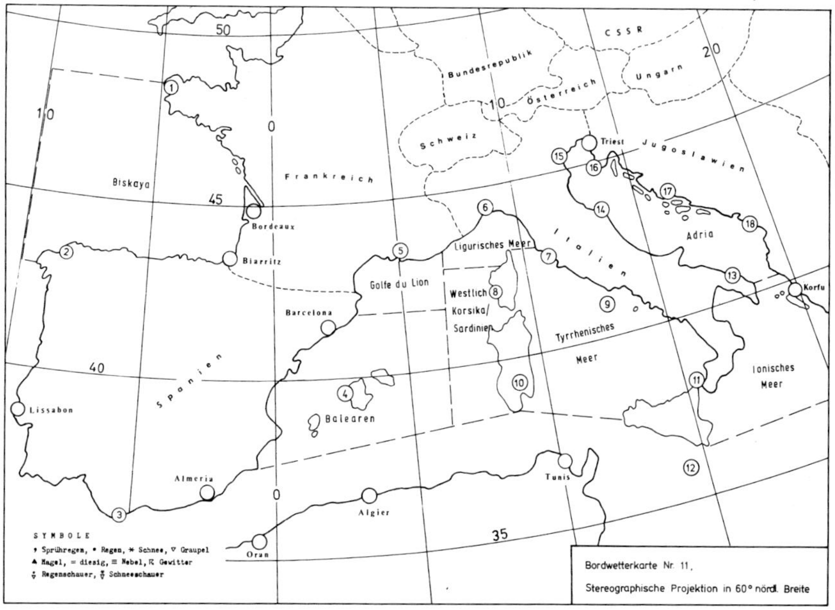

Das Seewetteramt Hamburg hat für den Wetterbericht der Deutschen Welle diese „Bordwetterkarte Nr. 11" herausgegeben, in die die Stationsmeldungen eingetragen werden können, auch die des ORF (numeriert).

Übersicht 2
Griechische Vorhersagegebiete (englisch)

Küstengewässer:

1	Saronicos	10	Samos Sea
2	S Evvoicos	11	Thrakiko
3	Thermaicos	12	Kos-Rodos Sea
4	Korinthiacos	13	W Karpathio
5	Patraicos	14	E Karpathio
6	NW Aegean	15	E Kretan
7	NE Aegean	16	W Kretan
8	SW Aegean	17	Kithira Sea
9	SE Aegean		

Seegebiete:

A	North Adriatic	I	Libyan Sea
B	South Adriatic	J	Ierapetra Sea
C	North Ionian Sea	K	Delta
D	South Ionian Sea	L	Crusade
E	Boot	M	Taurus
F	Melita	N	East Black Sea
G	Gabes	O	West Black Sea
H	Sidra	P	Marmara

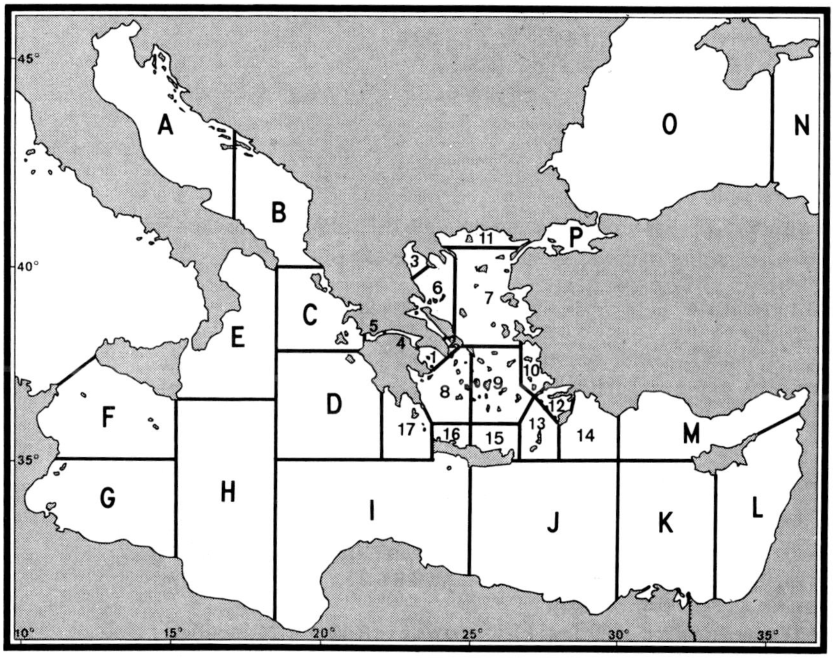

Wetterberichte in englischer Sprache		
Sender/Gebiet	**Frequenz** (kHz)	**Sendezeit** (UTC)
Kerkyra (Griechenland) Gebiet: Übersicht 2	2830	0703 0903 1533 2133
Iraklion/Kritis (Griechenland)	2799	0703 0903 1533 2133
Rhodos (Griechenland)	2624	0703 0903 1533 2133
Athinai (Griechenland)	2590	0703 0903 1533 2133
Limnos (Griechenland)	2730	0703 0903 1533 2133
Rijeka (Jugoslawien)	2771 UKW Kanal 24	0535 1435 1935
Split (Jugoslawien)	2685 UKW Kanal 28, 23, 07	0545 1245 1945
Bar (Jugoslawien)	2752 UKW Kanal 24	0850 1420 2050
Dubrovnik (Jugoslawien)	2615 UKW Kanal 04, 25	0625 1320 2120
Chios, Gebiet 1–17	1820	0703 0903 1533 2133

Wetterberichte in französischer und englischer Sprache		
Sender/Gebiet	**Frequenz** (kHz)	**Sendezeit** (UTC), während der Sommerzeit alle eine Stunde früher
Monaco Übersicht 3	8743,7 13172,1 8728,2 17251,5 4363,6 22651,8	0715 1300 1715
	UKW Kanal 28 Ankündigung Kanal 16	0803 1303 1715 in französisch 0903 2033 in englisch
	UKW Kanal 23	0600 bis 2200 laufend erneuerter Wetterbericht für die Côte d'Azur (NAVIMET)

Übersicht 3

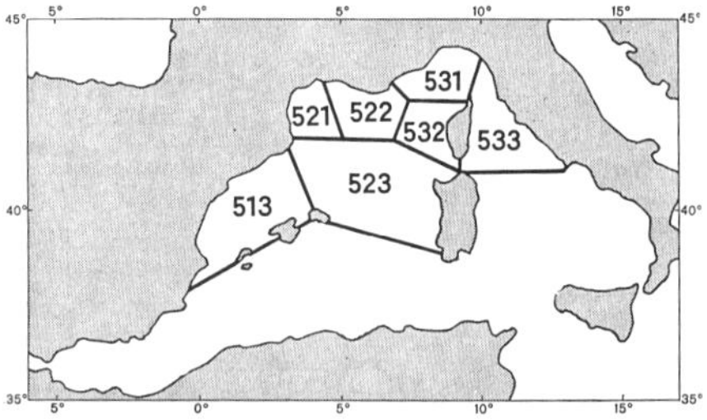

Französische Vorhersagegebiete (französisch/englisch)

513 = Nord Baléares
521 = Lion
522 = Provence
523 = Ouest Sardaigne
531 = Gênes
532 = Ouest Corse
533 = Est Corse

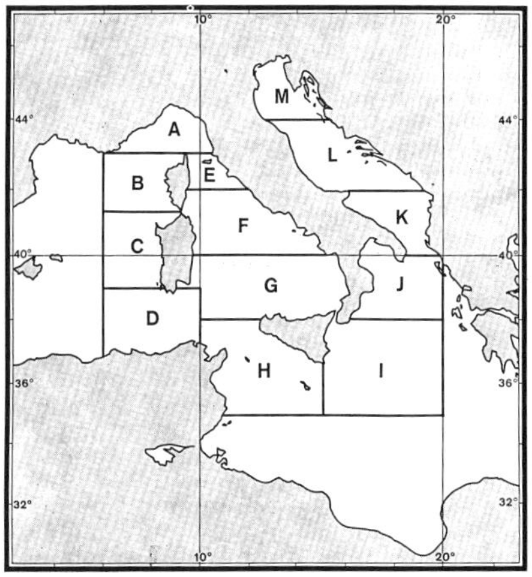

Übersicht 4
Italienische Vorhersagegebiete (englisch)

A Mar Ligure
B Mar di Corsica
C Mar di Sardegna
D Canale di Sardegna
E Tirreno settentrionale
F Tirreno centrale
G Tirreno meridionale
H Canale di Sicilia
I Ionio meridionale
J Ionio settentrionale
K Adriatico meridionale
L Adriatico centrale
M Adriatico settentrionale

Wetterberichte in französischer Sprache		
Sender	**Frequenz** (kHz)	**Sendezeiten** (UTC)
France Inter Gebiete: 513, 521–523, 531–533	164 1161 675 1350 1071 1584	0725 1850 (während der Sommerzeit eine Stunde früher)
Marseille-Radio Gebiete: 513, 521–523, 531–533	1906	0705 1220 1615 0103 (nur Gebiete 521, 522)

Wetterberichte in italienischer und englischer Sprache						
Sender/Gebiet	**Frequenz**		**Sendezeit** (UTC)			
	kHz	UKW Kanäle				
Meteomar Übersicht 4						
Ancona	2656	25	0135	0735	1335	1935
Augusta	1643	26	0150	0750	1350	1950
Bari	2579	26, 27	0135	0735	1335	1935
Cagliari	1722	26/27	0135	0735	1335	1935
Civitavecchia	1888	27	0135	0735	1335	1935
Crotone	2663	25	0150	0750	1350	1950
Genova	2642	25, 27	0135	0735	1335	1935
Lampedusa	1876	–	0150	0750	1350	1950
Livorno	2591	26	0135	0735	1335	1935
Mazaro del Vallo	2211	25	0150	0750	1350	1950
Messina	2789	25	0135	0735	1335	1935
Napoli	2635	27/27	0135	0735	1335	1935
Palermo	1705	27	0135	0735	1335	1935
Pescara	–	26	–	0750	1350	1950
Porto Cervo	–	26	0150	0750	1350	1950
Porto Torres	1806	26	0150	0750	1350	1950
Ravenna	–	27	0150	0750	1350	1950
S. Benedetto del Tronto	1855	–	0150	0750	1350	1950
Trapani	1848	25	0150	0750	1350	1950
Trieste	2624	25	0135	0735	1335	1935
Venezia	2698	26	0150	0750	1350	1950

Meteorologische Vorbereitung eines Seetörns

Täglich hat man das gleiche Problem mit den Sendeterminen der Seewetterberichte. Der eine ist zu früh, zu der Zeit schlafen viele noch. Der nächste Seewetterbericht kommt dagegen vielen Schippern zu spät, denn dann möchte man längst unterwegs sein. Soll man also auf Verdacht losziehen und unterwegs den nächsten Wetterbericht abhören? Natürlich soll man nicht so verfahren, denn das wäre grob fahrlässig – andererseits beginnt die meteorologische Törnvorbereitung nicht erst am Morgen des Auslaufens.

Eine Reise auf dem Wasser soll immer gründlich vorbereitet sein, auch wenn es nur ins Wochenende geht. Nutzen Sie die Zeit in den Tagen vor dem Törn aus, um sich in die Wetterlage einzuarbeiten. Beachten Sie aufmerksam die Wetterkarte des Zweiten Deutschen Fernsehens, und hören Sie deutlich nach den Hinweisen für das norddeutsche Küstengebiet.

Hier gleich ein Tip: In den deutschen Fernsehwetterkarten werden die Windstärken über Land angesprochen. Für Seegebiete sollten Sie grundsätzlich 1 Windstärke hinzuzählen, denn auf See weht der Wind immer frischer.

Wenn es heißt, „... schwache bis mäßige Winde ...", so schauen Sie in die Tabelle, um die entsprechende Windstärke abzulesen, die Ihnen mehr aussagt. Die Windpfeile der Fernsehwetterkarten enthalten die Windgeschwindigkeit in Knoten – also 5 Knoten hinzuzählen, um die vorhergesagte Stärke auf die Seegebiete auszudehnen.

Wenn Sie mehrere Tage nacheinander die Fernsehwetterkarte aufmerksam studieren, bekommen Sie ein gutes Gefühl für die Wetterlage: Hat man es mit einer Vielzahl rasch ziehender Tiefs zu tun, wird das Wetter recht wechselhaft sein und ständig ändernde Windrichtungen bringen. Stabile Lagen, die viele Tage anhalten, stellen sich oft unbemerkt um. Mit der Fernsehwetterkarte sind Sie gut darüber informiert.

Natürlich reicht diese Vorbereitung nicht für den Törn aus. Einen Tag vor Fahrtbeginn sollte die meteorologische Vorbereitung im Detail beginnen. Ich empfehle, schon einen Tag zuvor zu zwei Terminen den Seewetterbericht des Deutschlandfunks abzuhören. Wer unabhängig von dessen Sendezeiten arbeiten will, kann sich den Originaltext des Seewetterberichtes auf verschiedene Art ins Haus holen. Am billigsten ist es, den automatischen Telefondienst der Bundespost mit der Rufnummer 01169 (1169) abzuwählen, der allerdings nur in Norddeutschland und Westdeutschland zur Verfügung steht. Hier wird der Seewetterbericht während der Sommermonate rund um die Uhr für 23 Pfennige bereitgestellt. Wer das Pech hat, länger vom Besetztzeichen hingehalten zu werden, kann auf andere Nummern ausweichen, die auch Wetterinformationen bereitstellen:

Die auf das ganze Bundesgebiet verteilten Wetterämter können Ihnen auch den Seewetterbericht aus Hamburg vorlesen, der überall vorliegt. Außerdem stellen sie täglich eine Wetterübersicht für ihr eigenes Beratungsgebiet unter der Telefonnummer 1164 (01164) bereit. Beratungsgebiet eines Wetteramtes ist etwa das Bundesland, in dem es liegt. Zumindest die Wetterlage läßt sich hier verwerten. Natürlich kann man mit einer Vorhersage für das Rheinland nichts anfangen, wenn die Yacht in Wilhelmshaven liegt und in der Nordsee geschippert werden soll.

Die abschließende Wettervorbereitung eines Törns, die auch zugleich die beste Möglichkeit darstellt, dem Wetter auf die Schliche zu kommen, ist der direkte Anruf beim Seewetteramt und das Gespräch mit dem Meteorologen vom Dienst. Allerdings ist diese Beratung gebührenpflichtig, wie alle Auskünfte, die von den Wetterämtern gegeben werden. Zwölf bis siebenunddreißig Mark kostet solch eine Einzelberatung, je nach Beratungsgebiet.

Die deutschen Wetterämter

Anschrift	Zuständigkeitsbereich	Telefon
Seewetteramt Hamburg 2000 Hamburg 4 Bernhard-Nocht-Str. 76	Hansestadt Hamburg Hochsee Deutsche Küste	(040) 3190-800/801 811/812/813
Wetteramt Bremen 2800 Bremen Flughafen	Hansestadt Bremen Reg.-Bez. Stade Osnabrück, Aurich und Verw.-Bez. Oldenburg	(0421) 552061
Wetteramt Essen 4300 Essen Wallneyer-Str. 10	Land Nordrhein- Westfalen	(0201) 712021
Wetteramt Frankfurt 6050 Offenbach (Main) Frankfurter Str. 135	Land Hessen	(0611) 8062/408 Durchwahl
Wetteramt Freiburg 7800 Freiburg 1 Stefan-Meier-Straße 4	Reg.-Bez. Südbaden Nordbaden mit Ausnahme der Kreise Buchen und Tauberbischofsheim Ldkr. Tettnang	(0761) 31511
Wetteramt Hannover 3000 Hannover Flughafen	Reg.-Bez. Hannover Hildesheim, Lüneburg Verw.-Bez. Braunschweig	(0511) 732051
Wetteramt München 8000 München 2 Bavariaring 10III	Reg.-Bez. Oberbayern Niederbayern, Schwaben	(089) 530084
Wetteramt Nürnberg 8500 Nürnberg Hochhaus am Plärrer	Bayern Reg.-Bez. Ober- pfalz, Ober-, Mittel- und Unterfranken	(0911) 261200/06
Wetteramt Schleswig 2380 Schleswig Regenpfeiferweg 9	Land Schleswig- Holstein	(04621) 24021/22
Wetteramt Stuttgart 7000 Stuttgart 50 Am Schnarrenberg 17	Reg.-Bez. Nordwürtt. Südwürtt.-Hohenzollern mit Ausnahme des Kreises Tettnang, von Nordbaden Kr. Buchen und Tauber- bischofsheim	(0711) 541122
Wetteramt Trier 5500 Trier (Mosel) Petrisberg/ Sickingenstr. 41	Land Rheinland-Pfalz und Saarland	(0651) 45045

Jedes dieser Wetterämter ist Tag und Nacht besetzt.
Von allen können Sie Wetterauskünfte, Beratungen und Unterstützung aller erdenklichen Art erhalten.
Eine Wetterauskunft kostet mindestens zwölf DM, genauso wie eine Vorhersage. Die Rechnung wird Ihnen zugeschickt.
Törnberatung und Wetterberatung für Seegebiete erhalten Sie vom Seewetteramt (SWA) in Hamburg.
Die an der Küste gelegenen Wetterämter Schleswig und Bremen beraten Sie natürlich auch gern für die Seegebiete – obwohl eigentlich die Kollegen in Hamburg zuständig sind.

Wo erhält man Wetterinformationen?

- Tagespresse
- Rundfunksender
- Fernsehprogramme
- Küstenfunkstellen
- Hafenmeister
- Wetterdienste

Die ersten drei Informationsquellen sind Ihnen bekannt.

Küstenfunkstellen sind spezielle Funksender. Sie haben die Aufgabe, die Schiffe auf See zu bedienen, die an keine der an Land üblichen Informationsquellen herankommen; sehen wir einmal von einigen leistungsstarken Rundfunksendern ab, die auch auf dem Ozean noch zu empfangen sind. Weil Seeleute auch telefonieren wollen, und weil Schiffe viele spezielle Informationen über Seegang, Betonnungsänderungen, Wetter, Seenotfälle etc., brauchen, haben sie ein eigenes Kommunikationssystem – den Seefunk.

Küstenfunkstellen betreiben Seefunk und stellen so Verbindungen zwischen Schiffen und Telefonanschlüssen an Land her. Diesen Seefunk können Sie allerdings nicht mit einem normalen Radio empfangen, denn der Seefunk findet auf der **Grenzwelle** statt (englisch: Marineband), die genau zwischen Mittelwelle und Kurzwelle liegt.
Wenn Sie Seewetterberichte (und den übrigen Seefunk) von Küstenfunkstellen aufnehmen wollen, brauchen Sie entweder ein besonderes Kofferradio mit Grenzwelle oder einen speziellen Seefunkempfänger, der fest an Bord installiert wird. Beim Betrieb sind die besonderen Bestimmungen der Bundespost zu beachten.
An der deutschen Küste haben wir zwei Küstenfunkstellen, die besondere Namen und auch ein Funkrufzeichen haben: Kiel (Rufzeichen DAO) und Norddeich (Rufzeichen DAN). Damit Küstenfunkstellen ganz deutlich von anderen Funkstellen unterschieden werden, erhalten sie den Zusatz „Radio“ zum Namen. Die deutschen Küstenfunkstellen heißen also **Kiel Radio** und **Norddeich Radio.**

Bei vielen Hafenmeistereien finden Sie einen täglichen Aushang mit einer Wetterkarte und einer Vorhersage für das benachbarte Seegebiet. Gehen Sie zum Hafenmeister hinein, der Ihnen sicher noch Ratschläge, Erfahrungen und letzte Informationen mit auf den Weg geben kann. Gleiches gilt für einige Schiffe und deren Besatzungen, die beruflich gezwungen sind, die Seewetterberichte ständig aufzunehmen:

- Rettungskreuzer
- Wasserschutzpolizei
- Zoll
- Bundesmarine
- Behördenfahrzeuge aller Art (kenntlich am Bundesadler in der Nationalflagge)

Gehen Sie auf diese Boote und fragen Sie nach dem letzten Seewetterbericht, wenn Sie ihn selbst verpaßt haben – niemand wird Sie abweisen.
In den Kapiteln über das Wetter der Reviere finden Sie alle wichtigen Sendestationen aufgelistet, die Wetterberichte ausstrahlen. Dort stehen auch die Frequenzen und Sendezeiten.

- Beachten Sie, daß im Wetterfunk alle Zeiten weltweit einheitlich sind.

Die gültige Weltzeit heißt UTC (Universal Time Coordinated), zu deutsch: koordinierte Weltzeit. Sie hat die mittlere Greenwichzeit (GMT oder auch MGZ) abgelöst, die es nicht mehr gibt. Auch in diesem Buch wird alles in UTC angegeben. Je nach Seegebiet und Jahreszeit, müssen Sie also zur UTC entweder eine Stunde oder gar zwei Stunden zuaddieren, um die tatsächliche Sendezeit zu erhalten.

UTC + 1 Stunde = MEZ
(Mitteleuropäische Zeit)
UTC + 2 Stunden = MESZ
(Mitteleuropäische Sommerzeit)

Schriften, aus denen Sie Sendezeiten und Frequenzen für Seewetterberichte entnehmen können:

Nautischer Funkdienst Band III, Wetterfunk DHI* Nr. 2154
Enthält in einem Ringordner alle Sendestationen, weltweit, mit detaillierten Informationen. Ebenfalls enthalten, Sendezeiten, Frequenzen, Sendepläne für Wetterkartensender. Wird monatlich durch Nachträge aktualisiert, ohne Nachtrag-Abonnement wertlos.

Wetter- und Warnfunk
DHI Nr. 2158
Auszug aus Nautischer Funkdienst, Band 3, für Nordsee und Ostsee. Erscheint jährlich als Faltkarton, A 4. Enthält auch ausländische Sender.

Jachtfunkdienst
- Nordsee und Ostsee, DHI Nr. 2155
- Mittelmeer, DHI Nr. 2159

beides erscheint jährlich neu.

Die Törnberatung des Seewetteramtes in Hamburg

Natürlich sind es die Seemeteorologen im Seewetteramt in Hamburg, die sich mit der maritimen Meteorologie am besten auskennen; ihr Beratungsgebiet sind die Seeräume. Eine Törnberatung kostet pauschal 13,50 DM, für das Mittelmeer 29,– DM, Beratungen, die über 5 Tage hinausgehen, kosten mehr.

**DHI = Deutsches Hydrographisches Institut, Herausgeber von Seekarten und nautischen Handbüchern.*

Die Törnberatung

Während der Tagesdienstzeit steht beim Seewetteramt immer ein Meteorologe mit langjähriger Segelerfahrung in den verschiedensten Revieren zur Verfügung. Außerhalb der normalen Dienstzeit kann man den Seemeteorologen vom Dienst erreichen, der auch die Törnberatung durchführt.
Hat man den Fachmann an der Strippe, gibt man zuerst einmal Namen und Adresse an, damit die Rechnung auch später an den richtigen Kunden kommt. Sodann muß der Meteorologe mit einigen Informationen versorgt werden, um die Beratung optimal und individuell zu gestalten:

- Von welchem Hafen wird gestartet?
- Wann geht der Törn los?
- Wohin soll es gehen?
- Besteht die Besatzung aus erfahrenen Wassersportlern, Familie oder gar „Badegästen"?
- Für wie viele Tage wird eine Beratung benötigt?
- Soll die Beratung von unterwegs verlängert werden?

Mit diesen Informationen ist der Meteorologe im Seewetteramt in der Lage, eine gute Törnempfehlung zu geben oder für einen festen Törn das zu erwartende Wetter zu beschreiben. Seien Sie beim Törnziel bewußt flexibel, denn welchen Sinn hat es, bei tagelangem Nordwind gen Anholt zu bolzen, wenn man Bornholm z.B. raumschots anliegen kann. Bieten Sie dem Meteorologen zumindest eine Alternative-Route an, denn das Wetter ist mächtiger als Sie.
Der Meteorologe hat beim Telefongespräch eine Checkliste vorliegen, damit nichts übersehen wird. Auch Sie sollten diese Hilfe nutzen.

Checkliste
für die Törnberatung:

Bevor Sie beim Seewetteramt anrufen, sollten Sie zuerst den ersten Teil der Checkliste ausfüllen, damit während des Telefongespräches keine Verzögerung eintritt.

1) Auslaufhafen:
   Startzeit des Törns:
   Törnziel:
   Alternativziel:
   Angaben zur Crew: alle sehr erfahren / teilweise erfahren / Familiensegeln mit Kindern
   Bootstyp und -größe:
2) Abruf der Beratung am .... um .... Uhr.
3) Verlängerung der Beratungszeit:
   Rückruf am .... um .... Uhr aus dem Seegebiet ......
   Die Beratung soll dann um .... Tage verlängert werden.
   Der Kurs geht Richtung ......
4) Wetterlage zur Startzeit:
5) Prognose für das Törngebiet:
6) Besondere Wettererscheinungen im Törngebiet:
   Böen
   Nebel
   Seegangsverhältnisse
   Temperaturen
   Niederschläge
   Gewitter
7) Bei unklarer Wetterentwicklung:
   Woran erkennt man, ob es schlechter kommt als vorhergesagt?

Mancher wird sich wohl sagen, was geht es den an, wie gut meine Crew ist oder von welchem Typ das Boot? Die Praxis hat jedoch gezeigt, daß die Qualität der Beratung schon davon abhängt, ob der Meteorologe sich eine möglichst gute Vorstellung von „seinen Kunden" gemacht hat. Beratung ist immer am Problem und am Kunden orientiert.
Im zweiten Teil der Checkliste sind alle wichtigen Wettererscheinungen aufgezählt, die für den Skipper von Belang sind. Beim Beratungsgespräch sollten Sie diese Liste der Reihe nach abhaken, damit nichts vergessen wird. Machen Sie sich Notizen in Ihrer persönlichen Checkliste, dann entstehen später keine Zweifel.
So eine Törnberatung erfordert viel Arbeit, sie ist nicht aus dem Stegreif zu halten. Rufen Sie mindestens zwei Tage vor dem Auslaufen an, und vereinbaren Sie den Beratungstermin, der so kurz wie möglich vor dem Auslaufen liegen sollte. An diesen Rückruftermin müssen Sie sich unbedingt halten, denn der Meteorologe hat einen umfangreichen Terminkalender, besonders freitags laufen die Telefone heiß. Wer seinen Termin nicht einhält, macht viel unnütze Arbeit oder wird nicht bedient.
Die Törnberatung kann von unterwegs aktualisiert oder verlängert werden. Dies wird gleich beim ersten Kontaktgespräch vereinbart. Die längste Törnberatung ging so über 18 Tage.
Über die Küstenfunkstellen kann man – als Seefunkteilnehmer – das Seewetteramt ebenfalls anrufen. Notieren Sie sich aber die Rufnummer, die oft bei der Küstenfunkstelle nicht parat ist.
Wem eine Telex-Leitung zur Ver-

fügung steht, sollte diese dem Telefon vorziehen, der Service ist hier deutlich schneller.

Welche Informationen bietet die Törnberatung?

Zuerst wird man in die europäische Wetterlage eingewiesen. Hierzu ist es sehr hilfreich, schon selbst die Fernsehwetterkarte studiert zu haben.

Schließlich entwickelt sich das Wetter von morgen aus dem von heute. Die voraussichtliche Wetterentwicklung kann bis zu fünf Tagen vorhergesagt werden. Allerdings reichen die detaillierten Wetterdaten nur für zwei bis drei Tage.

Vorhersage für den 1. bis 3. Tag:
Windrichtung und -stärke
Böigkeit / Gewitter
Seegangsverhältnisse
Nebel
Temperatur von Luft und Wasser
Luftfeuchtigkeit
Bewölkungsverhältnisse

Vorhersage für den 4. bis 5. Tag:
Weitere Entwicklung der Wetterlage mit Hinweis auf Verbesserung oder Verschlechterung für das bestimmte Törnziel/-gebiet.

Außer auf den heimischen Gewässern kann ein Boot auch für eine Atlantikfahrt beraten werden. Wer hingegen das Mittelmeer kennt, weiß wie problematisch hier die Beratungen sind. Zu viele lokale Effekte beherrschen den Alltag, die sich allesamt nicht aus einer Wetterkarte ableiten lassen.
Für das Mittelmeer sollte man dem Wetterfrosch nicht allzu viele Wetterdetails entlocken. Hier ist es besser, sich vor den berühmten Windsystemen warnen zu lassen. Aus ganz bestimmten Wetterlagen entwickeln sich Mistral, Scirocco, Vendaval etc. Der Meteorologe des Seewetteramtes sagt Ihnen, ob eine Wahrscheinlichkeit für eines dieser gefährlichen Windsysteme besteht.
Die Törnberatung ist übrigens nicht nur für Fahrtenschipper eine feine Sache. Auch Regatta-Profis können viel davon profitieren, wie vergangene Jahre gezeigt haben. Schauen Sie sich einmal das Protokoll einer Regattaberatung an, die vom Seewetteramt durchgeführt wurde und bislang wohl einzigartig in Europa ist – wie die ganze Törnberatung.
Natürlich kommt es auch vor, daß Meteorologen „danebengreifen", dann nützt es wenig, zu zetern. Wenn eine Törnberatung trotz so großen Aufwandes in die Hose geht, sind nicht die Wetterfrösche unfähig, sondern die Natur hat einfach Register gezogen, die für uns noch Geheimnisse darstellen – damit müssen wir noch lange leben.

Protokoll einer Regattaberatung

Telex aus Porto

15.05.78	*Habe in der YACHT von der Törnberatung gelesen, werde am 5. Aug. an einer Regatta Lymington/Vigo teilnehmen.*

Brief vom SWA

22.05.	*Erbitte Telex-Anschluß in Lymington, um direkt vor dem Start zu beraten.*

Brief aus Porto

17.07.	*Boot liegt in Marina X, Telex-Anschluß Nr. xyz. Gebe Startzeit durch, sobald bekannt. Können wir bis Plymouth oder sogar noch westlicher dicht unter der Küste segeln?*

Telex aus Lym.

04.08.	*Erbitte Streckenberatung heute um 16 Uhr.*

Telex vom SWA

04.08.	*Wetterlage und weitere Entwicklung bis 08.08. Kurs unterhalb der Küste von Lym. bis etwa Höhe start point scheint wegen Dünung und Wind günstig. Danach direkter Kurs Finisterre. Bei erforderlichem Kreuzen sollten die seewärts gerichteten Schläge nicht zu groß gewählt werden. Viel Erfolg!*

Telex aus Porto

18.08.	*Beratung hat sehr geholfen, versegelte mich leider um 5 sm und verscherzte so den Sieg um 39 min und 35 sec.*

Gebühren: *69,50 DM*

Das Wetter auf Binnenrevieren

Vorbemerkungen

Wetterlagen, die schon tags zuvor mit Starkwind oder irgendwelchen Unwettern angekündigt werden, sollen uns hier nicht so sehr interessieren. Denn wer diese Warnungen in den Wind schlägt und trotzdem auf den See hinausgeht, ist selbst schuld. Gefährlich sind solche Wettereinbrüche, die ohne Vorankündigung (scheinbar) aus heiterem Himmel fallen.
Auf Binnenseen läuft das Wettergeschehen scheinbar schneller ab als auf dem offenen Meer. Berge, Hügel, Wald und andere Hindernisse schränken die Kimm erheblich ein, und man erkennt aufziehendes Unwetter oft erst, wenn es bereits fast über einem ist. Deshalb wird in den Uferzonen mancher Seen – besonders in Süddeutschland – auf amtlichen Schildern deutlich auf die Schnelligkeit hingewiesen, mit der Wettereinbrüche erfolgen.
An vielen Seen gibt es optische Sturmwarnsignale, bestehend aus Blinkleuchten. Sie sollten auf jeden Fall beobachtet und beachtet werden. Da aber auch diese Warnsysteme gelegentlich der aktuellen Wetterlage hinterherhinken, liegt die Verantwortung für die Beurteilung der Wetterlage – genau wie auf hoher See – allein beim Segler oder Surfer. Er muß die Unzulänglichkeiten der örtlichen Wetterberatung erkennen und mögliche Schwachstellen des Warnsystems durchschauen. Auch der Binnenschipper kommt nicht umhin, einiges an Grundlegendem über das Verhalten der Atmosphäre zu wissen und sich mit den Besonderheiten des Binnenwetters vertraut zu sein.

Charakteristische Wetterlagen

Besonderes Interesse finden natürlich solche Wetterlagen, die scheinbar unvorhergesehene Entwicklungen zu Starkwind oder gar Sturm mit sich bringen. Aufziehende Gewitter sind auf Binnenrevieren kaum eine geringere Bedrohung als auf See. Diese sommerlichen Wettereinbrüche wollen wir näher betrachten. Schließlich wenden wir uns noch dem Föhn zu – nicht weil er etwa in die Kategorie der Schlechtwetter fiele – ganz im Gegenteil –, sondern weil die klassische Föhnlage recht häufig von schlechtem Wetter abgelöst wird. Entscheidend bei Föhn ist also die Antwort auf die Frage, wann er zu Ende gehen wird.

Starkwind und Gewitter im Sommer

Für alle Binnenreviere südlich von Hamburg ist eine Wetterlage im Sommer von entscheidender Wichtigkeit: Durchzug einer Kaltfront nach einer beständigen und warmen Sommerlage. Je nach Aktivität der Kaltfront ergibt das entweder Starkwind oder Sturmböen im Gewitter mit schwerem Hagelschlag.
So fängt es an: Wochenlang bringt eine stabile Hochdrucklage traumhaft schönes Sommerwetter. Fast unbemerkt verlagert sich der Kern des Hochs aber nach Westen, etwa in die Biskaya. Zu spüren ist auf den Binnenrevieren keine Veränderung der Wetterlage – außer einer Besserung der Sicht. Es ist ganz deutlich nicht mehr so dunstig wie an den Vortagen. Dies ist neben einer leichten Drehung des Windes auf nördliche Richtung der einzige sichtbare Hinweis auf eine Veränderung. Weit im südlichen Binnenland wird man davon sicher nur die Sichtverbesserung registrieren können, denn der Wind ist dort vorwiegend schwach und umlaufend. Wer ein Barometer besitzt, kann einen leichten, beständigen Druckfall (etwa 1 bis 3 hPa pro Tag) feststellen.

So sieht eine Wetterlage aus, die mit Sicherheit den Binnenrevieren plötzliche Böenwalzen oder gar Gewitter beschert: Schnell von Nord nach Süd durchziehende Kaltfronten.

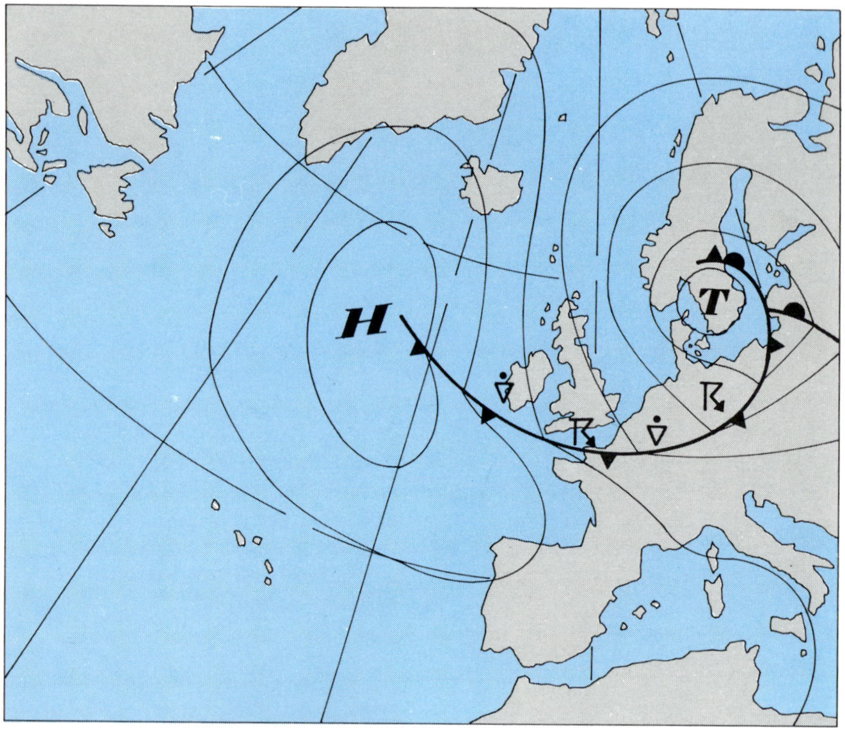

Westlage mit Winddüsen

Die Bewölkung ist typisch für Meeresluft. Wir haben es hier mit einer Westlage zu tun. Äußerste Vorsicht ist im Bereich solcher Taleinschnitte geboten. Entspricht die vorherrschende Windrichtung in etwa dem Talverlauf, wird der Wind düsenartig verstärkt. Achten Sie darauf, ob die Wolken in Richtung des Tales ziehen. Auch wenn der Wind auf dem See noch aus einer anderen Richtung kommt, bald wird er sich drehen und durch das Tal „düsen“.

Die Kaltfront kündigt sich eigentlich überhaupt nicht besonders an. Wenn am vorher wolkenfreien Himmel Cirruswolken von Norden aufkommen, ist die Kaltfront nicht mehr fern. Stunden später türmen sich dann die großen Cumulonimbuswolken auf, und man ist mitten drin im Unwetter. Zum Glück sind derartige Wetterlagen bei uns recht selten. Für den Sommer auf südlichen Binnenrevieren gilt nach der Statistik, daß man an 3 bis 4 Tagen mit Starkwind oder Sturm rechnen muß. Sommerliche Unwetter kommen blitzartig, ohne großen Aufzug – das ist sozusagen ihr Markenzeichen. Studieren Sie am Abend aufmerksam die Fernsehwetterkarte – und am nächsten Tag noch aufmerksamer den Himmel, wenn Sie es mit der vorgenannten Wetterlage zu tun

Foto: Yacht-Archiv

Gewittergefahr

Eine typische „friedliche" Sommerwetterlage auf dem Chiemsee. Doch – zwei Hinweise verlangen Beachtung:
1. Obwohl bei blauem Himmel ein laues Lüftchen weht, sieht man, trotz des Dunstes, kräftige Quellwolken über den Bergen. Dies ist ein deutliches Anzeichen für Gewitterbildung am Nachmittag.
2. Bei stabiler Hochdrucklage ist es normalerweise stark dunstig, weil sich unter einer Sperrschicht der Luft (Inversion) Feuchtigkeit und Staub ansammeln. Da hier aber Quellwolken auftreten, muß diese Sperrschicht zerstört worden sein. Dunst und Quellbewölkung sind in besonderem Maße Gewittervorboten.

haben. Dies ist der einzig wirksame Schutz vor Überraschungen. Sommerliche Kaltfronten sind tückisch. Manchmal bestehen sie nur aus einem durchziehenden Wolkenband, ein andermal bringen sie Sturmböen und Gewitter.
Der gefährlichste Monat ist der August für derartige Unwetter. Danach folgt für den Süden der September, auf norddeutschen Binnenrevieren ist es Juli/August, wo man aufmerksam sein sollte.
Über die Andauer des Schlechtwetters bei Kaltfrontdurchgängen ist schwer etwas zu sagen. Ich habe Ereignisse erlebt, die nach 30 Minuten Sturm absolut vorüber waren, aber auch solche, die einen halben Tag andauerten. Sehr selten dauern diese Sommerunwetter länger als 6 Stunden.

Der Föhn

Foto: Yacht-Archiv

Typische Föhnwolken über bayerischen Seen

Es handelt sich um mittelhohe Wolken der Gattung Altocumulus, die sich in der Leeströmung der Alpen an einzelnen Stellen des Himmels für Stunden nahezu stillstehend zeigen. Weiter entfernte Wolken sehen linsenförmig aus. Solche Wolkenformationen sind ein Anzeichen für den Fortbestand des ruhigen Sommer- oder Herbstwetters.

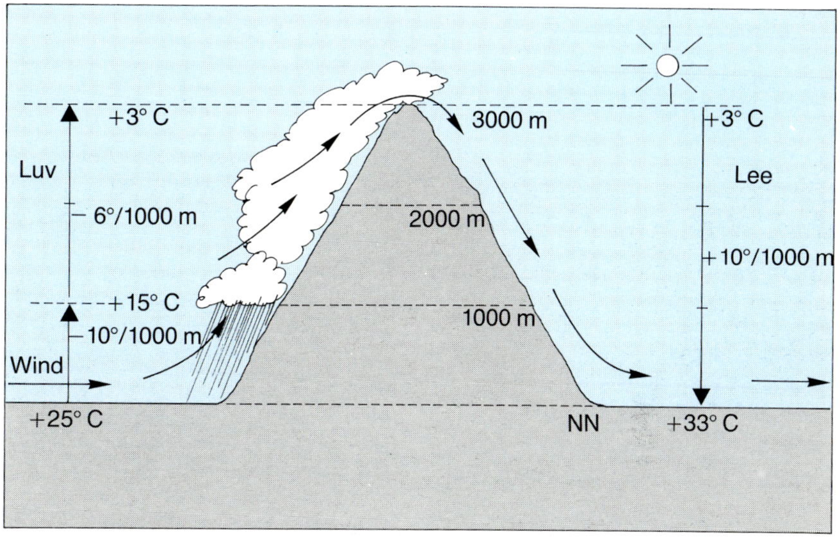

Trockene Luft kühlt oder erwärmt sich um 10° C pro 1000 m. Luft, die Wasser in flüssiger Form enthält, kühlt sich nur mit 6° C pro 1000 m ab. Durch diese unterschiedlichen Abkühlungsraten wird die Luft bei Föhn in Lee erheblich wärmer als in Luv.

Nicht nur für die Alpenländler ist der Föhn eine vertraute Erscheinung. Man findet ihn im Prinzip an allen Bergketten, ja sogar an den recht flachen Hügelketten Norddeutschlands. Bewohner des Hannoverschen Raumes kennen den „Deisterföhn“ ebenso, wie die Lipper den Föhn des Teutoburger Waldes. Der Föhn ist in seiner Ausprägung von der Mächtigkeit der Hügel und Berge abhängig. Selbst die kaum 100 m hohen Hügel der Lüneburger Heide produzieren Föhn, nur bemerkt das meistens niemand.

Um einen richtigen Föhn zu „produzieren“, bedarf es einer natürlichen Barriere, beispielsweise der Alpen. Diese Gebirgskette muß dann von der Luft etwa quer angeströmt werden. Die Alpen brauchen also entweder Nordwind oder Südwind, damit sie so angeströmt werden.

Wenn irgendein atmosphärischer Motor die Luft mit Gewalt gegen das Gebirge schiebt, bleibt ihr nichts anderes übrig, als darüber hinweg nach Norden/Süden zu strömen. Dabei passiert allerdings einiges mit der Luftmasse. Sie ist physikalischen Veränderungen unterworfen.

Luft, die angehoben wird, kühlt sich ab und irgendwann ist sie so kühl, daß die Feuchtigkeit in ihr kondensiert – es entstehen Wolken. Hebt man diese Wolken noch höher an – damit sie über die Alpen hinweg kommen –, so regnen die Wolken sich ab. Zum Föhn auf der einen Seite des Gebirges gehört also fast immer ein Dauerregen auf der anderen Seite – jedenfalls gilt das für alle großen Gebirge.

Hat die Luft den Gebirgskamm überschritten, wird sie von der treibenden Kraft abgeriegelt und fällt abwärts. Abwärtsgleitende Luft erwärmt sich. Wenn die Wolken auf der Alpensüdseite aufsteigen, kühlt sich die Luft mit einer Rate von 6° C pro 1000 m ab, absteigende Luft erwärmt sich aber mit 10° C pro 1000 m. Das bedeutet, daß die Luft viel wärmer in Bayern ankommt als sie einmal in gleicher Höhe in Italien war.

Nördlich der Alpen ist die Luft dann nicht nur erheblich wärmer, sondern auch viel trockener, denn einen großen Anteil ihrer Feuchte hat sie in Form von Regen in Italien abgegeben.

Diese Veränderung der Luftmasse bemerkt man ganz deutlich am Wolkenbild. Im Bereich des Wolkenstau am Südrand der Alpen ist alles dicht und es regnet. Wer vom Münchner Raum etwa die Alpen anschaut, sieht eine dicke Wolkenmauer am Kamm der Berge stehen. Man sieht förmlich, wie sich die Luft über die Alpen wälzt – und wie sich die Wolkenmassen knapp unterhalb des Gebirgskammes wieder auflösen. Das ganze Alpenvorland ist nahezu wolkenfrei, föhnig aufgeheitert.

Obwohl Süddeutschland bei Föhn durchaus reichlich Sonnenschein genießt, ist diese Wetterlage kein Zeichen für Fortbestand des guten Wetters – im Gegenteil, der Föhn ist oft der sichere Vorbote einer ausgeprägten Schlechtwetterlage. Auf der Vorderseite eines kräftigen Tiefs erzeugt der Südwind den Föhn mit sonnigem Wetter. Zieht dann das Tief weiter nach Osten, so kommt auch Süddeutschland in den Bereich der Rückseite mit ausgeprägtem Schauerwetter.

Nur wenn über Osteuropa ein kräftiges Hoch liegt, kann der Föhn tagelang anhalten und beständiges Wetter bringen.

Die Uferzirkulation

Auf den süddeutschen Seen sind bei gleichen Wetterlagen, recht unterschiedliche Windverhältnisse anzutreffen. Das liegt im wesentlichen an der verschiedenartigen Uferregion und an dem Flächenmuster der einzelnen Seen. Hohe Ufer verändern den Wind viel mehr als flache. So hat der Starnberger See mit seiner schlauchartigen Nord-Süd-Erstrekkung und den recht hohen Ufern die widrigsten Windverhältnisse.
Wer einfache physikalische Prinzipien berücksichtigt, wird, ganz besonders bei wenig Wind, schneller als die anderen vorankommen. Grundsätzlich läßt sich das Folgende auf alle Binnenseen anwenden. Schnell werden Sie merken, welche kleinen Modifikationen bei „Ihrem" See angebracht sind.
Gehen wir von einem klassischen Sommertag aus. Strahlend blauer Himmel und viel Sonne, morgens totale Flaute. Erst gegen 10 Uhr fängt ein Lüftchen an zu wehen. Anfangs ganz zaghaft und unstet, bis es dann den ganzen See erfaßt hat. Woher der Wind auf einmal kommt? Die Sonne ist des Rätsels Lösung. Mit zunehmendem Sonnenstand erwärmt sich die Erdoberfläche mehr und mehr. Allerdings erwärmen sich nicht alle Oberflächenarten gleich schnell. Ein Acker oder Sandboden heizt sich enorm rasch auf, wogegen eine grüne Wiese nur zögernd wärmer wird, der Wald noch zögernder – Spaziergänger wissen die angenehme Kühle im Wald an heißen Tagen zu schätzen.
An fast allen Binnenseen findet man Wald neben Acker und Wiese. Die Sonne strahlt auf alles einheitlich und wärmt. Es entstehen kleine Windsysteme. Über dem recht warmen Acker steigt die Luft auf, wie über einem Heizkörper, man sieht es deutlich am Flimmern. Damit ist ein echtes „Hitzetief" entstanden. Über dem Wald ist es recht kühl. Dort steigt die Luft nicht auf. Es bildet sich ein „Kältehoch". Ist der Wald schon ein rechter Kältepol in der sommerlichen Landschaft, sind es die Wasserflächen noch viel mehr. Über jedem See steht also im Sommer ein kleines aber wirksames Hoch. Da der Uferbewuchs rund um den See recht unterschiedlich ausfällt, weht der Wind natürlich nicht beständig. Je stärker der Temperaturgegensatz zwischen dem See und der Uferregion ist, desto deutlicher und beständiger bildet sich eine kleine Lokalzirkulation aus.
Mit diesen grundsätzlichen Betrachtungen sind wir in der Lage, die Winde zu erklären, mögen sie noch so geheimnisvoll wehen. Der Starnberger See ist fast vollständig von einem höheren Ufer umschlossen. Jetzt ist auch klar, warum dort morgens der Wind später als auf den anderen Seen einsetzt. Sowohl der See als auch die bewaldete Uferzone sind etwa gleich kühl, deswegen kann sich dort keine Uferzirkulation ausbilden.
Bei sommerlichen Hochdrucklagen ist der Wind besonders schwach, aber er weht mit ein paar Knoten überall dort, wo er nicht abgedeckt wird. Auf dem See ist das in der Mitte am wahrscheinlichsten. Wenn es also morgens auf dem See Wind gibt, dann zuerst in der Mitte. Je flacher die Uferzone, desto breiter ist die Wasserfläche, auf der es sich segeln oder surfen läßt. Kein Wunder also, daß der Segeltag am Ammersee schon ein bis zwei Stunden vor dem auf dem Starnberger See beginnt.
Geht es gegen Mittag, sehen die Windverhältnisse anders aus. Entweder hat sich die Uferregion hier und da inzwischen erwärmt oder das Umland ist derart überhitzt, daß die Luftbewegungen von dort auf den See übergreifen. Das Seewasser bleibt den ganzen Tag über kühl, egal wie stark die Sonne auch scheinen mag, das Land aber erwärmt sich rasch. Ganz allmählich bildet sich eine Uferzirkulation aus. An jedem Uferstück weht der Wind in anderer Stärke, je nach Bewuchs und Uferhöhe. Ziemlich schnell findet man Löcher ewiger Flaute, und Ecken, in denen fast immer ein gutes Lüftchen weht, das meistens angenehm böig ist. Dies gilt für die gesamte Uferzone. In der Mitte des Sees schläft der Wind um die Mittagszeit gern ein. Die Lösung ist einfach: da ein Hoch über dem See liegt, ist es windschwach, weil die Luft abwärts sinkt, statt horizontal zu wehen.
In der Mitte des Tages weht der beste Wind in einem schmalen Streifen am Ufer entlang. Je mehr es gegen Abend geht, desto mehr kehren sich die Verhältnisse um, bis dann später die obligatorische Abendflaute kommt.
Nicht jeder Sommertag am See verläuft wie beschrieben. Schließlich gibt es auch Tage, an denen eine leichte Brise über den See streicht. Wo ist dann der beste Wind?

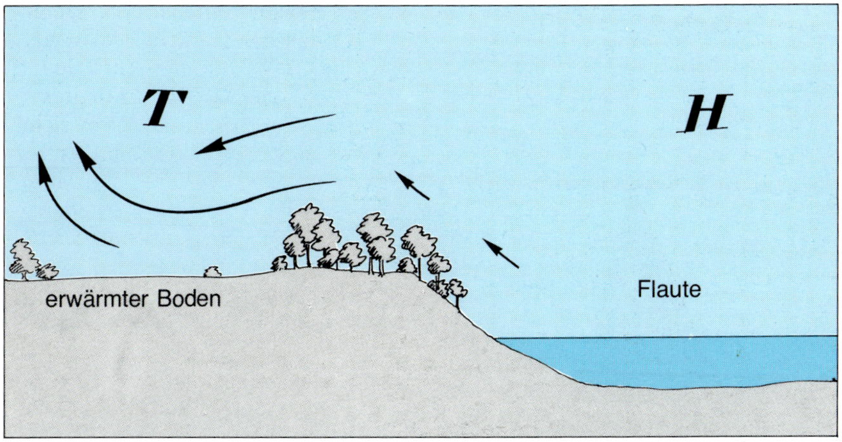

Morgens

Flaute auf dem See, ein leiser Zug beginnt zuerst am Ufer

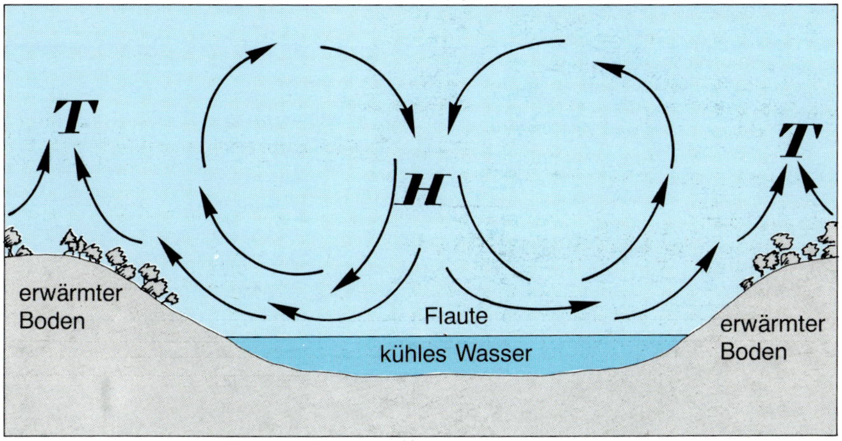

Mittags

Flaute in der Seemitte guter Segelwind an allen Uferzonen

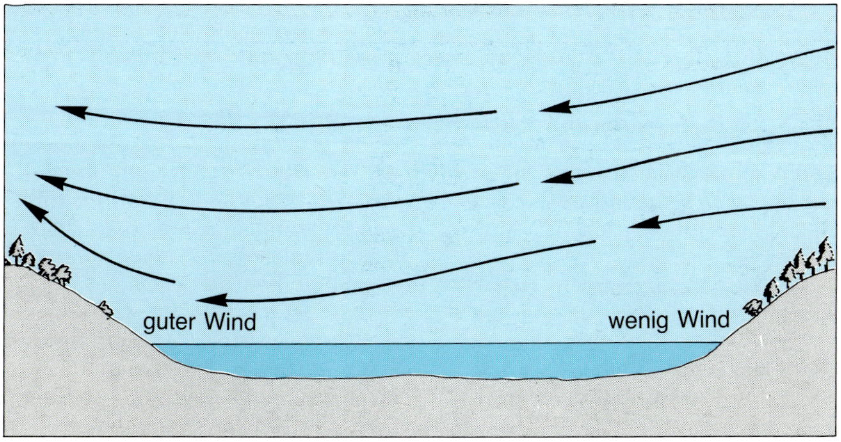

Die Wetterlage bringt guten Wind

Am Luvufer wird der Wind durch den Tagesgang verstärkt, das Leeufer bringt wenig Wind.

Foto: Yacht-Archiv

Schließlich will man auch dann gern schneller als der Stegnachbar segeln, wenn alle die gleiche Wetterlage haben. Im Prinzip trifft alles Gesagte auch für die Tage mit einem guten Segelwind zu. Eine Uferzirkulation bildet sich immer aus, sobald die Sonne scheint. Zwei Fälle sind möglich: Die Uferzirkulation addiert sich zu dem großräumigen Wind der Wetterlage oder sie weht gegenan. Hat der Uferwind die gleiche Richtung, verstärkt er den schon vorhandenen Wind. Wer diese Ecken findet, segelt auf geheimnisvolle Weise mit seinem „Privatwind" den anderen davon. Hüten muß man sich vor dem Ufer, an dem der Uferwind gegen den anderen Wind gegenanweht. Dort wird die Windstärke herabgesetzt. Wenn die anderen Boote schneller sind, wissen Sie, warum.
Man braucht nur morgens feststellen, aus welcher Richtung der großräumige Wind weht, und kann sich dann ausrechnen, an welchen Uferstücken mit dem besten Wind zu rechnen ist.

Abendflaute am Bodensee

Sie bedeutet: Das Wetter wird keine gravierenden Änderungen am nächsten Tag bringen, denn der Wind folgt seinem ungestörten Tagesrhythmus. Hinter dem Boot kräuselt sich das Wasser noch auf einem kleinen Stück. Gut zu erkennen ist der alte Seegang des Tageswindes, der noch in Form auslaufender Dünung (Kleinstdünung) erhalten ist. Bald wird der See spiegelglatt sein.

Anmerkungen zu einigen europäischen Binnenrevieren

Bodensee

Sommerliche Stürme (an Kaltfronten mit Gewittern) bringen unerfahrenen Wassersportlern große Gefahr, denn bei anhaltendem Starkwind entsteht auf dem See sehr schnell eine kurze, grobe See. Wellenhöhen über 1 m sind keine Seltenheit.
In der Gegend um Bregenz hüte man sich bei Föhnlagen vor dem Föhnsturm, der ähnlich schnell wie der Mistral zuschlägt. Es handelt sich um einen heißen Fallwind, der sich nicht besonders ankündigt. Lediglich ein Wolkenkamm über den Alpen (Föhnwall/Föhnmauer) ist ein Indikator für einen möglichen Föhnsturm.
Die häufigste Windrichtung auf dem Bodensee ist entlang der Längsachse. Durch die vorherrschende Hochdrucklage erreicht die Windstärke im Mittel kaum mehr als Bft 2 bis 3.
Bei östlichen Winden, besonders wenn sie von einem Hochdruckkern über Nord- und Mitteldeutschland erzeugt werden, ist die Windstärke generell höher. Dies gilt besonders für das schweizerische Ufer.
In der Bregenzer Bucht ist bei östlichen Winden die Gefahr von Fallböen besonders hoch.
Auf dem *Untersee* und noch weitaus stärker auf dem *Überlinger See* ist der Wind oft launisch und bögig. Er weht meistens schwach aus wechselnden Richtungen.

Starnberger See, Ammersee, Chiemsee

Föhntage sind für Frühjahr und Herbst typisch, sie bringen dann warme und sehr trockene Winde aus Süden mit Bft 4 bis 5.
Föhnstürme sind äußerst selten.
Im Sommer sind schwache Winde typisch. Der Tag beginnt auf den Seen nahezu regelmäßig mit Flaute, wobei der Wind auf dem Ammersee deutlich früher einsetzt als auf dem Starnberger See, auch erreicht er dort größere Stärken.
Auf dem Chiemsee weht meistens schwacher Wind. Auch hier dominiert der Tagesgang der Land/See-Zirkulation; allerdings stellt sich um die Mittagszeit häufig die Mittagsflaute ein. Lediglich zwischen der Uferzone bei Prien und dem Herrenchiemsee weht ein relativ beständiges „Lüftchen“ – sogar auch dann, wenn es überall sonst auf dem See windstill ist. Die Ursache dafür ist

Foto: Yacht-Archiv

***Chiemsee bei Westwindlage** Die sommerliche Cumulus-Bewölkung deutet auf Meeresluft (große Feuchte). Der Wind weht mit Bft 3 bis 4. Wegen des geringen Anfachweges (Fetch) entsteht jedoch kaum Seegang. Ein Vorteil der Binnenseen.*

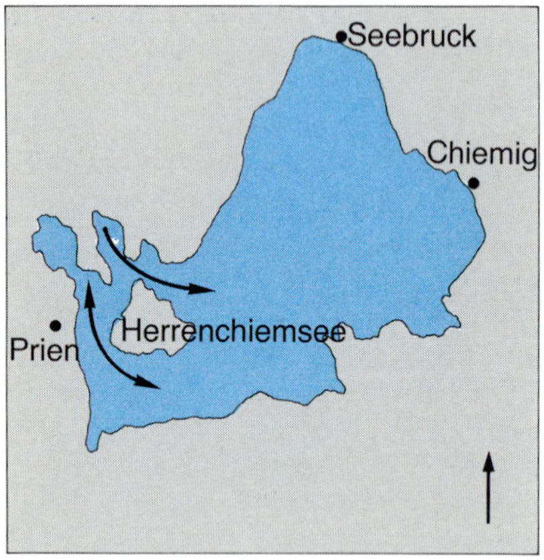

Der Chiemsee

Durch Düsenwirkung ein relativ beständiges Lüftchen zwischen Prien und Herrenchiemsee.

leicht zu erkennen, wenn Sie auf die Landkarte schauen: Diese Zone profitiert von einer leichten Düsenwirkung bei nördlichen oder auch südlichen Winden. Bei Windstille auf dem See bilden sich hier zwei verschiedene Land/See-Zirkulationen aus, die sich verstärken können.

Lago Maggiore

Die Windverhältnisse werden hier von zwei Faktoren ganz entscheidend bestimmt. Zum einen ist es die schmale langgestreckte Form des Sees, der schon fast einen Flußcharakter hat. Zum anderen ist es die Uferzone, die sich aus hohen und steil abfallenden Gebirgszügen zusammensetzt.
Generell führt das dazu, daß in Längsrichtung des Sees Winde erheblich stärker wehen als es der Wetterlage entspricht. Wird der schlauchartige See quer angeströmt, dann schirmen die hohen Bergketten den Wind hervorragend ab, mit

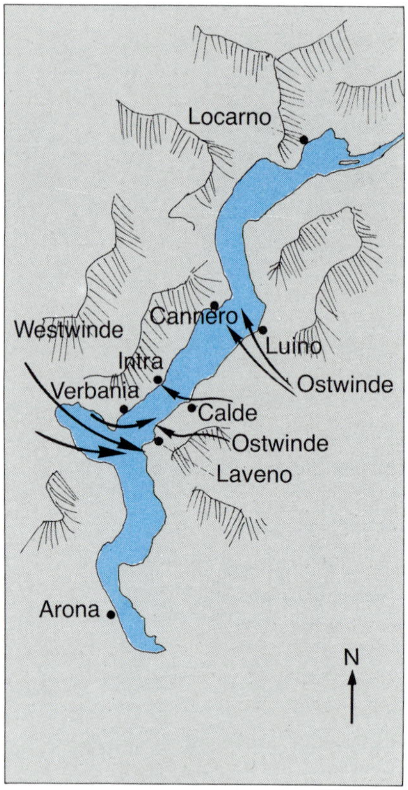

Der Lago Maggiore

Gut für Überraschungen bei Ost- und Westwinden.

Ausnahme der West-Ost ausgerichteten Flußtäler und Gebirgseinschnitte. An diesen Stellen düst dann der Wind erheblich verstärkt über den See und erzeugt besonders im Bereich der Seemitte gefährliche Böen.
Bei Westwind finden Sie in der Bucht von Verbania diese Winddüse, die sich in Böen durchaus bis Sturmstärke zeigt und quer über den See bis Laveno reicht.
Bei Ostlagen sind besonders die Seeteile bei Luino und Calde gefährdet. Die Winddüse von Calde reicht oft herüber bis Intra, wo sie abrupt gestoppt wird. Deshalb ist der See dort besonders ruppig und der Wind sehr böig.
Südlich von Locarno sind es besonders Nordost-Winde, die auf dem See unangenehm verstärkt werden. Aus allen Tälern schießt der Wind hervor und nimmt auf dem See derart zu, daß er in Böen sogar Sturmstärke erreichen kann. Besonders im Sommer achte man auf die Täler, aus denen bei Gewitterlagen Luft angesaugt wird und dadurch Gewitter auslöst oder sogar verstärkt.
Bei anhaltend stabiler Hochdrucklage braucht man auf dem See nicht auf Wind verzichten. Es bildet sich an fast allen Ufern eine leichte Seewindzirkulation aus. Wegen der schlauchartigen Form des Sees richtet sich der Tageswind besonders gern in Richtung der Längsachse aus. Vormittags weht meistens eine schwache Brise aus Nordost bis Nord. Um die Mittagszeit kippt der Wind um, bleibt für eine Zeit aus und setzt dann am Nachmittag aus Süd ein. Wer nachts segeln will, sollte sich an die Einschnitte der Seitentäler und dicht an die Ufer halten. Aus den Seitentälern fließt nachts meist beständig Kaltluft auf den See aus.

Comer See

Der Comer See ist in seiner Struktur noch etwas komplizierter als der Lago Maggiore. An allen Stellen ist das Ufer steilaufragend und entsprechend hoch. Dort wo beide Schläuche sozusagen zu einer Astgabel zusammen kommen, treten naturgemäß auch komplizierte Windverhältnisse auf.
Ähnlich wie beim Lago Maggiore schirmen die Gebirge West- oder

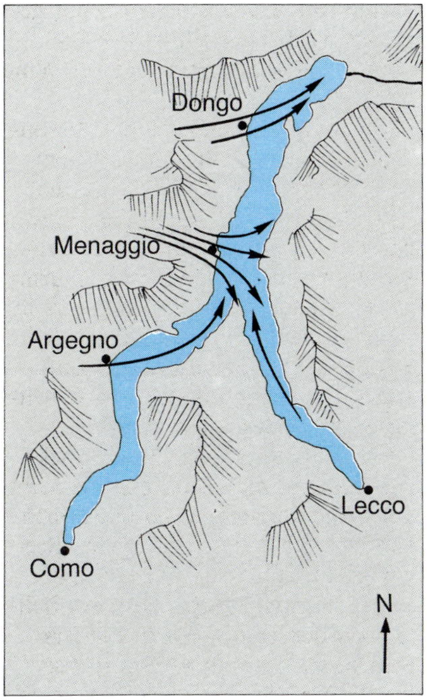

Der Comer See

Komplizierte Windverhältnisse an der „Astgabel“.

Ostwinde vielfach total ab. Aus den Seitentälern kachelt der Wind dabei düsenartig heraus. Besonders berüchtigt sind die Zonen bei Menaggio, Dongo, Argegno. Ostwinde haben wenige Zonen, wo sie sich düsenartig verstärken können.
Der Tageswind eines durchschnittlichen Sommertages entwickelt sich ähnlich zuverlässig wie beim Lago Maggiore. Vormittags finden Sie einen stetigen aber schwachen Nordwind mit Bft 1 bis 3, der ebenfalls in den Mittagsstunden zur Flaute wird. Steht er dagegen weiter durch, ist dies schon ein Anzeichen für eine Wetterumstellung. Am Nachmittag kommt der Wind aus Süden und weht genauso leicht und beständig.

Gardasee

Der Gardasee, der sich schon auf den ersten Blick deutlich in zwei Regionen teilen läßt, verhält sich bezüglich seiner örtlichen Wettererscheinungen ebenfalls zwiespältig – und das im wahrsten Sinne des Wortes. Während die Nordhälfte des Sees von riesigen Bergmassiven derart umrankt ist, daß man diesen Teil des Sees mehr als ein Tal bezeichnen möchte, zeigt sich die südliche Hälfte weitaus ausgeglichener, mit recht flachen Uferregionen, wie sie der nahen Poebene entsprechen. Kein Wunder also, daß der Nordteil des Sees wie ein Windkanal wirkt. Morgens brist der Wind stetig auf und weht zuverlässig von Riva ausgehend nach Süden. Dieser Nordost-Wind weht mit Bft 4 bis 6, wird aber ab Maderno schon deutlich schwächer. Nach der Mittagsflaute setzt ein ebenso beständiger Südwind ein, der allerdings mit Bft 2 bis 5 merklich schwächer als der Vormittagswind ist.
Auf dem südlichen Teil des Sees treffen Sie während der Sommerzeit häufig Gewitter an, wie im gesamten Bereich der Poebene. Die vorherrschende Richtung bei Gewitterlagen ist West bis Süd; Böen erreichen leicht Sturmstärke, stehen aber nicht lange durch.
Südlich von Garda weht die bekannte Gardesana. Dies ist ein zuverlässiger Wind, der bei Schönwetterlagen bis weit auf den See hinausreicht. Im südlichen Gardasee weht wohl auch noch der Tageswind, der aus dem kanalartigen Nordteil kommt, aber er ist erheblich schwächer und unsteter.
Anzeichen für eine Wetterverschlechterung sind in jedem Fall das

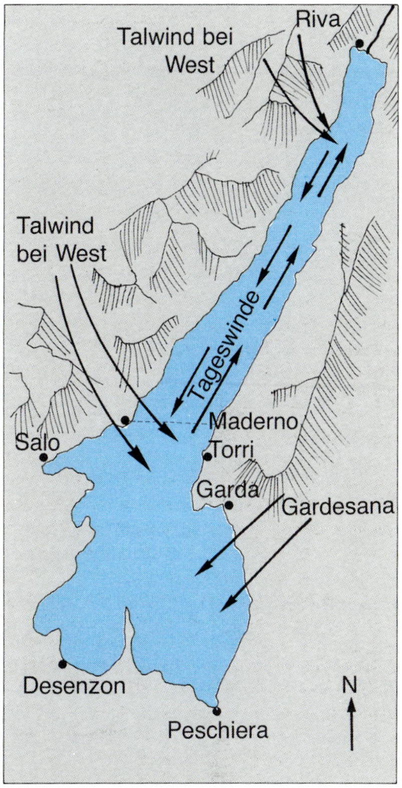

Der Gardasee

Sehr unterschiedliche Windverhältnisse im Norden und Süden des Sees.

Ausbleiben oder auch ungewöhnliche Verstärken der Tageszirkulation. Wenn im Bereich südlich von Maderno ein Westwind entsteht und stetig auffrischt, ist dies ein zuverlässiges Zeichen für aufkommenden Starkwind.

Genfer See

Das Umland des Genfer Sees bestimmt ganz wesentlich die markanten Wettererscheinungen. Vorherrschende westliche Winde, wie sie der geographischen Breite in Europa entsprechend angetroffen werden sollten, bleiben aus. Obwohl der Genfer See in weites Flachland eingebettet ist, sind es die Massive des französischen und schweizerischen Jura, die den Westwind blockieren und umlenken. Wenn ein Tiefdruckgebiet über den Kontinent zieht, lenkt dieses Massiv die Winde südlich vorbei, so daß auf dem See als Ergebnis Starkwind aus Südwest bläst.

Eine weitaus beliebtere Erscheinung ist die sogenannte Bise. Dies ist ein beständiger Schönwetterwind, der nicht gerade selten Stärken von Bft 6 bis 8 erreicht. Die Bise kommt von Nordosten und weht am zuverlässigsten im Frühjahr. Ein entscheidender Grund für erfahrene Segler oder Surfer, während der Frühjahrsmonate (März bis Mai) den Genfer See zu besuchen.

Während der Sommermonate ist die Bise selten anzutreffen und dabei noch recht schwach. Überhaupt ist der Genfer See im Sommer ein nicht gerade windreiches Revier.

Sommerliche Gewitterstürme, die zu allen Revieren gehören, verschonen auch den Genfer See nicht. Die übelste Ecke dafür ist die südöstliche Seite des Sees, die von den Savoyer Alpen beeinflußt wird und vom Jura.

Der südwestliche Teil des Sees (Genf) bringt generell die einfacheren und beständigeren Windverhältnisse. Vorherrschend sind leichte Winde, die einen ausgeprägten Tagesgang zeigen. Flautentage sind selten.

Standardformulierungen in Wetterberichten

Deutsch – Englisch

Thematisch geordnet finden Sie hier nahezu alle gebräuchlichen Formulierungen, die in Wetterberichten auftreten.

Druckgebilde und deren Verhalten

Ein Hochdruckrücken dehnt sich vom Atlantik her nach Irland aus.	A ridge of high pressure is extending from the Atlantic to Ireland.
Das Hochdruckgebiet über den Britischen Inseln zieht nach Osten, gefolgt von einer gut ausgeprägten Warmfront.	The anticyclone (high pressure region) over the British Isles is moving eastward followed by a well marked warmfront.
Ein kleines Tief.	A small depression.
Ein flaches Tief.	A shallow depression.
Ein Teiltief nördl. der Azoren.	A secondary low north the Azores.
Ein Trog.	A trough.
Eine weitere Tiefdruckstörung wird folgen.	Another (low pressure) disturbance will follow.
Das Hoch verlagert sich weiter südostwärts.	The high pressure system continues to move southeastward.
Der Hochdruckrücken über ... schwächt sich ab.	The ridge of high pressure over ... is weakening.
Das kräftige Tief vertieft sich weiter.	The intense depression continues to deepen.
Das Hoch (Tief) wird sich (wird sich voraussichtlich) nach ... verlagern.	The high pressure region (depression) will move (is expected to move) toward ...
Die Wellenstörung, die jetzt über ... erscheint, wird sich mit 30 Knoten nach Osten verlagern.	The wave now appearing over ... will move eastward at 30 knots.
Ein Tief, das sich vom Atlantik her nähert, verursacht in ... weiterhin Regen.	A depression approaching from the Atlantic is causing further rain in ...
Der Hochdruckrücken westlich von ... wird sich voraussichtlich abschwächen.	The ridge (to the) west of ... is expected to weaken.
Das Tief wird sich voraussichtlich nach ... verlagern und um 0600 Z mit seinem Zentrum über ... liegen.	The depression is expected to move northeastward and to be centered over ... at 0600 Z.
Das Hoch wird sich weiter ostwärts bewegen.	The high will continue to move eastward.
Der Hochdruckeinfluß schwächt sich etwas ab.	The influence of high pressure is weakening slightly.

Das Teiltief wird sich voraussichtlich auf ... zu bewegen.	The secondary low is expected to move towards ...
... bewegt sich in Südostrichtung.	... is moving in a southeasterly direction.
Der Hochdruckrücken, der sich südwestwärts ins Land erstreckt, schwächt sich weiter ab, während der Gewittertrog über Frankreich seinen Einfluß nordwärts verlagert.	The ridge extending southwestward into the country continues to decline as the thundery trough over France will extend its influence northward.

Beschreibung der Wettertypen

Das Wetter wird schön und beständig werden.	The weather will become fair and settled.
Das Wetter wird unbeständig sein.	The weather will be of an unsettled type.
Das unbeständige Wetter hält an.	The unsettled weather will continue.
Weiterhin unbeständig mit zeitweiligem Regen oder Schauern.	Continuing unsettled weather with rain or showers at time.
Das schöne Wetter hält an.	The fine weather will continue.
England verbleibt heute Nacht in der warmen, feuchten Luft.	England will remain in the warm moist air tonight.
... verbleibt in der westlichen Luftzufuhr.	... will remain in the westerly air stream.
Vorherrschend trockenes Wetter in Deutschland.	Mainly dry conditions over Germany.
Vorherrschend kühles Wetter.	Cool conditions will prevail.
Die Gewittertätigkeit breitet sich voraussichtlich nordostwärts nach Deutschland aus.	Thunderstorm activity is expected to spread northeastward into Germany.
Zunehmende Gewitterneigung im Westen.	Increasing thundery tendency in the west.
Das Wetter in Nordwestdeutschland bessert sich langsam.	The weather in northwestern Germany will gradually improve.
Nur sehr langsame Wetterbesserung.	There will be only very slow improvement.
Eine leichte Besserung im Verlauf des morgigen Tages.	A slight improvement tomorrow.
Weiterhin wolkig, mit einzelnen Regenfällen.	It will continue to be cloudy with intermittent rain.
Vereinzelte Gewitter im Laufe des Nachmittags in den südlichen Teilen und möglicherweise im Innern des Landes.	Isolated thunderstorms may occur later in the day in the southern districts and possibly midlands.

Fronten

... gefolgt von einer ausgeprägten Warmfront.	... followed by a well marked warmfront.
Hinter der Kaltfront ...	At the rear of the coldfront ... or: Behind the coldfront ...
Die Front über ... schwächt sich ab.	The front over ... is weakening.
Die Warmfront verlagert sich nach Osten, wird aber voraussichtlich im Süden ziemlich unwirksam.	The warmfront is moving eastward, but is expected to be rather inactive in the south.
... wird vorübergehend andauern.	... will continue for the next few days.
Kühler als bisher.	Cooler than of late.
Kühler als gestern.	Cooler than yesterday.
Kühler als heute.	Cooler than today.
Die Okklusion wird stationär werden. Die Kaltfront schleift im Süden.	The Occlusion will become stationary. The cold front is trailing in the South.

Einiges über die Bewölkung

Heute vormittag heiter.	It will be clear to scattered this morning.
Zunächst Zwischenaufheiterungen und Schauer.	Occasional showers with bright intervals at first.
Heute vormittag Aufheiterungen.	Some bright periods this morning.
Später auch im Osten kurze Zwischenaufheiterungen.	Short fair intervals in the eastern districts later.
Mit vorherrschenden heiteren Abschnitten heute Abend.	With fair periods predominating tonight.
Morgen früh kurze Aufheiterung.	A brief fair period tomorrow morning.
Im Laufe des Nachmittags auch im Osten des Vorhersagegebietes einige Aufheiterungen.	Decreasing cloud cover in the eastern part of the forecast area during the afternoon.
Zunächst einzelne Schauer, später heiter.	Few showers at first, later fair.
Lang anhaltende Schönwetterabschnitte.	Long fair periods.
Später überwiegend heiter.	Mainly fair later.
Es wird überwiegend heiter sein.	It will be mainly fair.
... gefolgt von Schauern und örtlichen Gewittern.	... followed by showers and isolated thunderstorms.
Ziemlich wolkig.	Rather cloudy.
Fast den ganzen Tag bewölkt.	There will be cloudy conditions for most of the day.
Im Norden bleibt es weiterhin wolkig.	It will remain broken in the north (it will continue to be cloudy in the north).
Bedeckt mit zeitweiligem Regen, nachmittags aber einige Aufheiterungen.	Overcast with rain at times (intermittent rain) though there will be some bright periods in the afternoon.
Es wird schön.	Becoming fine.
Im Laufe der Nacht Aufklaren hinter dem Trog.	Behind the trough, decreasing of cloud cover is expected during the night.
Aufreißen der Bewölkung wird erwartet.	Cloud layer is expected to break up.
Im Norden wird das Aufklaren langsamer vor sich gehen.	In the north it will break up slower.
Nachmittags Wetterbesserung im Norden wahrscheinlich.	Improvement in the north is likely during the afternoon.
Zunächst heiter mit einzelnen Cu-Wolken, die später zunehmen.	Scattered with only few cumulus clouds at first, increasing later.
Zunächst heiter, bald Bewölkungszunahme.	Clear at first, soon increase of cloud cover.
Bewölkungszunahme.	Increasing cloudiness.
Veränderliche Bedingungen in ...	Variable conditions in ...
Niedrige Wolken und strichweise Regen.	Variable conditions in ... Low clouds and scattered rain.

Nebel

Verbreitet Nebel und örtlich Nieseln.	Widespread fog and local drizzle.
Über ... werden sich einige Nebelfelder bilden, die sich nach Sonnenaufgang rasch auflösen.	Some patches of fog will form over ... dispersing quickly after sunrise.
Die Nebelfelder lösen sich bald auf.	Fog patches will soon disperse.
Der örtliche Nebel wird sich innerhalb einer Stunde auflösen.	The local fog will dissipate within one hour.
Bis um 0900 Uhr wird sich der Nebel an den meisten Stellen aufgelöst haben.	The fog will have dissipated most places by 0900 hours.

Windrichtung und Stärke

Im Innern des Landes fast windstill.	Winds will be almost calm inland.
Leichte bis mäßige SW bis Westwinde.	Light to moderate south-westerly to westerly winds.
Leichte Südwinde, jedoch mit Annäherung der Gewitter starke Böen.	Winds will be light from the south but there will be strong gusts as the thunderstorms approach.
Schwere Gewitter, örtlich mit Hagel und/oder kräftigen Böen.	Thunderstorms will be severe locally with hail and/or gusts.
Zeitweilig stürmische Winde.	Wind may reach gale force temporarily.
Zeitweilig böig auffrischend.	Becoming gusty at times.
Frische Westwinde, in Gewitternähe böig.	Winds will be fresh from the west with gusts near thunderstorms.
Heute abend starke Winde im Osten und mäßige Winde im Westen, die aber während der Nacht erheblich abflauen.	Winds will be strong in the east and moderate in the west this evening, but they will slacken considerably during the night.
Die starken bis stürmischen Winde werden abflauen.	The strong to gale force winds will slacken (decrease).
Linksdrehen des Windes.	The wind is backing.
Rechtsdrehen des Windes.	The wind is veering.
Leichte SW-Winde, die heute nachmittag auf West drehen, während der Nacht aber wieder auf SW zurückdrehen.	There will be light south-westerly winds veering easterly this afternoon, during the night, however, backing again to the southwest.

Zeitliche Veränderungen im Wetter

Um die Morgendämmerung werden einige Nebelfelder auftreten.	There will be some fog patches around dawn tomorrow.
Die Sicht wird während der Morgendämmerung zurückgehen, sich aber danach bessern.	Visibility will lower around dawn, but will improve quickly thereafter.
Der Regen wird in den frühen Morgenstunden Westdeutschland erreichen.	The rain will have reached western Germany in the early morning.
Gegen mittag werden sich Schauer bilden.	Showers will develop towards noon.
Schauer werden sich am Vormittag und Nachmittag bilden.	Showers will develop in the late morning and in the afternoon.
Regen wird nicht vor dem frühen Nachmittag erwartet.	Rain is not expected until early this afternoon.
Am Nachmittag.	Later in the day – in the afternoon.
Heute spät abends.	Late this evening.
Heute nachmittag.	This afternoon.
Es wird den größten Teil des Tages heiter (wolkig, bedeckt) sein.	It will be fair (cloudy, overcast) for most of the day.
Gegen Ende des Vorhersagezeitraumes wird der Wind schwach.	Winds are becoming light towards the end of the forecast period.
Das Regengebiet breitet sich allmählich nordwärts aus.	The rain belt is gradually spreading northeastward.
Nach Durchzug des Regengebietes wird das Wetter wieder heiter (wolkig, bedeckt).	Weather will again become fair (cloudy, overcast) after the rain belt has passed.
Zeitweilig böig werdend.	Becoming gusty at times.
Der Regen wird einige Zeit anhalten.	The rain will persist for some time.
Der Regen wird ziemlich lange anhalten.	The rain will persist for a considerable time.
Das unbeständige Wetter wird einige Tage andauern.	The unsettled weather will continue for several days.

Ortsangaben im Wetterbericht

Ausgenommen in geschützten Lagen.	Except in sheltered districts.
In einigen Gebieten sind später Schauer möglich.	Showers are possible in a few districts later.
Es wird in den meisten Gebieten ziemlich kühl sein.	It will be rather cool in most areas.
Über dem gesamten Gebiet.	Over the whole area.
Entlang der äußersten Nordwestküste.	Along the extreme northwest coast.
In den westlichen Gebieten.	In the western districts.
Im äußersten Süden von …	In the extreme south of …
Im übrigen Teil des Gebietes.	Throughout the remainder of the zone (area).
Eine kleine Störung über … wird sich nach Nordosten verlagern.	A small disturbance over … will move northeastward.
Über … und den angrenzenden (Land-)gebieten.	Over … and adjacent (land-)areas.
Der Regen wird auf den nördlichen Teil der Zone beschränkt sein.	The rain will be limited to the north of the zone.
Die Schauer dringen bis ins Innere des Landes vor.	Showers are penetrating inland.
In der gesamten Zone.	Throughout the whole zone.
Beeinflußt jedoch nicht das Gebiet nördlich 53° Nord.	Not affecting the area north of 53° north.
Ein Tief mit dem Zentrum über … reicht von … bis …	A depression centered over … is extending from … to …
Das Tiefzentrum bleibt in der Nähe von …	The low pressure system will continue to be centered near …
Zeitweilig Regen in …, sonst verbreitet Schauer.	Occasional rain will occur in …, scattered showers elsewhere.
Weit vor dem Frontensystem.	Well ahead of the frontal system.
Hinter der Instabilitätslinie.	Behind the line of instability.
Auf der Rückseite der Kaltfront.	At the rear of the coldfront.
In der Nähe der Front.	Near the front- in the vicinity of the front.
Weiter südlich.	Further south.
Eine schwache Warmfront verlagert sich südostwärts über Schweden, wahrscheinlich im Auflösen begriffen.	A weak warm front is moving southeastward across Sweden probably dissipating.
Die Kaltfront wird sich abschwächen.	The cold front will weaken.
Mit dem Annähern der Kaltfront von Osten her können in … (einige) Gewitter oder Gewitterregen auftreten.	At the approach of the cold front from the east thunderstorms or thundershowers may occur in …

Die Windstärken in verschiedenen Sprachen

Windstärke in Bft	Dänisch Vindstyrke	Norwegisch Vindstyrke	Schwedisch Windstyrka	Englisch Wind Force
0	stille	stille	stiltje	calm
1	flov brise	flau vind	nästan stiltje	light air
2	let brise	svak vind	lätt bris	light breeze
3	jävn brise	lett bris	god bris	gentle breeze
4	frisk brise	laber bris	frisk bris	moderate breeze
5	kuling	frisk bris	styv bris	fresh breeze
6	stiv kuling	liten kuling	hård bris	strong breeze
7	hard kuling	stiv kuling	styv kultje	moderate gale
8	stormende kuling	sterk kuling	hård kultje	fresh gale
9	storm	liten storm	halv storm	strong gale
10	svär storm	full storm	storm	whole gale
11	orkanagtig storm	sterk storm	svår storm	storm
12	orkan	orkan	orkan	hurricane

Windstärke in Bft	Niederländisch Windkracht	Französisch Force du Vent	Spanisch Fuerza del Viento	Italienisch Forza del Vento
0	stilte	calme	calma	calma
1	flauw én stil	trés légère brise	ventolina	bavi di vento
2	flauwe koelte	légère brise	brisa débil, flojito	brezza leggera
3	lichte koelte	petite brise	brisa débil, flojo	brezza fesa
4	matige koelte	jolie brise	bonancible, brisa moderate	vento moderato
5	frisse bries	bonne brise	brisa fresca	vento feso
6	stijve bries	vent frais	brisa fuerte, fresco	vento fresco
7	harde wind	grand frais	viento fuerte, frescachón	vento forte
8	stormachtig	coup de vent	viento duro, viento atemporalado	burrasca
9	storm	fort coup de vent	viento muy duro, temporal	burrasca forte
10	zware storm	tempête	temporal fuerte	tempesta
11	zeer zware storm	violente tempête	temporal Luracando	tempesta violenta
12	orkaan	ouragan	kuracán	uragano